LES
MÉDECINS MORALISTES

CODE PHILOSOPHIQUE ET RELIGIEUX

EXTRAIT

DES ÉCRITS DES MÉDECINS ANCIENS ET MODERNES

NOTAMMENT

DES DOCTEURS FRANÇAIS CONTEMPORAINS

Par Madame WOILLEZ

Avec un Discours préliminaire de feu le professeur BRACHET (de Lyon)

Et une Notice par le Dr DESCURET.

> A qui peut-il convenir d'écrire sur la morale, si ce n'est à ceux qui ont étudié notre propre nature, et qui, malgré les obscurités qui l'enveloppent, doivent la moins ignorer que la plupart des moralistes?
>
> PARISET, *Éloge de Beauchêne.*

PARIS

GERMER BAILLIÈRE	RÉGIS-RUFFET ET CIE
Libraire-Éditeur	Successeurs de Périsse frères
RUE DE L'ÉCOLE-DE-MÉDECINE, 17.	RUE SAINT-SULPICE, 38.

1862

LES

MÉDECINS MORALISTES

Paris. — Imprimerie de L. MARTINET, rue Mignon, 2.

LES
MÉDECINS MORALISTES

CODE PHILOSOPHIQUE ET RELIGIEUX

EXTRAIT

DES ÉCRITS DES MÉDECINS ANCIENS ET MODERNES

NOTAMMENT

DES DOCTEURS FRANÇAIS CONTEMPORAINS

Par Madame WOILLEZ

Avec un Discours préliminaire de feu le professeur BRACHET (de Lyon)

Et une Notice par le Dr DESCURET.

> A qui peut-il convenir d'écrire sur la morale, si ce n'est à ceux qui ont étudié notre propre nature, et qui, malgré les obscurités qui l'enveloppent, doivent la moins ignorer que la plupart des moralistes?
>
> PARISET, *Éloge de Beauchêne.*

PARIS

GERMER BAILLIÈRE
Libraire-Éditeur
RUE DE L'ÉCOLE-DE-MÉDECINE, 17.

RÉGIS-RUFFET
Successeur de Périsse frères
RUE SAINT-SULPICE, 38.

1862

Tous droits réservés.

AVERTISSEMENT DES ÉDITEURS.

Ce recueil est le dernier labeur d'une femme de goût, d'un auteur dont les ouvrages ont fait les délices de la génération actuelle. Qui n'a pas lu avec fruit ou n'a pas entendu parler avec éloge du *Robinson des Demoiselles*, des *Souvenirs d'une Mère de Famille*, du *Jeune Tambour*, de l'*Orpheline de Moscou*, etc., etc., charmants récits qui attendrissaient jusqu'aux larmes et l'éloquent secrétaire de l'Académie de médecine et l'illustre auteur du *Génie du Christianisme*?

Parvenue à une vieillesse avancée, mais ne pouvant encore se résigner à un repos stérile, madame Voillez voulut achever sa carrière littéraire en disculpant le corps médical de l'accusation d'athéisme et de matérialisme si souvent formulée contre lui. Consacrant donc les trois dernières années de sa vie à la lecture d'ouvrages écrits par des médecins, elle parvint, abeille patiente, à en extraire les sucs les plus purs et à composer un véritable Code chrétien, uniquement dû à cette même classe d'hommes que l'on prétendait dénués de sentiments religieux.

On trouvera dans ce volume un *choix moral de*

Maximes, Pensées et Réflexions tirées des écrits des médecins anciens et modernes, notamment des docteurs français : Alibert, Andral, Barbaste, Bayle, Beauchêne, Belouino, Bérard (de Montpellier), Amédée Bonnet, Isidore Bourdon, Brierre de Boismont, Cruveilhier, Descuret, Devay, Dufieux, Dufour, Esquirol, Foissac, La Royère, Lepelletier (de la Sarthe), Munaret, Pariset, Marc-Antoine Petit (de Lyon), Théodore Perrin, Polinière, Rast, Reveillé-Parise, Récamier, Max Simon, Vincent, Vitteaut, etc.

Avant d'aller ranimer sa foi dans la capitale du monde catholique, le professeur Brachet (de Lyon) ne s'était pas contenté d'envoyer à madame Voillez les meilleurs ouvrages de sa bibliothèque, il l'avait autorisée à mettre en tête des *Médecins moralistes* le discours académique dans lequel il combattit l'opinion qui accuse les médecins d'athéisme et de matérialisme ; nous ne pouvions mieux commencer un livre destiné à la réhabilitation religieuse du corps honorable des médecins, et qui, nous n'en doutons pas, fournira au clergé de nouvelles et précieuses armes contre les attaques de l'impiété.

Enfin, une notice sur l'auteur de ce recueil nous ayant semblé chose aussi utile qu'intéressante, nous l'avons demandée au docteur Descuret, son gendre, qui a bien voulu l'extraire des *Souvenirs d'un ancien médecin*, ouvrage inédit.

NOTICE

SUR LA VIE ET LES ÉCRITS DE MADAME WOILLEZ.

Catherine-Thérèse Rieder naquit à Saint-Omer, le 25 mars 1781, de parents peu favorisés du côté de la fortune. La triste rue Au Vent abrita son berceau, des chagrins de famille assombrirent ses premières années, puis le spectacle de la Révolution fut pour elle une longue et douloureuse leçon d'histoire; et si nous ajoutons à cela l'excessive sévérité d'un père qui, proscrivant les jouets propres au jeune âge, les remplaçait par des livres sérieux, en même temps qu'il exigeait des promenades nocturnes au cimetière, nous nous expliquerons facilement l'air grave, l'esprit inquiet et d'ordinaire mélancolique de celle qui fut élevée à pareille école.

Enfant de huit ans, et malgré une grande timidité de caractère, elle commence à accompagner sa mère dans les fréquentes visites que cette femme charitable fait aux malades et aux prisonniers. Plus tard, munie d'un panier chargé de provisions, elle va consoler ses pauvres maîtresses d'école, les Religieuses Ursulines, incarcérées dans l'ancienne abbaye de Saint-Berthein; mais les soldats en prison excitaient principalement la sympathie de la jeune Rieder : à celui-ci elle donnait un bon conseil, à celui-là quelques sous, à un troisième un petit paquet de tabac, à tous un sourire consolateur.

Un jour, elle trouva au fond d'un cachot un militaire que le conseil de guerre venait de condamner à mort pour un motif qui n'avait rien de déshonorant; et ce malheureux pleurait en songeant à sa mère. « Ne perdez pas espoir, » s'écrie l'enfant compatissante en le quittant. Un trait de lumière venait de traverser son esprit, ou plutôt son cœur : « Le citoyen Carnot est bon, se dit-elle ; il m'aime bien, il ne me refusera pas la première grâce que je lui demanderai. » Enhardie par cette pensée, elle se fait accompagner par sa mère chez le général. Par malheur, absent de chez lui, il est allé passer la soirée chez un représentant du peuple : elle court l'y trouver. Introduite dans le brillant salon où est assis le général, au milieu d'une nombreuse compagnie, elle vient tomber à ses pieds, en s'écriant : « Grâce ! grâce ! — Mais que me veux-tu, chère enfant ? dit celui-ci avec bonté. — C'est un brave soldat qu'ils vont fusiller, parce qu'il a été trop vif envers son supérieur ! Oh ! non, vous ne le laisserez pas mourir ainsi ; promettez-le-moi, mon cher Carnot. » Et, pendant ce temps, elle ne lâchait pas les mains du général, qui, vaincu par tant de candeur, envoya un de ses aides de camp chercher les dépêches prêtes à partir pour le ministère de la guerre. Le pauvre soldat fut sauvé.

Mariée à quinze ans à l'excellent M. Woillez, commandant du génie, elle put, à Ypres et à Namur, favoriser la rentrée de plusieurs émigrés dont les jours se trouvaient gravement compromis. Sous l'Empire, étant retournée à Saint-Omer, pendant que son mari se distinguait à l'armée d'Allemagne, madame Woillez se retira du monde pour consacrer son temps à l'éducation de ses deux enfants et aux œuvres charitables que lui permettait sa position. Ne pouvant guère aider de sa bourse les infortunés, elle leur prodiguait des consolations et de bons avis, puis se constituait le secrétaire de toutes les veuves qui n'auraient pu rédiger convenablement leurs suppliques à l'Empereur.

Frappé de la clarté et de la brièveté chaleureuse du style dans lequel ces pétitions étaient rédigées, Napoléon dit un jour au grand chancelier de la Légion d'honneur : « Voilà bien des fois que je reçois des demandes composées et écrites par l'auteur de ces lignes ; vous me direz très prochainement à qui appartient cette grosse écriture. » Après quelques jours de recherches, M. de Lachaise, préfet du département du Nord, instruisait M. de Lacépède, et celui-ci, l'Empereur, que la femme du commandant Woillez était l'auteur des pétitions qui avaient attiré l'attention de Sa

Majesté. « C'est bien là le style d'une femme de sens et de cœur, » repartit Napoléon. Depuis ce jour, la *grosse écriture* fut constamment heureuse dans ses demandes pour les veuves de militaires.

En 1817, quand on organisa les Bureaux de Charité à Paris, le vénérable abbé de Carron (de Rennes) fit attacher madame Woillez au quartier le plus nécessiteux du XII° arrondissement, et il l'employa comme une de ses actives coopératrices. On sait que la sœur Rosalie, madame Woillez et madame Descuret y furent pendant un grand nombre d'années la seconde providence des malheureux. Les bienfaits journaliers de madame Woillez ne s'arrêtaient pas aux limites de son arrondissement : de tous les points de la grande cité, on s'adressait à elle ; unissant alors ses efforts à ceux de la sainte fille de M. Rendu, elle procurait à l'un une place, à l'autre un secours pécuniaire, à un troisième une puissante recommandation pour un avancement mérité ; enfin, à un condamné, une commutation de peine, quelquefois même une grâce entière du roi.

Singulière coïncidence ! Par une sombre nuit d'hiver, M. Woillez rentrait chez lui, vers onze heures, lorsque, passant devant la rue des Deux-Églises, aujourd'hui rue de l'Abbé-de-l'Épée, il entend des cris plaintifs poussés par un jeune ouvrier que deux malfaiteurs serraient à la gorge pour le dévaliser. N'ayant pour toute arme qu'une clef, mais prenant une voix tonnante, l'ancien officier s'élance sur ces misérables, qui se hâtent de prendre la fuite. « Merci, mille fois merci, » s'écrie le jeune homme pénétré de reconnaissance et ignorant que son libérateur est le mari de la dame de charité qui, l'année précédente, l'avait soustrait à une peine afflictive. M. Woillez venait en effet de sauver la bourse et peut-être les jours d'un étourdi à qui madame Woillez avait sauvé l'honneur.

Vers la fin de la Restauration, le fils d'un vénérable magistrat venait d'être condamné aux travaux forcés pour crime de faux. Ce jeune homme, plus imprudent que vicieux, attendait à Bicêtre le départ de la chaîne, quand madame Woillez écrivit en sa faveur à un certain personnage qui avait partout ses petites entrées. « Vous qui êtes sans doute l'*ami du bon Dieu*, lui disait-elle, allez dès ce matin, non vers le ministre, mais jusqu'au roi ; puis, séance tenante, obtenez une commutation de peine pour mon malheureux protégé. » Touché d'un simple billet écrit à la hâte, Charles X promet la commutation. Dans la même journée, se rendant à Bicêtre, l'heureuse postulante annonçait au prisonnier la clémence royale dont il était l'objet, et, en outre, son placement prochain dans une maison de santé.

Décidément, la *grosse écriture* savait remuer le cœur des souverains ; et pourtant, la tourmente révolutionnaire n'avait pas permis à madame Woillez d'assister longtemps aux leçons des Ursulines. Par bonheur, les lectures de sa jeunesse avaient été dirigées par le père Derlange, ancien répétiteur de Marie-Thérèse d'Autriche, et ce fut sans doute cette habile direction qui donna à l'élève ce goût si prononcé pour les belles-lettres, que les anciens appelaient judicieusement les *bonnes lettres*. Plus tard, pour ajouter à l'aisance de sa famille, et surtout pour complaire à son gendre, qui était pour elle un fils bien-aimé, l'ancienne élève du père Derlange se livra à la composition d'ouvrages moraux, presque tous couronnés d'un brillant succès, et qui ont puissamment contribué à l'affermissement de la foi.

En 1846, madame Woillez, qui avait perdu son mari et son fils, s'était retirée à Châtillon-d'Azergues. Là elle continua d'écrire pour l'éducation de la jeunesse, et, de concert avec sa fille et le bon curé Lavaure, elle coopéra à bien des améliorations ainsi qu'à la fondation d'une bibliothèque paroissiale, dans laquelle figurent les seize volumes qu'elle a publiés à Paris, à Tours et à Lyon, de 1831 à 1856.

Arrivée à l'âge de soixante-quinze ans, mais ne pouvant se condamner à un repos stérile, elle entreprit une longue suite de lectures médicales, et, abeille infatigable, parvint à composer le recueil intitulé *les Médecins moralistes*, dernier labeur qu'elle n'eut pas la satisfaction de voir imprimer. Le 11 novembre 1859, les lettres chrétiennes faisaient une perte à jamais regrettable : la veuve de M. Woillez, notre mère chérie, succombait à la suite d'une opération douloureuse et de chagrins trop vivement sentis. Tous ceux qui la connaissaient intimement ont pu apprécier la richesse de sa nature comme cœur, comme intelligence, comme prudente et charitable conciliation. La vie et les écrits de cette femme remarquable laissent à la société une suite non interrompue de bonnes œuvres et de bons exemples. Quant à l'éducation de ses enfants, celle de sa fille est restée son plus bel ouvrage. Sa fin éminemment chrétienne a été le couronnement d'une longue existence employée à travailler, à prier, à faire le bien, puis à pardonner.

Si répandre nos bienfaits sur les malheureux est du bonheur, les répandre sur nos ennemis est un triomphe. Ces douces et célestes victoires, personne n'en gagna peut-être autant et avec moins d'effort que madame Woillez, dont l'âme était naturellement portée à la pitié, à la générosité, à la clémence ! Issue d'un sang plébéien, elle semblait née reine par le cœur, autant que par la distinction de son port, de sa figure et de son langage.

Près de la chapelle romane du vieux château de Châtillon-d'Azergues, dans l'ancien cimetière de Saint-Roch, on voit deux tombes presque pareilles, unies, pour ainsi dire, par la croix de pierre qui domine la montagne. La première est celle de l'éloquent et saint abbé Lavaure, dont les Châtillonnais déploreront longtemps la perte. Sur un marbre qui n'est point menteur, se lit l'épitaphe suivante, résumant la vie du zélé missionnaire et du bon pasteur si mal récompensé par les hommes : *Il a passé en faisant le bien :*

TRANSIIT BENEFACIENDO.

Dans la seconde tombe, élevée par la douleur filiale, repose la femme chrétienne, l'auteur de mérite dont nous avons à peine esquissé la vie. On y lit pour épitaphe :

Vous qu'elle a édifiés par ses vertus et par ses écrits,
priez pour elle !

— Madame Woillez avait débuté dans la carrière des lettres par la publication de l'*Enfant du Boulevard, ou Mémoires de la comtesse de Tourville*, Paris, 1819, 2 vol. in-12 ; puis d'*Édouard et Mathilde*, Paris, 1822, 2 vol. in-12. Quelques années après, se livrant à des compositions plus graves, plus utiles, elle a fourni, dans le *Répertoire de la Littérature ancienne et moderne*, un grand nombre d'articles signés *W.*, et la plupart des notices comprises dans les lettres *P, Q, R* du *Dictionnaire historique* publié par le général Beauvais. On lui doit encore une excellente traduction des *OEuvres choisies de Silvio Pellico;* d'intéressantes notices biographiques sur l'abbé Carron, Florian, Delille, Ducis, La Harpe, le duc de Reichtadt, etc.; enfin, et c'est son plus beau titre littéraire, seize volumes d'éducation (1), dont plusieurs sont de véritables petits chefs-d'œuvre au point de vue de l'intérêt, du style et de la morale chrétienne. Nous nous en occuperons d'autant plus dans cette notice que, par un oubli inexcusable, le nom de leur auteur ne se trouve pas même mentionné dans un recueil de morceaux tirés des écrits des femmes les plus célèbres, et publié par le libraire Mame (de Tours).

Dans tous les ouvrages que madame Woillez a consacrés à l'éducation de la jeunesse, une pensée dominante semble avoir constamment dirigé sa plume, c'est le désir de rendre ses semblables meilleurs et en même temps plus heureux. Pour atteindre ce double but, elle pensait avec raison qu'il ne suffit point, dans un tableau moral, de revêtir les idées d'une teinte plus ou moins religieuse, mais qu'il faut inspirer aux lecteurs l'amour du catholi-

---

(1) En voici la liste chronologique : 1° *Emma, ou le Robinson des Demoiselles;* — 2° *Vies et Aventures des Voyageurs;* — 3° *Souvenirs d'une Mère de famille*, Nouvelles pour servir à l'instruction et à l'amusement de la jeunesse; — 4° *L'Orpheline de Moscou, ou la Jeune Institutrice;* — 5° *Léontine et Marie, ou les Deux Éducations;* — 6° *Le Frère et la Sœur, ou les Leçons de l'Adversité;* — 7° *Les Jeunes Ouvrières, ou l'Épreuve et la Récompense;* — 8° *Le Jeune Tambour, ou les Deux Amis;* — 9° *Edma et Marguerite, ou les Ruines de Châtillon-d'Azergues;* — 10° *L'Abeille institutrice*, Anthologie hébraïque, grecque, latine, française et étrangère; — 11° *Les Prisons, les Devoirs des Hommes et Poëmes de Silvio Pellico;* — 12° *Le Dévouement fraternel*, épisode du siège de Saragosse; — 13° *Nouveaux Souvenirs d'une Mère de famille;* — 14° *Les Veillées de l'Ouvroir;* — 15° *Alix, ou la Résignation;* — 16° *Les Fabulistes instituteurs.* — Ces seize ouvrages pourraient former les premiers volumes d'une bonne *Bibliothèque de Famille*, toujours si difficile à composer.

cisme, seul guide capable de les diriger avec sûreté dans le chemin difficile de la vie. Pensant encore judicieusement qu'il ne suffit pas de dire ce que vaut la vertu, cette habitude du devoir, madame Woillez ne craint pas de dire ce qu'elle coûte. C'est là un vrai service qu'elle rend à ceux qui la lisent. Combien de jeunes cœurs, en effet, n'a-t-on pas découragés pour avoir prêté à l'accomplissement du devoir une facilité qu'il n'a presque jamais dans la vie réelle! Oui, pour le chrétien, la vie se présente comme un continuel sacrifice dont l'homme est à la fois le sacrificateur et la victime; or, cette dure vérité, il s'agit de l'inculquer dans l'esprit des jeunes gens, en leur montrant, par des exemples attrayants, comment ils doivent lutter contre eux-mêmes et contre les malheurs qui viendront les assaillir dans l'arène où Dieu les a fait descendre. Cette éducation pratique, dont l'apprentissage embrasse la durée entière de l'existence, doit être commencée de bonne heure si l'on veut qu'elle porte des fruits abondants. Aussi, est-ce le premier des devoirs, un devoir sacré pour les parents, de ne pas laisser amollir l'âme des enfants par ces lectures énervantes qui leur donnent une idée fausse de la vie, en la présentant toujours comme un chemin bordé de fleurs; puis de les préserver de ces autres lectures non moins pernicieuses, dont les séduisantes peintures ne servent qu'à surexciter des imaginations déjà trop précoces. De pareils défauts ne sauraient être reprochés aux ouvrages d'éducation sortis de la plume de madame Woillez. Loin de là : le grand mérite de ses écrits consiste à garantir des écueils sans les faire toucher; à inspirer l'horreur du vice sans le nommer; et cela, en peignant sous de vives couleurs la vertu qui lui est opposée; en un mot, dans ses touchants récits on sent le cœur qui parle au cœur; mais la raison en dirige les mouvements, parce qu'elle prend toujours son point d'appui dans la foi.

Les *Vies et Aventures des Voyageurs*, les *Souvenirs d'une Mère de Famille* et *le Robinson des Demoiselles*, qui parurent de 1831 à 1834, avaient honorablement commencé la réputation de leur auteur dans un genre de composition beaucoup plus difficile qu'on ne le croit en général. Depuis cette époque, *l'Orpheline de Moscou*, les *Deux Éducations*, le *Frère et la Sœur*, les *Jeunes*

Ouvrières, sont venus l'augmenter par un succès d'estime toujours croissant. Nous pouvons affirmer, sans crainte d'être démenti, qu'aucun des volumes faisant partie de la *Bibliothèque* de M. Mame n'a obtenu un débit plus considérable et mieux mérité que ceux de madame Woillez. Aussi, un prélat, dont le goût égale le savoir, n'a-t-il pas hésité à les honorer d'approbations particulières, signalant au public l'impression que leur lecture avait laissée dans son esprit.

« Ce livre, dit M. l'archevêque de Tours en parlant du *Frère et la Sœur, ou les Leçons de l'Adversité*, ce livre ne renferme que de bons exemples et de salutaires maximes, composés avec cet intérêt et cette élégante facilité de style qui distinguent les ouvrages du même auteur. Nous le recommandons particulièrement, ainsi que tous ceux dont on est redevable à madame Woillez. » « Nous approuvons et recommandons, dit encore Mgr Morlot, le nouvel ouvrage de madame Woillez, intitulé : *Les Jeunes Ouvrières, ou l'Épreuve et la Récompense*. Il se distingue, comme tous ceux de l'estimable auteur, et peut-être encore à un plus haut degré, par les principes de la morale la plus pure, mise en action d'une manière ingénieuse et constamment intéressante. »

Encouragée par un tel suffrage et par celui de plusieurs académiciens, madame Woillez s'est remise à l'œuvre, et, loin que le progrès de l'âge ait affaibli chez elle la fécondité de l'imagination, elle a enrichi la *Bibliothèque de la Jeunesse chrétienne* de plusieurs autres productions qui s'élèvent au-dessus des précédentes par l'utilité pratique du sujet, par la noblesse des caractères, par le naturel et le petit nombre des événements, par la vérité et la variété des descriptions, enfin, par une grande suavité de style, dans lequel on remarque plus de précision et de vigueur.

Le Jeune Tambour, ou les Deux Amis, le dernier des ouvrages que l'auteur ait écrits à Paris, devait être accueilli avec avidité par une classe nombreuse de lecteurs. *Le Jeune Tambour!* comme ces mots raisonnent agréablement aux oreilles des garçons ! *Les Deux Amis!* que de délicieuses émotions promettait à l'âme le plus doux des sentiments rendu par une plume si vraie, si chaleureuse ! Dans le monde de l'intelligence, aussi bien que dans celui de l'industrie, c'est chose précieuse qu'un bon titre : c'est comme un heureux précédent, une sorte de succès anticipé. Oui, si un bon livre est une bonne action, un bon titre est une bonne affaire. Or, celui-ci étant parfaitement trouvé, restait à savoir si l'auteur avait bien rempli sa promesse : car le titre d'un livre est un engagement sérieux envers le lecteur. Hâtons-nous de dire que jamais succès ne fut plus prompt et mieux assuré, parce que jamais engagement ne fut mieux tenu. « *Le Jeune Tambour, ou les Deux Amis*, dit encore Mgr Morlot, réunit toutes les conditions propres à rendre une lecture attachante et utile. Comme dans les autres écrits de l'estimable auteur, la morale la plus pure et les principes les plus religieux se mêlent naturellement et sans effort à un récit historique plein d'intérêt et d'instruction. C'est un titre de plus que madame Woillez vient d'acquérir à la reconnaissance de tous ceux qui ont à cœur de répandre et de propager les bons livres. »

Edma et Marguerite, ou les Ruines de Châtillon-d'Azergues, tel est l'intitulé du premier volume composé par madame Woillez depuis qu'elle avait changé le séjour bruyant de la capitale pour le calme de la jolie vallée de l'Azergues. Ici encore, peintre fidèle d'une belle nature un peu assombrie par des ruines, l'auteur a su mettre son sujet, ses caractères, son style, en harmonie avec les tableaux qui l'entouraient ; et, dans un récit empreint d'une douce mélancolie, il a présenté un charmant petit cours de morale en action qui lui mérite de nouveau la reconnaissance des familles chrétiennes et les suffrages des hommes de goût.

Une femme très instruite, et dont plusieurs ouvrages ont été couronnés par des sociétés savantes, disait un jour à notre excellente mère : « Donnez-moi donc votre secret, chère amie, pour intéresser autant vos lecteurs et leur arracher de si douces larmes ! — Cela tient sans doute, lui répondit-elle avec franchise, à ce que vous écrivez avec votre esprit, tandis que moi, qui n'ai pas la moitié de vos connaissances, j'écris plutôt avec mon cœur ; et puis, pauvre amie, laissez-moi vous le dire : vous ne vous montrez pas assez pieuse, assez franchement catholique. » Madame Woillez ignorait alors que mademoiselle U... fût protestante.

En relisant attentivement *le Robinson des Demoiselles*, *l'Or-*

pheline de Moscou, le Jeune Tambour, les Veillées de l'Ouvroir, puis *Alix, ou la Résignation,* la dernière composition, et peut-être le chef-d'œuvre de l'auteur, nous nous sommes plus d'une fois étonné qu'au nom des bonnes mœurs et de l'utilité publique, l'Académie française et la Société élémentaire d'Instruction n'aient pas couronné un seul de ces livres si bien pensés, si bien écrits, si populaires, et dans lesquels la morale la plus pure s'appuie sur une religion divine, qui d'ailleurs est celle de la majorité des Français ! Sans doute, nous n'avons pas le droit de donner des conseils à ces doctes compagnies, mais, aujourd'hui plus que jamais, il nous est permis d'exprimer des regrets qu'ont souvent partagés de judicieux critiques, tels que les Feletz, les Parseval, les Chateaubriand, les Pariset ; regrets honorables qui assurent à madame Woillez une place distinguée parmi les littérateurs de notre siècle.

F. DESCURET.

INTRODUCTION

RÉFUTATION
de l'opinion qui accuse les médecins d'athéisme et de matérialisme.

On dit et l'on répète depuis bien des siècles que les médecins sont matérialistes et athées, selon ce vieil adage : *Ubi tres medici, duo athæi.* Cette double inculpation devient à peu près identique, puisque le matérialisme conduit à l'athéisme, et qu'il n'y a point d'athéisme sans matérialisme. Une croyance aussi généralement établie devrait reposer sur des bases solides ou sur des faits certains, et cependant elle n'est fondée sur rien ; je dis plus, elle est fausse sous tous les rapports.

Si elle était vraie l'opinion que nous attaquons, elle devrait trouver ses preuves, ou dans les écrits des médecins, ou dans l'objet de leurs méditations, l'étude de l'homme en santé et en maladie, ou bien enfin dans leur conduite. Or, nous allons voir qu'elle n'a rien puisé dans ces trois sources, qui pourtant sont les seules qui puissent lui fournir des motifs rationnels.

Médecins de tous les âges et de tous les pays, vous qui avez exercé avec tant de distinction la plus belle et la plus utile des sciences, et qui avez bien mérité de l'espèce humaine en lui apprenant à conserver le plus précieux des biens, la santé, et à guérir les nombreuses maladies qui viennent l'affliger, je vous évoque tous. Armés de vos œuvres, venez repousser l'inculpation qui vous accuse du plus coupable athéisme, vous qui, dans l'exercice de vos pénibles fonctions, sûtes commander le respect des hommes et l'admiration des sages, en pratiquant les vertus les plus sublimes. Vous auriez été irréligieux, vous qui vous consacrâtes à l'humanité souffrante, sans vous permettre jamais aucun délassement, ni aucune occupation étrangère à l'art de guérir, malgré les injustices, les caprices et l'ingratitude des hommes! Vous enfin, qui, dans tous les temps et dans tous les lieux, possédâtes un courage de tous les moments, une patience inépuisable, et qui fîtes, en un mot, une entière abnégation de vous-mêmes, pour vous placer, comme disait Cicéron, au niveau de la Divinité! Non, vous ne pouviez pas être athées et matérialistes. Non, vous ne le fûtes pas. Votre conduite philanthrophique suffirait pour nous en convaincre : vos écrits vont achever de lever tous les doutes.

Nous ne pouvons pas remonter aux temps antérieurs à Hippocrate, puisque les écrits de cette époque reculée ne nous sont point parvenus. Mais ce n'est pas dans ces siècles d'enfance et de religion superstitieuse qu'il faut chercher l'athéisme médical. Alors la médecine était pratiquée par les ministres mêmes des autels. C'est dans les temples de Panacée, d'Hygie, de Lucine et d'Esculape après son apothéose, que les malades allaient chercher la guérison ; et toujours les pratiques religieuses étaient associées aux médicaments.

Les premiers ouvrages que nous puissions consulter, sont les œuvres immortelles d'Hippocrate. Hippocrate de la famille des Asclépiades, l'un des plus grands philosophes de l'antiquité, l'un des hommes les plus vertueux et, sans contredit, le prince des médecins. Pourrait-on l'accuser, lui dont le *Serment*, conservé jusqu'à nos jours, débute par une invocation aux dieux de la médecine ; lui qui ne cesse de reconnaître une force vitale (*enormon*), une conspiration de tous les organes au même but, une puissance médicatrice si efficace, et souvent quelque chose de divin dans les maladies ? Ce n'est donc pas dans l'exemple ni dans les leçons de cet homme extraordinaire, que les médecins de l'antiquité ont pu trouver des principes d'athéisme ou de matérialisme. Aussi ne songea-t-on jamais à en accuser ses fils ni son gendre, tous trois héritiers de ses talents et de ses vertus ; non plus que Dioclès et Praxagoras, les plus célèbres après eux. — Erasistrate et Hérophyle, qui donnèrent tant de lustre à l'école d'Alexandrie, et qui les premiers purent acquérir des connaissances précises sur l'anatomie de l'homme, se montrèrent aussi religieux qu'ils étaient savants.

Si nous interrogeons Galien, cet oracle de son siècle, le plus grand des médecins après Hippocrate, et le fondateur de la fameuse doctrine de l'humorisme, nous le trouvons, dans sa conduite comme dans ses écrits, aussi distingué par ses vertus que par la profondeur de ses connaissances. — De son temps, il y avait comme il y aura toujours, des détracteurs de la religion et même de la Divinité. « Je ne m'arrêterai pas, dit-il dans son traité remarquable *De Usu Partium*, à réfuter ces extravagants, ce serait déshonorer la cause sainte qu'ils ont attaquée : pour toute réponse, je vais composer à l'honneur du Créateur, le seul cantique qui soit digne de lui. Ce ne sont point des holocaustes ni des parfums que je lui offrirai ; mais je vais faire connaître combien grande est sa sagesse, combien grande et infinie est sa puissance dans la composition admirable des parties du corps humain. J'y vois le témoignage le plus certain de son ineffable bonté, et la source d'éternelles actions de grâces que nous devons lui offrir pour toutes ses faveurs. » Et celui qui tenait ce langage était païen; il a même distingué le principe pensant immatériel, du principe de la vie organique ou animale.

Il ne se trouva aucun médecin pour recueillir l'héritage de Galien. La décadence de l'empire romain amena la décadence des lettres, des sciences et des arts. Alors commencèrent ces époques de douloureuse mémoire, auxquelles l'histoire a conservé le nom de siècles de barbarie. Des peuplades entières vomies des contrées du nord, vinrent ravager et se disputer les lambeaux du grand empire. La civilisation paraissait anéantie, lorsque la religion chrétienne entreprit de rétablir la morale parmi ces hordes insubordonnées. Ses ministres et les ordres religieux s'occupèrent seuls de sciences et de lettres, et ils les sauvèrent d'un naufrage complet. Presque seuls aussi ils cultivèrent l'art de guérir ; et s'ils ne lui firent point faire de progrès pendant dix siècles, du moins ils en firent une œuvre de charité de plus : car leurs conseils étaient le plus souvent gratuits. Quoiqu'ils ne nous aient pas laissé d'écrits remarquables, on n'osera pas les accuser d'athéisme, puisqu'ils prêchaient en même temps et le Dieu des chrétiens et l'immortalité de l'âme.

Pendant ce long sommeil de l'intelligence humaine, brillait une nation sortie du fond de l'Arabie, et qui, par ses rapides conquêtes, menaça d'envahir le monde entier. Les sciences, les arts et les lettres, semblèrent se réfugier chez elle; la médecine surtout y fut cultivée avec ardeur et avec fruit. Un grand nombre de médecins, connus sous le nom de médecins arabes, ont illustré cette nation par leurs écrits autant que par leurs lumières. Après Hippocrate et Galien, l'antiquité offre peu de noms aussi célèbres que ceux de Rhazès, Avenzoar, Avicenne, Averrhoës, Serapion, Albuchasis et quelques autres. Ces médecins auraient-ils été matérialistes ou athées, eux qui, zélés partisans de la religion de Mahomet, adorèrent le Dieu d'Abraham et crurent aux récompenses d'une autre vie?

A la renaissance des lettres, naquit Paracelse, alchimiste et astrologue fougueux; il renversa l'édifice du galénisme et du péripatétisme, et s'il ne réussit pas complétement, c'est parce qu'en faisant un mélange ridicule des choses sacrées avec les choses profanes souvent les plus absurdes, il ne sut pas fixer l'attention qu'il avait éveillée. Du reste, il faisait tout émaner de la volonté et de la puissance de Dieu, et les esprits ou entités ne lui manquèrent pas lorsqu'il en eut besoin, pour expliquer les phénomènes de la vie et des maladies.

Vers ce même temps, parurent plusieurs hommes célèbres, tels que Zuingerus, Martianus, Fernel, Amatus, Duret, Zacutus, Forestier, Baillou, Lomnius et tant d'autres. Ces auteurs, tous occupés d'Hippocrate et de Galien, qu'ils s'appliquèrent à commenter en cherchant à mettre leurs observations en harmonie avec les maximes de ces grands hommes, adoptèrent leurs doctrines sur tous les points, et ils ne furent pas moins religieux que savants médecins.

Il n'était pas athée ni matérialiste, ce Van Helmont qui, en donnant à son archée un pouvoir si absolu sur l'organisme, remerciait Dieu de l'avoir fait naître dans la religion chrétienne, qui favorisait les études médicales beaucoup plus que ne l'avait jamais fait aucune autre religion.

Il ne l'était pas non plus le fameux Stahl, qui, en faisant tout dépendre de l'âme, créait l'animisme et l'autocratie de la nature.

Ce n'est pas Hoffmann qui pouvait l'être, lui qui pensait que la première qualité du médecin est d'être chrétien : *Medicus sit christianus*, a-t-il dit.

Il ne le fut pas davantage, le premier et le plus savant des nosologistes, Boissier de Sauvages, puisque, à chaque page de son grand ouvrage, il reconnaît l'influence de l'âme et très souvent celle de la Divinité.

Nous conserverons à jamais le souvenir récent encore du profond mépris qu'avaient pour l'athéisme les médecins les plus célèbres de la dernière ère médicale : Lancisi, Gaubius, Sydenham, Boerhaave, Baglivi, Van Swieten, Morgagni, Bordeu.

Les anatomistes de cette époque, Harvée, Ruisch, Vésale,

Riolan, Malpighi, Bouvard, n'ont pas montré moins de respect pour la religion; et l'un deux termine un de ses ouvrages en disant qu'il vient de composer le plus bel hymne en l'honneur de la Divinité. Winslow était protestant : il dut sa conversion à ses études profondes en anatomie. Le grand Haller a consacré l'idée d'un Être suprême dans cent endroits de ses nombreux écrits. Zimmermann, De Haen, Tissot, Stoll, contemporains et amis de Haller, partagèrent ses principes religieux. — Darwin, cet auteur profond et étonnant de la *Zoonomie*, déclare qu'il croit avec saint Paul, que la seule cause première et immatérielle de tout mouvement est Dieu, et, avec cet apôtre, il admet une différence entre le *psyché* ou esprit vivant, et le *pneuma* ou esprit vivifiant.

La génération présente serait-elle donc entachée de matérialisme, lorsque tous les médecins et physiologistes reconnaissent à l'envi l'existence d'un principe vital, quoique sous des noms différents? Telle était la doctrine de Barthez, de Grimaud, de Vic-d'Azyr, de Dumas, de Chaussier, de Béclard et de Bichat; telle était aussi la pensée de Corvisart, de Hallé, de Bayle et de Laennec; telle est encore celle de tous les médecins et physiologistes vivants. Il était même bien éloigné des idées d'athéisme et de matérialisme qu'on lui a supposées, le célèbre auteur des *Rapports du physique et du moral*. Si, dans cet ouvrage remarquable quoique souvent bien superficiel, Cabanis ne s'est attaché qu'aux effets patents de l'organisme, sans remonter aux causes premières, c'est parce qu'il écrivait à une époque qui exigeait cette réticence, et non parce qu'il les méconnaissait. Vous pouvez en juger, par les deux phrases suivantes que nous empruntons à sa Lettre sur les Causes finales : « On ne peut méconnaître, dit-il, que des forces actives animent toutes les parties de la matière : rien n'est plus frappant et plus certain ; » et ailleurs : « Pour faire concourir au même but toutes ces puissances, toutes ces divinités particulières, il faut toujours un Dieu suprême. »

Je me dispenserais de vous parler de Gall, si la doctrine de la pluralité des organes cérébraux ne l'avait pas fait accuser de matérialisme. Cependant ce reproche ne repose que sur de fausses données : Gall n'a jamais été ni athée ni matérialiste : personne n'a rendu un plus sublime et plus éclatant hommage à la Divinité ; personne n'a fait de plus grands efforts pour distinguer les facultés de l'âme des fonctions cérébrales.

Si les médecins, pris en particulier, n'ont pas été matérialistes ni athées, il eût été bien plus difficile, pour ne pas dire impossible, qu'une réunion d'hommes un peu nombreuse eût pu professer une semblable doctrine. Aussi, n'y a-t-il eu jamais aucune société de médecine, aucune faculté, aucun ouvrage périodique qui ait consacré ces déplorables maximes, pas même dans ces temps de hideuse mémoire, où le délire révolutionnaire semblait vouloir engloutir la Divinité et dévorer l'espèce humaine. Partout nous voyons prédominer le vitalisme et l'animisme. Une Faculté même, la plus riche de glorieux souvenirs, conserve avec orgueil son antique serment, qu'elle fait prononcer à chaque aspirant au doctorat, et dans lequel se trouve ce début : « Je promets et je jure au nom de l'Être suprême, d'être fidèle aux lois de l'honneur et de la probité. » Si vous feuilletez le grand *Dictionnaire des Sciences médicales*, ce dépôt précieux et prolixe de nos connaissances, vous y trouverez les plus belles pages en l'honneur de la Divinité et contre le matérialisme.

Ainsi, nulle part dans leurs écrits, les médecins n'ont enseigné l'athéisme ni le matérialisme ; et toutes les fois que le sujet les y a conduits, ils ont reconnu, soit un principe vivifiant de la matière organisée, soit, en dernière analyse, un Être suprême moteur et conservateur de toutes choses.

Cependant, nous dira-t-on, plusieurs médecins ont été reconnus coupables des opinions dont vous les justifiez. Il en est trois surtout, dont l'histoire a conservé les noms : ce sont Arnaud de Villeneuve, Servet et de La Mettrie.— En supposant que l'accusation fût vraie, elle ne prouverait rien, parce que les fautes sont personnelles, et qu'il serait injuste de les faire retomber sur le corps tout entier. Si l'on en usait ainsi, le monde entier serait inculpé, parce qu'il y a eu des athées et des matérialistes dans toutes les professions ; les ministres des autels eux-mêmes n'en seraient pas exempts : car ils ont compté plus d'un renégat. Il n'y aurait donc rien d'étonnant que sur l'immense quantité des médecins qui ont écrit, on en comptât jusqu'à trois qui auraient énoncé des principes d'athéisme et de matérialisme. Cependant, à l'exception de La Mettrie, ces trois médecins mêmes, ne furent ni athées ni matérialistes. En effet, Arnaud de Villeneuve, médecin et ami

du pape Clément V, se mêla beaucoup de théologie. Ce fut pour quelques phrases peu favorables à la vie monacale et à la souveraineté absolue des papes, qu'il fut déclaré seulement hérésiarque quatre ans après sa mort.
— Servet fut brûlé vif pour cause d'irréligion, mais ce fut à Genève, sous les inspirations jalouses de Calvin, et à la suite de la plus inique des procédures, sans qu'il fût question d'athéisme ni de matérialisme.

De La Mettrie seul, athée gagé du roi de Prusse, a prêché franchement l'athéisme et le matérialisme. Mais, en même temps, que de contradictions, que de concessions lui sont échappées! Dans la Préface de son traité le plus philosophiquement impie, il prie Dieu surtout de ne point lui ôter le nécessaire et la santé. Dans le corps même de l'ouvrage, il appelle un athée un abominable homme. Puis il reconnaît un Être suprême, auquel il donne le nom de nature, comme nous lui donnons celui de Dieu, comme les Anglais lui donnent celui de God : le nom seul est changé. Il est forcé d'admettre dans la machine homme, un ressort, un principe incitateur, l'*enormon* d'Hippocrate, l'âme; mais, pour ne pas l'appeler comme tout le monde, il lui donne le nom d'imagination. Enfin, chose étonnante! rougissant plus tard de ses grossières erreurs, il a pris soin de se réfuter lui-même dans son *Traité des Animaux plus que machines*. Ses ouvrages deviennent même une preuve que les médecins, bien loin de les adopter, ont rejeté avec horreur les maximes perverses et les doctrines qui y sont enseignées, puisqu'ils en ont fait justice en les condamnant à l'oubli le plus dédaigneux. Depuis longtemps, on ne lit plus ni *l'Homme machine*, ni *l'Homme plante*.

Nous pouvons donc conclure que le nom d'aucun médecin, véritablement matérialiste et athée, n'a sali les pages de l'histoire de la médecine.

Puisque ce n'est pas dans les écrits des médecins qu'on trouve la cause de l'inculpation d'athéisme qui pèse sur eux, ce sera sans doute dans l'objet de leurs études. Mais, en parcourant ce vaste sujet, on voit, que tout vient au contraire se réunir pour les détourner d'une semblable opinion. Le médecin dirige ses études sur l'homme en santé et sur l'homme malade. Toutes ses méditations se concentrent sur cet objet; ses pensées et ses opinions doivent donc en émaner.

Structure, fonctions, maladies, tout est merveilleux dans l'homme, tout y dévoile une matière animée, tout y révèle une Intelligence créatrice.

Bien plus, cette harmonie inimitable, cette conspiration de toutes les fonctions à la conservation de l'individu et à la reproduction de l'espèce, fait penser qu'une émanation de cette Intelligence, ou que cette Intelligence elle-même est venue animer notre organisme. Cette supposition n'est point une de ces hypothèses futiles et mensongères qu'une autre hypothèse peut renverser, puisqu'on ne peut expliquer autrement pourquoi l'homme vivant diffère de l'homme mort. En effet, placez deux corps à côté l'un de l'autre; tous deux à la fleur de l'âge, d'une structure parfaite et sans altération aucune dans leur organisation; l'un mort depuis quelques instants, l'autre vivant et plein de santé ! Vainement vous vous adressez à tous les sens du premier ; il n'y a plus ni sensations, ni perception, ni pensée, ni volition : ses organes rentrent dans le domaine des lois physiques, et la corruption s'en empare. Tandis que le second sujet perçoit toutes les sensations, pense et réfléchit, agit à volonté et résiste à la destruction cadavérique. Pourquoi cette immense différence ? S'il n'y avait que de la matière dans l'un et dans l'autre, pourquoi le sujet mort n'agirait-il plus ? Celui qui est vivant a donc en lui un principe insaisissable. C'est la vie, direz-vous. Mais qu'est-ce que la vie ? Quel est donc ce mot magique que vous n'auriez créé que pour voiler votre ignorance ? Essayez donc, matérialistes habiles, de faire encore de la vie dans ce cadavre inanimé. Eh quoi ! tout votre art est impuissant : vous ne pouvez rien contre la mort ! Or, cette vie de quoi dépend-elle ? De l'exercice des fonctions. Et ces fonctions, qu'est-ce qui les fait exécuter ? Quel est l'agent incitateur commun qui anime tous les organes et leur donne le mouvement ? C'est là le point difficile. C'est là que les théories viennent s'entre-croiser pour expliquer ce phénomène important... Il n'entre point dans mon plan de chercher à pénétrer l'essence et la nature de ce principe. J'ai voulu démontrer que l'étude de l'homme ne conduisait point au matérialisme, et je ne pense pas qu'il puisse rester de doute à personne. Qu'on l'appelle âme, archée, esprit ou principe vital, flamme de vie, irritabilité, chimie vivante, tonicité, le principe est le même. Il est consacré par le fait. C'est quelque chose de plus que la matière, et en dehors de la matière qu'il vient animer et dont il est impossible d'avoir raison autrement. Tous les physiologistes observateurs sont forcés de le reconnaître.

D'ailleurs, si l'étude de l'homme conduisait au matérialisme et à l'athéisme, aurions-nous vu si longtemps et à tant de reprises différentes le sacerdoce médical uni et confondu avec le sacerdoce divin? Aurions-nous vu si souvent et verrions-nous encore de nos jours des médecins, riches d'instruction, embrasser le culte religieux et en briguer les fonctions sacerdotales? Verrions-nous un aussi grand nombre de prêtres étudier l'homme physique aussi bien que l'homme moral? Aurait-elle fourni à Thomas Browne les plus belles pages de son traité de *la Religion du médecin*? Aurait-elle porté Denys Balme (du Puy) à venger les médecins de l'injuste inculpation d'irréligion? Aurait-elle enfin inspiré une foule d'auteurs de physiologie, telles que Buisson et Bérard, et les docteurs Bourdon, Lepelletier, Dufour et tant d'autres? Aurait-elle décidé le prélat le plus célèbre de l'Église gallicane, Bossuet, cet athlète redouté de l'hérésie, que l'on plaçait de son vivant parmi les Pères de l'Église, à conduire lui-même aux savantes leçons de Duverney son élève royal, et à composer pour lui un traité d'anatomie? La conduite de ce grand personnage ne parle-t-elle pas plus haut que tous les détracteurs de l'étude de l'homme? Son exemple ne démontre-t-il pas que, bien loin de conduire à l'athéisme, l'anatomie ne peut qu'en éloigner? Oui, sans doute, les merveilles de notre organisation fournissent les preuves les plus certaines de l'existence de Dieu :

bien mieux que tous les raisonnements, elles suffiraient pour confondre les sophismes du matérialisme.

Puisque, après leurs écrits et l'objet de leurs études, il est évident que les médecins n'ont pu être ni athées ni matérialistes, il faut que l'opinion qui les accuse ait puisé ses raisons dans leur conduite. Or, scrutons cette conduite dans tous ses points, et elle nous fournira de nouvelles preuves du contraire. Nous négligerons même de vous présenter la plupart des médecins remplissant leurs devoirs de religion avec autant de zèle que les autres gens du monde, quoique leurs occupations y soient bien souvent un obstacle. Il n'en est pas un qui se refuse aux cérémonies religieuses du mariage, lorsqu'il choisit sa compagne. Il n'en est pas non plus qui ne fassent élever leurs enfants dans le sein de la religion dans laquelle ils sont nés, ou qui se refusent aux dernières prières de l'Église, lorsque la maladie ou la mort vient les frapper.

Nous n'examinerons que leur conduite morale.

Sans cesse appelé auprès de l'homme souffrant, le médecin ne se contente pas de lui prodiguer les secours de son art bienfaisant, il puise dans la morale et bien souvent dans la morale évangélique, les motifs de consolation les plus puissants ; et il s'en sert pour arracher au désespoir le malheureux déchiré par la violence de ses douleurs ou par l'effroi de la mort. Et dans ce ministère sacré, quel est celui qui, dans le grenier de l'indigence, n'a pas déposé le denier de la veuve ou de l'orphelin pour procurer au malade les secours dont il a besoin ? Qui ne connaît le trait admirable de Bouvard ? Et Bouvard a eu bien des imitateurs. Le fait suivant est parvenu à ma connaissance, qu'il me soit permis de vous le rapporter. Une personne allait perdre le seul emploi qui fournissait à son existence, parce que des malheurs l'avaient forcée d'entamer une recette dont elle ne pouvait plus combler le déficit. Le moment critique du versement approchait. Un sombre désespoir s'empara d'elle, des crises violentes et une sorte de délire vinrent alarmer la famille. Quelques mots entrecoupés firent soupçonner la cause du mal, et le médecin en obtint l'aveu. Il fit sa prescription en conséquence : c'était un bon de mille écus, somme qui manquait à la caisse. La maladie fut bien vite dissipée.

Il ne se forme pas une société de bienfaisance que les médecins n'y figurent en première ligne. Il ne peut même y avoir de véritable société de bienfaisance sans médecin; car les bienfaits sont pour secourir, moins la misère en santé, que la misère infirme et souffrante qui ne peut plus travailler.

Qu'une épidémie meurtrière répande son souffle empoisonné, les médecins occupent les postes avancés. Plus la mort frappe autour d'eux et augmente le péril, plus ils redoublent leur zèle et leurs soins. Ils ne se contentent pas d'attendre le fléau dans leurs foyers, ils volent chercher au loin l'épidémie, autant pour apprendre à la connaître, afin d'être plus utiles à leurs concitoyens si elle vient les visiter, que pour porter des secours à des malades, au grand nombre desquels les médecins ordinaires ne peuvent plus suffire.

Ce n'est pas dans cette conduite perpétuelle de zèle,

le dévouement et d'humanité qu'on pourrait trouver le germe de l'athéisme. Ces vertus sublimes et héroïques, que la religion seule inspire au commun des hommes, ne peuvent pas être chez les médecins le produit ou la preuve de l'irréligion.

Non, les médecins ne sont pas matérialistes et athées par principe; vous ne croyez même plus qu'ils puissent l'être. Confidents des merveilles de l'organisation vivante, ils ne peuvent pas méconnaître le doigt d'une Intelligence suprême. Si pourtant il en était, ou bien ils n'auraient jamais étudié le langage de cette harmonie sublime qui préside à l'exécution des fonctions, et ils nous donneraient la preuve de leur ignorance ; ou bien, entraînés par la passion ou la perversité de leur cœur, ils ressembleraient à ces dieux stupides dont parle l'Écriture, qui ont des yeux et ne voient point.

Par la même raison, ils ne peuvent pas méconnaître l'existence d'un principe animateur qui vient s'unir à la matière organisée pour lui donner la vie. — Ainsi, bien loin de conduire à l'athéisme et au matérialisme, les sciences médicales fournissent les arguments les plus solides et les preuves les plus convaincantes contre l'inculpation calomnieuse dont on a voulu les flétrir

J.-L. BRACHET

Discours inaugural prononcé, en 1834, à l'Académie des Sciences, Arts et Belles-Lettres de Lyon.

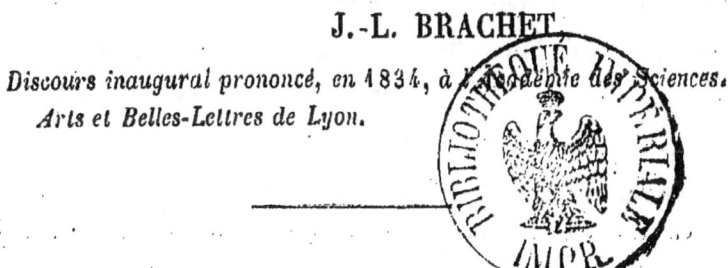

LES
MÉDECINS MORALISTES.

PENSÉES, MAXIMES ET RÉFLEXIONS.

ABSTINENCE ET JEÛNE.

On doit s'abstenir de viande et d'une portion de ses aliments à certains jours, pour donner une marque de sa dépendance à l'autorité établie par Dieu même. Qu'y a-t-il de si intolérable dans tous ces préceptes pour en avoir fait le sujet de sarcasmes et de railleries? Hé quoi! des hommes sans mission ont des ordres à donner à leurs semblables, et l'Eternel n'aura pas le droit de faire des commandements pour éprouver ses créatures raisonnables!

Récamier, Encyclopédie du XIXe siècle, art. Abstinence.

Les lois ecclésiastiques sur l'abstinence et le jeûne ont été instituées dans un triple but *d'économie politique, d'hygiène, d'expiation,* et elles dénotent autant le savoir et la prudence de ceux qui les ont faites, que l'ignorance ou la légèreté des prétendus esprits forts qui les critiquent.

Descuret, La Médecine des Passions.

Le jeûne, le maigre et diverses autres austérités, sont assurément des devoirs imposés par l'Église comme œuvre d'expiation, comme un hommage rendu à la Divinité et aux souffrances que le Fils de l'homme a endurées pour le salut des hommes; mais, indépendamment de ce but purement spirituel et religieux, il est évident que l'Église s'en est proposé un autre tout à fait matériel, la conservation de la santé.

Pointe, *Hygiène des Collèges.*

Logiquement, non moins que religieusement, l'observance des jeûnes et des jours maigres est une loi de conservation, une loi de santé publique et morale; aussi, nous devons admirer la profonde sagesse, le génie d'observation des législateurs de la conscience, qui ont su grouper, sous un précepte dogmatique, des principes d'hygiène applicables au plus grand nombre.

P. Bellemont, *Le Courrier des Familles.*

Quoi de plus propre à maintenir la modération, la prudence, la sagesse, la pureté de mœurs que cette diète végétale, que ces jeûnes, gardiens de toutes les vertus ?

Virey, *Dictionnaire des Sciences médicales.*

Non-seulement l'abstinence, le jeûne et la tempérance servent à l'acquisition de toutes les vertus, mais ce sont encore les pures, les vives sources où nos âmes amollies par les plaisirs vont se retremper pour y ressaisir leur vigueur et leur activité premières.

Le P. Debreyne, trappiste, docteur en médecine, *Théologie morale.*

Le jeûne élève et fortifie l'esprit. C'est dans le jeûne, l'abstinence et le silence des passions que naissent les plus hautes pensées et mûrissent les plus hautes conceptions.

Le même, *ibid.*

L'homme qui se conserve le mieux est souvent celui qui emploie le moins pour sa subsistance : l'art de bien vivre est l'art de s'abstenir.

Alibert, *Physiologie des Passions.*

ACTE, ACTION.

Une bonne action remplit l'âme d'une joie délicieuse dont n'approche aucune volupté terrestre.

Brachet, *Éloge de Gilbert Montain.*

Une mauvaise action ne tarde pas à punir celui qui la commet.

Belouino, *Des Passions.*

Quelle triste page de l'histoire du cœur humain que celle qui contiendrait l'exposé de tous les motifs futiles qui déterminent les actes les plus importants de la vie !

Brierre de Boismont, *Du Suicide.*

Le mérite de nos actions n'est pas seulement dans l'action elle-même, il est bien plus encore dans l'intention, dans la mesure, dans le choix, dans l'opportunité des circonstances ; et, sous ce rapport, rien n'est bon, rien n'est bien, s'il n'est fait de bon cœur et à propos.

Collineau, *De l'Entendement humain.*

Toute action vertueuse porte le calme dans l'âme ; aussi, une joie sûre et tranquille accompagne jusque dans l'intérieur de sa maison celui qui vient de faire quelque chose pour le bien de l'humanité.

Zimmermann, *De la Solitude.*

La plupart des actions vertueuses se font dans le silence et l'obscurité.

Le même, ibid.

Une mauvaise action cachée sous des lauriers n'en est pas moins odieuse.

Réveillé-Parise, *Physiologie et Hygiène des hommes livrés aux travaux de l'esprit.*

Toute mauvaise action est une tache que le temps même ne saurait effacer de la conscience.

Lepelletier (de la Sarthe), *Physiologie méd. et philos.*

Rechercher le côté faible d'une bonne action, c'est au moins un travers de l'esprit, quand ce n'est pas un vice du cœur.

Beauchêne, *Maximes, Réflexions et Pensées.*

La gloire lave les mauvaises actions, mais les taches restent.

Le même, ibid.

ACTIVITÉ.

Pour que l'activité soit véritablement salutaire, il est trois conditions indispensables : il faut 1° qu'elle garde une juste mesure, qu'elle évite tout excès; 2° qu'elle s'applique avec amour, dans le moment opportun, à des objets qui lui conviennent ; 3° qu'elle prenne des intervalles de repos, et qu'elle varie ses occupations. Telle est la nature de notre esprit, que le repos la délasse moins que la variété.

Feuchtersleben, *Maximes et Pensées.*

L'activité dans l'accomplissement du devoir est la mère d'une conscience pure.

Le même, *ibid.*

Hommes de bien, déployez autant d'activité que les méchants, vous aurez bientôt changé la face du monde!

Souvenirs d'un ancien médecin.

ADVERSITÉ.

Il est une rude mais salutaire école instituée par la Providence, on la nomme *adversité*.

Souvenirs d'un ancien médecin.

C'est une sévère mais bonne institutrice que l'adversité; mettons ses leçons à profit en devenant meilleurs.

Ibid.

L'adversité conduit les esprits faibles au désespoir; elle fortifie les âmes élevées.

BEAUCHÊNE, *Maximes, Réflexions et Pensées.*

Il y a dans l'adversité, je ne sais quoi qui brise ou fortifie, abaisse ou élève : les faibles y succombent, les forts en sortent meilleurs.

SCIPION PINEL, *Physiologie de l'Homme aliéné.*

Les vents de l'adversité poussent l'âme vers les régions célestes.

BEAUCHÊNE, *Maximes, Réflexions et Pensées.*

Voy. MALHEUR et SOUFFRANCE.

AFFECTIONS.

Analogie dans les sentiments, dissemblance dans les caractères ; voilà les conditions indispensables pour que les affections soient réciproques, et surtout fortes et durables.

Beauchêne, *Maximes, Réflexions et Pensées.*

Y-a-t-il rien de comparable aux douceurs que l'on peut goûter dans les affections de la famille ?

Souvenirs d'un ancien médecin.

AGONIE, AGONISANTS.

Il n'est rien de plus fécond en enseignements moraux que l'agonie et la mort de l'homme... Quand la mort n'arrive pas brusquement, les phénomènes de l'agonie improvisent aux regards d'un observateur impartial le plus inexorable peintre de portrait qui fût jamais ; l'âme qui déloge se montre alors telle qu'elle fut : quelques heures lui suffisent pour exposer dans toute sa nudité le résumé de la plus longue vie.

Lauvergne, *De l'Agonie et de la Mort.*

En bonne logique, un agonisant athée est impossible... L'homme n'a jamais mieux joui de son libre arbitre et des perceptions infinies de son intelligence, que durant la lutte solennelle dont il est l'objet entre la vie et la mort, ou bien entre l'âme et la matière. C'est dans cette heure de crise et d'épreuve qu'il se montre avec ses qualités morales et ses facultés intellectuelles, telles qu'il les reçut et qu'il les cultiva.

Le même, *ibid.*

Après une agonie, il y a vingt chances contre une que le sujet, s'il en revient, deviendra meilleur. L'agonie et les visions de la mort improvisent de terribles leçons !

Le même, ibid.

L'agonie des curés des premières villes du royaume, des évêques et des archevêques, offre un mélange auguste de sublime résignation, de charité chrétienne et de grandeur de caractère, qui n'appartient qu'à cette classe d'hommes nourris à l'école d'un pouvoir qu'ils font respecter et bénir jusque sous le dais mortuaire.

Le même, ibid.

Voy. l'article CONVERSION.

ALIÉNATION MENTALE, ALIÉNÉS.

Toutes les impressions naissent douloureuses chez l'aliéné ; souffrir et se plaindre, voilà les symptômes primordiaux de l'aliénation mentale.

GUISLAIN, Traité sur les Phrénopathies.

Dire que l'aliénation mentale est un trouble de la raison serait une proposition erronée : ce serait prendre un symptôme secondaire pour le phénomène fondamental : beaucoup d'aliénés ne déraisonnent pas, presque tous souffrent : c'est là l'altération mère d'où provient la série des actes violents et bizarres qui caractérisent l'aliénation mentale dans ses diverses formes et dans ses diverses combinaisons (1).

Le même, ibid.

(1) Sur 238 cas d'aliénation mentale proprement dite, le docteur Guislain a constaté 202 causes morales, dont le mode d'agir consiste dans une souffrance morale.

Éveiller et affermir le principe religieux chez les aliénés, c'est le couronnement du traitement moral.

Hufeland, *Médecine pratique.*

Le principe moral est ce qu'il y a de meilleur dans l'homme, ce qui, à proprement parler, le fait homme; de là, le précepte de conduire les aliénés à l'église et de leur donner un prêtre éclairé.

Le même, *ibid.*

Il serait bien, et cela même à titre de récompense, de conduire certains aliénés aux exercices du culte, dans une chapelle séparée : ce serait un moyen de dominer la versatilité de leur esprit et de leur inspirer de la réserve ; alors aussi des exhortations faites avec douceur et habileté sur la tolérance et la charité chrétiennes pourraient produire de bons effets.

Ferrus, *Des Aliénés.*

Formons des vœux pour qu'un élément précieux de guérison, la religion, s'introduise désormais, autrement qu'on ne l'a semée jusqu'à ce jour, dans les hospices d'aliénés.

Émile Bégin, *Le Courrier des Familles.*

En fait d'aliénation mentale, l'élément chrétien n'est pas seulement un élément de consolation et d'espérance, il est aussi un élément d'observation duquel il faut se servir pour être sur la voie du vrai.

Le même, *ibid.*

Pour être utile aux aliénés, il faut les aimer beaucoup et savoir se dévouer pour eux.

Esquirol, *Des Maladies mentales.*

Voy. **Folie**.

ALIMENTS, NOURRITURE.

Il n'y a pas de moyen plus efficace pour prolonger sa vie et conserver sa santé, que la modération dans l'usage des aliments convenables à la disposition du corps.

Frédéric Hoffmann, *Physiologie du Corps humain.*

Les aliments ont sur nos passions une influence immense. Celui qui fait usage de viandes, de vins généreux, a des passions beaucoup plus vives que celui qui se nourrit de légumes et de fruits. Rien ne développe les instincts animaux et grossiers, comme l'usage de la chair et du sang.

Belouino, *Des Passions.*

Le bon choix des substances alimentaires n'est pas seulement d'une grande importance pour la santé, il exerce encore sur le caractère et sur les passions une influence si prononcée, qu'il y a lieu de s'étonner du peu de soin qu'on y apporte généralement. C'est souvent au sérieux qu'il faudrait prendre cet aphorisme de Brillat-Savarin : « Dis-moi ce que tu manges, je te dirai ce que tu es. »

Descuret, *Les Merveilles du Corps humain.*

On aspirera vainement à la sagesse si l'on ne se modère pas sur la quantité des aliments.

Virey, *Dictionnaire des Sciences médicales*, art. Passions.

L'homme frugal sait proportionner sa nourriture à la somme des forces qu'il dépense.

Feuchtersleben, *Hygiène de l'Ame.*

Voy. Tempérance, Sobriété et Intempérance.

ALLAITEMENT.

L'obligation de nourrir ne s'étend pas aux mères qui ne peuvent donner à leur enfant qu'une nourriture insuffisante ou malsaine. Celles qui manquent de lait, ou, ce qui est encore plus commun dans les grandes villes, qui l'ont mauvais, ne sauraient mieux faire que d'envoyer leurs enfants à la campagne ; ils y trouveront peut-être, dans un lait assaisonné par la tempérance et la frugalité qu'une paysanne robuste leur fournira, un remède à des maux produits par les vices opposés à ces vertus ; ils se dépouilleront dans cette source pure, des levains infects qu'on leur a transmis avec la vie. Ils y recevront une existence plus solide que celle qu'ils doivent à des parents énervés, et à peine en état de soutenir la leur.

Roussel, *Système physique et moral de la Femme.*

Le catholicisme, qui a su renfermer toutes les grandes vérités sociales dans le cercle des vérités théologiques, a fait de l'allaitement maternel une obligation religieuse, dont la mère ne peut se dispenser que par des motifs légitimes. Dans le cas où elle ne peut remplir cette importante fonction, l'Église n'exige pas seulement les qualités physiques et morales nécessaires à l'allaitement, elle demande que la nourrice appartienne à la religion catholique, comme Plutarque voulait que la nourrice fût grecque.

Th. Perrin, *Considérations phys. et mor. sur l'Allaitement maternel.*

La femme doit allaiter l'âme aussi bien que le corps de son enfant.

Le même, *ibid*.

Considéré dans son ensemble, l'allaitement maternel est l'expansion de l'être physique et moral, c'est le don de soi, la sublime figure de la charité. Aussi, lorsque l'art a voulu reproduire cette vertu, il n'a trouvé d'autre modèle que celui d'une mère allaitant son enfant. Dans ce tableau, la vérité physiologique et la vérité religieuse se trouvent réunies dans une symbolique unité.

Le même, *ibid*.

En acceptant les fonctions du nourrissage, la mère reste fidèle à deux ordres de vérité : la vérité morale et la vérité physiologique; et, comme le vrai est la source du bien, il résulte qu'en remplissant une tâche où l'âme prend autant de part que le corps, elle ennoblit son caractère et raffermit sa santé.

Le même, *Danger de la Suppression du Nourrissage maternel*.

Voy. LAIT.

AMBITION.

L'ambition est toujours empreinte d'égoïsme; elle est sans mesure comme sans limites.

ALIBERT, *Physiologie des Passions*.

Parmi les causes sans nombre qui contribuent à égarer la raison humaine, il n'en est aucune qui soit à la fois plus fréquente et plus énergique que l'ambition.

Le même, *ibid*.

Portée au plus haut degré, l'ambition est la démence de l'âge mûr.
Le même, *ibid.*

L'homme enchaîné par l'ambition est-il moins esclave quand il traîne une chaîne d'or?
Souvenirs d'un ancien médecin.

Les malheureux que des espérances déçues, qu'une ambition trompée ont privés de leur raison, et qui se croient devenus généraux, ministres, souverains, pape et même Dieu, pullulent dans les établissements consacrés au traitement des aliénés.
Descuret, *La Médecine des Passions.*

S'il n'est jamais de fête pour l'envie, on peut assurer qu'il n'est jamais de contentement pour l'ambition.
Foissac, *Hygiène philosophique de l'Ame.*

AME (1).

On ne peut concevoir que celui qui a étudié la science de la vie, le scalpel à la main, puisse un seul instant douter de l'existence de l'âme.
Desruelles, *Notice sur l'abbé Bellanger.*

Osons le dire hautement, nous sommes plus sûrs, sous certains rapports, de l'existence de notre âme que de celle des corps: c'est la première base de l'évidence, le fondement de toutes les autres.
Bérard, *Doctrine des Rapports du physique et du moral.*

(1) Voyez ci-après, aux Fragments, la revue analytique des facultés de l'âme.

J'appelle *organe de l'âme* une condition matérielle qui rend possible la manifestation d'une qualité morale ou d'une faculté intellectuelle. Je dis que l'homme, *dans cette vie*, pense et veut par le moyen du cerveau; mais si l'on en conclut que l'être voulant et pensant est le cerveau, ou que le cerveau est l'être pensant et voulant, c'est comme si l'on disait que les muscles sont la faculté de se mouvoir, que l'organe de la vue et la faculté de voir sont la même chose (1).

Gall, Anatomie du Cerveau.

J'admets l'âme comme un être immatériel enfermé dans le corps. Ses facultés ont besoin d'instruments corporels pour se manifester, et ces manifestations, qui ne peuvent avoir lieu sans les instruments corporels, sont modifiées, diminuées, augmentées ou dérangées, selon la disposition de ces instruments.

Spurzheim, *Dérangement des Facultés intellectuelles de l'homme.*

Il y a dans l'homme un principe distinct de la matière, dont le corps n'est que l'instrument temporaire et dont la vocation, la destinée sont autres que celles d'un organisme fragile.

Max Simon, Déontologie médicale.

Il existe en nous autre chose que des organes maté-

---

(1) Lorsque, en 1812, on accusa Gall de matérialisme, il répondit victorieusement par un écrit tout spiritualiste sur les dispositions innées de l'âme, dont la pluralité des organes ne l'empêchait pas d'admettre l'unité. Quant à Spurzheim, le plus célèbre des disciples de Gall, il s'est posé comme l'un des plus chaleureux partisans de l'école animiste dans son *Essai sur la nature morale et intellectuelle de l'Ame.*

riels : il y a un principe spirituel qui ne peut périr, une âme créée à l'image de Dieu, qui vient de Dieu, qui est faite pour Dieu.

Vitteaut, *La Médecine dans ses rapports avec la Religion*.

L'âme est cet ouvrier logé en nous pour travailler et perfectionner le *moi* suivant Dieu et la vérité des choses.

Lauvergne, *Les Forçats*.

L'âme est le principe immatériel, pensant, raisonnant, agissant; les organes sont les instruments employés par ce principe. Il est donc absolument impossible d'étudier l'un à l'exclusion des autres sans tomber directement soit dans les erreurs du kanto-platonicisme, soit dans les absurdités du matérialisme le plus révoltant.

Lepelletier (de la Sarthe), *Physiologie, méd. et philos.*

L'âme est le moi de Platon, flambeau intérieur qui illumine le sanctuaire mystérieux de notre être, dont la lumière pure, immuable, éternelle, projette ses rayons sur les créations du génie de l'homme et les inspirations de sa conscience, éclaire la voie du monde moral et le but élevé de la perfection. Ce flambeau, dont la flamme s'alimente aux sources du beau, du bon et du vrai, ne doit-il pas participer de l'immortalité de cette nourriture divine?

Théodore Perrin, *De la Périodicité*.

L'âme est une puissance qui multiplie ses effets selon les diverses situations de l'homme : dans l'état de santé, c'est une flamme qui l'éclaire; dans l'état de maladie, une force qui le conserve.

Le même, *ibid*.

L'âme veille comme une sentinelle attentive par le moyen des organes des sens.

Stahl.

L'âme est comme un timbre sur lequel frappent continuellement les sens ; mais elle dispose à son gré des sensations qu'elle reçoit et réagit sur elles selon sa volonté, preuve incontestable de son immatérialité et de sa liberté.

Beauchêne, *Maximes, Réflexions et Pensées*.

L'âme humaine présente deux facultés distinctes, l'instinct et la raison : l'instinct qui pousse aux actes irréfléchis et qui est la loi naturelle des animaux ; la raison qui préside aux actes mûrement pensés et qui est la loi naturelle de l'homme.

Dufieux, *Nature et Virginité*.

Les fondements de la morale reposent dans l'âme ; les principes de nos devoirs y sont écrits en caractères sacrés.

Alibert, *Physiologie des Passions*.

Les âmes ont leur hygiène comme les corps : aux unes le bruit et l'agitation semblent préférables ; aux autres le calme et le recueillement offrent plus de ressources.

Réveillé-Parise, *Études de l'Homme*.

L'âme est comme le sang, elle s'enrichit des principes sympathiques à sa nature ou dépérit dans un milieu contraire.

Théodore Perrin, *De la Surdi-mutité*.

Oh ! que l'homme pourrait subsister sain et heureux

pendant de longues années s'il savait épargner sur son corps pour agrandir son âme !

Virey.

L'âme a besoin d'aliment, elle est même la plus affamée de toutes les créatures, car elle ne peut cesser de vouloir, de désirer d'attirer à elle, comme le feu ne peut cesser de consumer.

L'abbé Bautain, docteur en médecine, *Philosophie morale.*

Les forces de notre âme s'étendent plus loin que nous ne croyons. Celui qui, par besoin ou par goût, les exerce souvent, sent bientôt que notre plus grande félicité est en nous-mêmes.

Zimmermann, *De la Solitude.*

Une âme forte dissipe souvent de grands maux ; elle est un puissant bouclier contre les traits du destin.

Le même, *ibid.*

Des âmes énergiques bravent et jettent loin d'elles tout ce qui irrite et consume les autres ; elles détournent fièrement les yeux de ce qui est, pour ne voir que ce qui doit être. Une âme vigoureuse relèvera aussi certainement le corps qu'elle anime qu'une âme faible perdra celui qui lui est confié.

Le même, *ibid.*

Dégagée des liens de la matière, l'âme s'appartient et se montre alors dans toute sa nudité, toute belle ou toute difforme.

Lauvergne, *De l'Agonie et de la Mort.*

L'idée de l'immortalité de l'âme est, selon moi, le seul

objet qui nous rende la vie chère et qui nous fasse supporter avec patience les peines dont elle est remplie.

Hufeland, *L'Art de prolonger la vie humaine.*

Y a-t-il quelqu'un assez malheureux pour réfléchir sur l'union de l'âme et du corps sans être convaincu de la puissance et de la sagesse de Celui qui les a formés!

Nieuwentyt, *De l'Existence de Dieu.*

Si l'union de l'âme avec le corps est merveilleuse en elle-même et dans la manière dont elle se fait, elle ne l'est pas moins dans les bornes qui lui ont été prescrites.

Le même, *ibid.*

Si l'homme connaissait son âme, s'il savait la manière intime dont elle est unie au corps, s'il étudiait les facultés précieuses dont elle jouit, l'homme deviendrait meilleur et s'élèverait chaque jour davantage vers la Source unique de toutes ses perfections et de toutes ses vertus.

Émile Bégin, *Le Courrier des Familles.*

C'est par la culture de leur âme et par la pratique des bonnes inspirations qui naissent d'elle quand Dieu la favorise, que tant de grands saints, tant d'hommes illustres, ont servi d'exemple à l'humanité.

Le même, *ibid.*

A la mort, notre âme va à Dieu, mais elle n'y va pas comme la goutte d'eau qui court dans l'Océan pour s'y perdre, comme la monade qui va s'abîmer dans la monade des monades; il n'y a pas absorption de la partie par le grand Tout; elle se présente à Dieu avec ses caractères d'individualité, de personnalité, d'identité, de responsabilité.

<small>Vitteaut, La Médecine dans ses rapports avec la Religion.</small>

Sans une âme immortelle, la vie serait peu de chose et la mort ne serait rien; elle nous fait regarder cette vie comme le berceau de l'autre.

<small>Brachet, Physiologie de l'Homme.</small>

AMITIÉ.

L'amitié doit être considérée comme une émanation nécessaire de l'instinct social; c'est une des affections les plus naturelles à l'espèce humaine.

<small>Alibert, Physiologie des Passions.</small>

Il peut certainement y avoir une amitié exempte de tout intérêt personnel.

<small>Le même, ibid.</small>

L'amitié ennoblit en quelque sorte notre existence; l'homme s'enorgueillit d'être aimé.

<small>Le même, ibid.</small>

L'amitié, l'une des plus belles tiges de la faculté d'aimer, a été donnée à l'homme pour charmer sa vie et pour doubler son cœur.

<small>Belouino, Des Passions.</small>

Toute amitié qui n'est pas fondée sur la vertu a le sort de ces semences qui germent sur le roc : le soleil les dessèche ou le souffle du vent les emporte. Deux amis réunis dans l'amour de Dieu et dans la pratique du bien n'ont point à craindre que leur amitié périsse d'inanition; elle a ses racines dans un fond suffisant pour l'alimenter toujours; ses garanties de durée sont proportionnées à la grandeur de ses motifs.

Le même, *ibid.*

L'amitié peut exister entre des personnes de différent sexe, mais il est rare qu'elle soit exempte d'amour. Une affection tendre entre un homme et une femme a toujours, même quand elle est pure, un caractère spécial ; elle est rarement exempte de danger : c'est comme une substance inflammable que la plus légère étincelle peut embraser. Nous ne prétendons pas qu'il faille condamner une telle affection, mais il faut s'en défier ; elle est souvent trompeuse.

Le même, *ibid.*

Pourquoi faut-il que ce *mariage de l'âme* soit sujet au divorce? Il est triste d'avouer que notre susceptibilité, trop irritable pour être juste, rompt parfois, sans grands motifs, les plus doux liens que la nature nous a inspirés et que notre raison s'est plu à former ; mais, dans ce cas même, le véritable ami gémit en silence, s'interdit tout genre de blâme, et ne s'exhale jamais en reproches amers.

Dufour, *Essai sur l'Étude de l'Homme.*

La véritable amitié a sa racine dans les âmes. Elle part d'une estime réciproque, née dans l'épreuve que deux âmes ont faite l'une de l'autre, d'où provient une confiance sans bornes et un libre épanchement de l'affection.

L'abbé Bautain, docteur en médecine, *Philosophie morale.*

L'amitié a son prix dans toutes les situations de la vie :

elle augmente le bonheur, elle diminue le malheur, elle fortifie la faiblesse, elle excite le courage, elle rend l'espérance, elle élargit le cœur, elle épure et agrandit les affections, elle apprend à aimer de cet amour sublime qui s'universalise dans la charité et se consomme en Dieu.

Le même, ibid.

AMOUR.

L'amour, c'est être deux et ne faire qu'un.

Serrurier, Mesdames les Femmes.

Point d'amour sans enthousiasme; c'est la séve qui le vivifie, comme l'estime est le parfum qui l'embaume.

Le même, ibid.

L'amour le plus passionné, quand il est délicat, serait une vertu s'il n'était une idolâtrie.

Beauchêne, Maximes, Réflexions et Pensées.

La galanterie est la parodie de l'amour.

Le même, ibid.

Quoiqu'on ait dit que la raison soit le plus redoutable ennemi de l'amour, il est cependant vrai que le véritable amour ne peut exister qu'avec elle.

Le même, ibid.

Il faut une grande somme d'amour pour la félicité du mariage.

Alibert, Physiologie des Passions.

Chez beaucoup de femmes, l'amour de Dieu peut seul

remplir le vide qu'a laissé dans leur âme la retraite d'un monde enchanteur.

Brachet, *Traité de l'Hystérie.*

On voit un grand nombre de femmes dont le cœur est en proie à un amour malheureux trouver dans la religion une diversion, une consolation d'autant plus douce, qu'en aimant Dieu elles aiment encore, et qu'elles aiment infiniment mieux. On connaît ce mot de sainte Thérèse : « L'enfer est un lieu où l'on n'aime plus. »

Descuret, *La Médecine des Passions.*

Il y a quelque chose de plus difficile que d'agrandir une science si l'on est savant, que d'asservir tout un pays si l'on est guerrier, c'est de se rendre maître de l'amour.

Isid. Bourdon, *Illustres Médecins,* art. Bosc.

AMOUR FILIAL.

Il semble que l'amour filial se soit affaibli depuis qu'on l'a tant préconisé comme une rare vertu.

Alibert, *Physiologie des Passions.*

Le dévouement filial est une sorte de religion ; il trouve le prix des sacrifices qu'il s'impose dans cette joie pure dont il pénètre notre âme, et qui est la plus douce récompense de nos vertus.

Le même, *ibid.*

Obéissance et confiance, amour et crainte, sont les éléments de la piété filiale.

L'abbé Bautain, docteur en médecine, *Philosophie morale.*

AMOUR MATERNEL.

Mères, ne l'oubliez pas, cet amour qui fait vos délices, Dieu l'a mis en vous bien moins pour vous-mêmes que pour vos enfants ; avant tout, vous devez considérer leur intérêt ; vos satisfactions ne doivent venir qu'ensuite.

Belouino, Des Passions.

Oh ! qui peut oublier l'amour d'une mère ! cet amour dévoué, charitable, sublime de faiblesse ; cet amour, le plus fort des instincts que la nature ait enracinés au cœur de la femme ; amour que ne refroidit pas le danger, que n'affaiblissent pas nos fautes, dont le malheur resserre les liens ; amour qui vit toujours ardent et jeune, alors que, dans notre ingratitude, nous le croyons à jamais éteint !

Serrurier, Mesdames les Femmes.

L'amour maternel est le mobile le plus fort et le plus constant du cœur de la femme.

L'abbé Bautain, docteur en médecine, Philosophie morale.

Rien n'est plus funeste à l'enfant qu'une affection maternelle sans raison, qui aime aveuglément.

Le même, ibid.

Dans le martyre des Machabées, la Bible nous offre l'héroïsme de l'amour maternel porté à sa plus haute élévation ; elle montre la puissance avec laquelle une mère nourrice imprime dans le cœur de ses enfants sa foi, ses mœurs et ses sentiments les plus intimes.

Th. Perrin, Consid. physiol. et mor. sur l'Allaitement maternel.

AMOUR PATERNEL.

L'amour paternel est à la fois le sentiment le plus digne d'un cœur généreux et la plus douce jouissance de l'homme sensible; il nous console du malheur de vieillir, il nous fait entrevoir une sorte d'immortalité sur cette terre où tout nous échappe. Un père croit revivre dans ses enfants; il voit moins en eux ses héritiers que les continuateurs de son existence.

ALIBERT, *Physiologie des Passions.*

Rien n'est plus respectable qu'une paternité digne et consciencieuse, qui règle la tendresse naturelle par le sentiment du devoir, modère l'instinct par l'obligation morale, et sait au besoin souffrir et faire souffrir l'enfant dans la vue de son bien véritable.

L'abbé BAUTAIN, docteur en médecine, *Philosophie morale.*

AMOUR-PROPRE.

L'amour-propre peut avoir d'heureux effets quand il est bien placé. Le grand art de ceux qui gouvernent est de prendre les hommes par ce côté et de leur faire accomplir de grandes choses qu'ils n'exécuteraient jamais par un motif plus élevé.

L'abbé BAUTAIN, docteur en médecine, *Philosophie morale.*

L'homme qui choque le moins les amours-propres est souvent celui qui arrive avec le plus de sûreté à la considération personnelle.

ALIBERT, *Physiologie des Passions.*

L'amour-propre est si difficile à contenter, que l'estime des gens d'esprit ne le console pas toujours du mépris des sots.

Beauchêne, *Maximes, Réflexions et Pensées*.

L'amour-propre s'irrite en raison de la faiblesse du caractère.

Le même, *ibid*.

AMOUR DE SOI.

L'amour de soi, inné au cœur de l'homme, est tempéré, contre-balancé par *l'amour des autres*, qui a aussi sa racine naturelle dans notre âme.

L'abbé Bautain, docteur en médecine, *Philosophie morale*.

Quand l'amour de soi est renfermé dans de justes limites, il est l'un des plus louables mobiles de nos actions; mais quand il s'exagère, il devient la source des plus déplorables écarts de notre intelligence. Il se rapetisse alors aux mesquines proportions de l'égoïsme; il oublie son Auteur et ses devoirs, il s'enfle de fol orgueil, descend jusqu'aux misérables faiblesses de la vanité, subit les entraînements de l'ambition, s'endort dans la paresse ou se vautre dans la fange de l'avarice.

Belouino, *Des Passions*.

Voy. Égoïsme.

AMPHITHÉATRES.

Nos amphithéâtres sont des écoles anatomiques où la mort enseigne à épeler la vie.

Souvenirs d'un ancien médecin.

Aujourd'hui, les amphithéâtres ne sont plus saturés de

miasmes infects; qu'ils ne soient plus, à l'avenir, des foyers de corruption morale.

Ibid.

Pourquoi l'image du Christ ne se trouve-t-elle pas dans les amphithéâtres consacrés aux dissections humaines? elle contribuerait à maintenir dans les cœurs la piété respectueuse due aux restes non inhumés du pauvre.

Ibid.

Pénétré d'un respect religieux au milieu des amphithéâtres, vous y travaillerez dans le silence; que votre maintien y soit décent, votre conduite grave et en harmonie avec la nature d'une étude aussi sérieuse que la vôtre. Dans un pieux recueillement, vous interrogerez cet organisme maintenant muet, et pourtant prêt encore à vous révéler bien des secrets : c'est ainsi que vous honorerez la dépouille du pauvre, de l'infortuné qu'un dernier malheur livre au scalpel de l'anatomiste. Utile pendant sa vie par son labeur, utile encore après son trépas, il n'est venu au monde que pour servir; gardez-vous de traiter indignement ses restes; songez que votre respect est sa seule pompe funéraire!

RICHARD (de Nancy), *Discours sur les Études et les Qualités nécessaires au Médecin.*

ANATOMIE.

A la vue de cette merveilleuse organisation où tout a été prévu, coordonné avec une sagesse telle qu'une fibre ne saurait avoir un peu plus ou un peu moins de force, sans qu'à l'instant l'équilibre ne soit troublé et le désordre ne commence ; quel anatomiste ne s'écrierait avec Galien qu'*un livre d'anatomie est le plus bel hymne qu'il ait été donné à l'homme de chanter en l'honneur du Créateur* (1)?

Cruveilhier, *Anatomie pathologique.*

L'anatomie et la physiologie sont les deux premiers chapitres d'un cours complet de bonne philosophie. C'est dans les entrailles mêmes de l'homme qu'on apprend à le connaître, à le voir tel qu'il est, tel que Dieu l'a fait.

Reveillé-Parise, *Physiologie et Hygiène des hommes livrés aux travaux de l'esprit.*

L'anatomie, l'étude de l'organisation, suffirait à elle seule, si d'autres raisons n'existaient pas, pour conduire le médecin à s'incliner devant les grandes vérités qui sont la substance du spiritualisme : l'immatérialité de l'âme et l'existence de Dieu.

Valette, *Du Diagnostic chirurgical.*

ANIMAUX.

Les animaux sentent, connaissent, pensent; mais l'homme est le seul de tous les êtres à qui ce pouvoir ait été donné de sentir qu'il sent, de connaître qu'il connaît, de penser qu'il pense.

Flourens, *Résumé des observations de Frédéric Cuvier sur l'Instinct et l'Intelligence des animaux.*

Non, un principe d'intelligence tel que je le vois dans

---

(1) Galien appelle son ouvrage *Sur l'utilité des parties du corps* « un discours sacré qu'il consacre comme un hymne sincère au Créateur des hommes. » Voir les *Œuvres anatomiques, physiologiques et médicales de Galien*, traduites par le docteur Daremberg, t. I, p. 261.

l'homme n'est point du tout ce qui anime les animaux, et c'est à mon sentiment, la disparate la plus saillante du dynamisme humain et du dynamisme bestial.

Lardat, *Preuves de l'Insénescence du Sens intime.*

L'éducation des bêtes n'est pas de la même nature que la nôtre : chez nous, l'éducation est une *instruction* qui s'opère dans le principe de l'intelligence ; chez la bête, l'éducation est une *manière de dresser et de façonner son instinct*.

Le même, *ibid.* et *De l'Intelligence des Bêtes.*

Les animaux n'ont pas l'esprit divin pour les vivifier, ils n'ont pas l'âme céleste ; ils n'ont que le principe animateur qui met leurs organes en mouvement.

Brachet, *Réflex. sur l'action de l'Ame dans les fonctions de l'homme.*

La lutte de la chair contre l'esprit n'existe que dans l'homme et jamais chez les animaux, parce qu'ils sont privés de cette âme qui, émanée d'une source plus pure, sent et voit différemment que les sens ; aussi, chez eux, il n'y a ni vices ni vertus.

Le même, *ibid.*

Les animaux, en s'approchant de nous, participent à quelques rayons de l'intelligence qui nous fut départie, mais en détournant leur instinct à notre profit, sans que l'animal y gagne réellement.

Virey, *Dictionnaire des Sciences médicales*, art. Instinct.

N'accordons pas aux animaux la raison, dont nous faisons malheureusement un si triste usage, mais n'allons pas jusqu'à leur refuser un certain discernement. Nous avons sur eux assez de prérogatives pour ne devoir pas craindre d'admettre que Dieu a pu leur accorder une ombre de l'intelligence humaine, comme il a daigné communiquer à l'homme un rayon de sa suprême intelligence.

Descuret, La Médecine des Passions.

L'animal est pour lui-même un effet sans cause ; jamais le sublime besoin de chercher l'Auteur de l'univers n'est venu s'emparer de lui : mortel tout entier, il est soustrait à la nécessité d'élever sa pensée vers un autre séjour ; il n'a besoin ni de vivre pour espérer de trouver dans la mort un réveil, ni de mourir pour posséder ce qu'a promis l'espérance.

Broc, Traité d'Anatomie descriptive et raisonnée.

ANTHROPOPHAGIE.

La famine a conduit plus d'une fois à l'anthropophagie.

Barbaste, De l'Homicide et de l'Anthropophagie.

La tyrannie de la faim peut ramener l'homme aux appétits des bêtes carnassières. Il est plus rare de le voir devenir tel, soit par goût, soit par la puissance des mœurs, quoique ce ne soit pas sans exemples.

Le même, ibid.

L'anthropophagie se rencontre au berceau de presque tous les peuples ; il est difficile d'en faire le triste partage d'une race exclusive.

Le même, ibid.

La nature humaine est une nature déchue de son état

primitif; présentement elle est viciée, maladive; elle porte continuellement dans son sein le germe de toutes les erreurs, de toutes les dégradations et de toutes les perversités. Ne soyons donc plus surpris que l'homicide et l'anthropophagie aient coulé et coulent encore de cette source incessante.

Le même, *ibid.*

L'homicide et l'anthropophagie sont la consécration du *nec plus ultra de l'amour de soi*, et la négation la plus complète de l'*amour d'autrui* et de l'*amour de Dieu*. Ces deux passions sont donc essentiellement antisociales : avec elles l'humanité toucherait bientôt à sa fin.

Le même, *ibid.*

APPARITIONS.

Si l'on nous demande notre opinion sur les apparitions rapportées par les livres saints, nous répondrons : Nous admettons comme authentiques les récits de la Bible et de l'Évangile; nous croyons à l'intervention de la Divinité dans l'établissement d'une religion, dont le fondateur proclama sa mission par la destruction du culte des faux dieux, par l'abolition de l'esclavage et par la création de la famille.

BRIERRE DE BOISMONT, *Des Hallucinations.*

ARGENT.

L'argent n'affaiblit jamais l'avarice, il l'augmente.

ALIBERT, *Physiologie des Passions.*

Jamais le prodigue et l'avare n'ont assez d'argent ; l'économe seul s'arrange pour en avoir de reste.

Souvenirs d'un ancien médecin.

Soyons moins riches d'argent que de bonnes œuvres.

Ibid.

Il est rare que les hommes d'argent aient des entrailles pour l'infortune, ils sont d'autant plus durs qu'ils ont été plus malheureux eux-mêmes.

Belouino, *Des Passions.*

ATHÉE, ATHÉISME.

L'athéisme ne saurait pénétrer dans la tête d'un homme qui a réfléchi profondément sur la nature (1).

Broussais, *Leçons de Phrénologie.*

On dit qu'il est des athées dans ce monde ; pour mon compte, je n'en crois rien. On fait l'incrédule par forfanterie, on se dit sceptique pour paraître esprit fort, on ridiculise la religion pour se donner un genre ; mais j'ai la conviction que la croyance en Dieu se trouve cachée, étouffée, obscurcie sans doute, mais se trouve jusque chez les plus misérables bandits.

Jules Massé, *Cours d'Hygiène populaire.*

---

(1) Peu de temps avant sa mort, Broussais avait formulé une sorte de profession de foi précédée de ces mots *Ceci est pour mes amis.* On y lit textuellement : « Je sens qu'une Intelligence a tout coordonné ; j'avoue n'avoir que des connaissances incomplètes dans mes facultés intellectuelles, *et je reste avec le sentiment d'une Intelligence coordonnatrice.* Les gens qu sont athées par constitution se moqueront de moi ; mais cela m'est indifférent, parce que je ne suis pas haineux. »

Un homme qui avait une juste célébrité, mais qu'une soif de petite renommée rendait extravagant, rencontre Pinel et lui dit : « Je prépare une nouvelle édition de mon *Dictionnaire des Athées;* j'y réserve cette fois pour vous un article dont vous serez content.— Et moi, réplique Pinel, je vais donner une nouvelle édition de mon *Traité sur la Folie;* comptez que vous y serez mis à votre place, dans un article que j'accommode tout exprès, et qui vous fera grand honneur. » L'auteur du *Dictionnaire* ne songea plus à gratifier Pinel d'un brevet d'athée.

Pariset, *Éloge de Pinel.*

L'air, qui nous fait vivre, devrait sans cesse nous rappeler le Créateur qui nous l'a donné; du reste, il m'en paraît une incontestable image. Dieu est l'être nécessaire : l'air est à l'existence un aliment indispensable. Otez l'air à un être vivant, il est asphyxié, il meurt. L'athéisme n'est autre chose qu'une asphyxie intellectuelle.

Le même, *ibid.*

On peut affirmer qu'il n'existe pas un seul athée; car, si, par système plutôt que par conviction, quelques hommes ont cru ou croient l'être, le doute est encore au fond de leur âme et l'aveu dans leurs actions.

Collineau, *De l'Entendement humain.*

Nier la Providence de Dieu n'était pas chez Épicure un acte d'athéisme; c'était, à son insu, un grand et magnifique éloge de la Majesté divine, qu'il trouvait trop sublime pour s'occuper des actions d'infimes créatures.

Thomas Brown, *La Religion du Médecin.*

L'athéisme, ou ce qu'on donne pour tel, est presque toujours le travers d'un esprit faux, dominé par une idée fixe ; c'est une espèce de monomanie.

L'abbé BAUTAIN, docteur en médecine, *Philosophie morale.*

L'athéisme est antisocial, il conduit au chaos ; l'homicide en est la conséquence immédiate.

BARBASTE, *De l'Homicide et de l'Anthropophagie.*

ATTENTION.

Ce mot exprime la direction de notre organe intellectuel vers un point quelconque, vers un objet qui se trouve dans la sphère de notre intelligence, et par conséquent à notre portée ; c'est l'œil de la pensée que l'on fixe : c'est, comme le dit un célèbre académicien, l'image de l'arc tendu vers le but que l'on veut atteindre.

ALIBERT, *Physiologie des Passions.*

L'art de diriger l'attention suppose nécessairement celui de rectifier les mauvais penchants ; et, sous ce point de vue, cette faculté est aussi favorable au perfectionnement de la vertu, qu'aux succès de l'esprit.

Le même, *ibid.*

Si l'on parvient à concentrer son attention sur un point donné, soit par la conversation ou la lecture, soit par le souvenir ou le sentiment du devoir, cette diversion adoucit la tristesse et lui enlève bientôt son amertume. Le succès est plus assuré quand c'est involontairement et à son insu que l'âme souffrante est détournée de ses funestes préoccupations.

FEUCHTERSLEBEN, *Maximes et Pensées.*

AUMÔNE.

L'aumône mal faite est un fléau pour le pauvre ; l'aumône faite avec discernement et charité est la sauve-garde du riche.

Cabanis.

Pauvres, ne jugez pas les motifs de celui qui vous fait l'aumône, voyez toujours en lui l'instrument dont se sert à votre égard la providence de Dieu.

Belouino, Le livre des Pauvres.

AVARE, AVARICE.

L'avare est un fou à qui la morale et la religion jettent leur anathème.

Belouino, Des Passions.

L'avarice sordide est une négation du sens commun, puisqu'elle enseigne à souffrir au milieu de l'abondance ; elle fait plus encore, elle déflore tôt ou tard les plus nobles productions de la science et du génie, lorsqu'elle vient s'y greffer comme ces lichens noirâtres qui ternissent l'éclat des statues d'un grand maître.

Lauvergne, De l'Agonie et de la Mort.

Un avare ne peut prétendre à une âme ni grande ni généreuse ; on pourrait mettre en doute s'il en a une dite humaine et raisonnable, car on l'a vu porter l'oubli de lui-même jusque par delà la tombe. Il est mal pieux, ou, pour mieux dire, il rabaisse les promesses révélées de notre religion au niveau de son égoïsme ; il croit qu'il suffit d'admettre un Dieu, et de ne pas faire ce que son avarice lui défend, pour lui être agréable et se dire bon chrétien.

Le même, *ibid.*

L'avarice, ce fanatisme de la propriété, est peut-être la seule passion qui ne soit pas désabusée d'elle-même aux approches de la mort.

L'abbé Bautain, docteur en médecine, *Philosophie morale.*

Pour corriger l'avare, il conviendrait peut-être de lui présenter tous les jours le tableau des probabilités de la vie humaine ; je ne connais rien qui aille plus directement à la guérison de cette folie incompréhensible.

Alibert, *Physiologie des Passions.*

Le coffre-fort de l'avare est à la fois son paradis et son enfer.

Beauchêne, *Maximes, Réflexions et Pensées.*

L'avarice est plus funeste à la société que la prodigalité ; il serait donc plus sage d'interdire les avares que les prodigues.

Le même, *ibid.*

Les biens de l'avare sont en séquestre, il n'en est que le gardien.

Le même, *ibid.*

Pourquoi la législation, qui donne des curateurs à certains prodigues, n'en donne-t-elle pas aussi à certains avares ? C'est que les héritiers naturels ou présumés de l'avare n'ont aucun intérêt à faire interdire l'excellent conservateur de leurs biens.

Descuret, *La Médecine des Passions.*

AVENIR.

L'avenir est le meilleur juge du présent.
Beauchêne, *Maximes, Réflexions et Pensées.*

Sacrifier le présent à l'avenir, c'est souvent sagesse.
Le même, *ibid.*

Pourquoi tant songer à l'avenir d'ici-bas qui s'engloutit dans le passé, et négliger le véritable avenir qui durera éternellement dans le sein de Dieu?
Souvenirs d'un ancien médecin.

BAPTÊME.

Si Dieu avait voulu que le baptême opérât sur le corps comme il opère sur l'âme, l'homme eût sans doute retrouvé dans ce bain salutaire et sa beauté harmonique et sa primitive immortalité.
Souvenirs d'un ancien médecin.

Nous croyons que l'on peut baptiser sous condition tout monstre qui sort du sein de la femme, quelque difforme et bizarre qu'il soit, et quelque ressemblance qu'il puisse avoir avec la brute.
L'abbé Debreyne, docteur en médecine, *Essai sur la Théologie morale.*

Aurait-on des doutes sur la vie de l'avorton, qu'on doit encore le baptiser *sous condition.* Loin de tenir cette prudente conduite, combien de petits corps humains auxquels l'ignorance s'empresse de donner une immonde sépulture, en risquant de priver leurs âmes de l'éternelle vue de Dieu !

Descuret, *Les Merveilles du Corps humain*.

Règle générale, quelque récente que soit la gestation, on doit baptiser conditionnellement tout ce qui paraît être un fœtus, à moins qu'il n'y ait déjà putréfaction, décomposition ou désorganisation manifeste.

Le même, *ibid*.

BEAU.

Le beau est cet éclat du vrai et du bien qui plaît toujours et partout.

Descuret, *Théorie morale du Goût*.

Au point de vue physique, le beau, c'est l'ordre dans la vérité, ou, si l'on aime mieux, *la vérité à sa place*.

Le même, *ibid*.

Pâles copies de la nature, les plus magnifiques productions des arts et des lettres ne sauraient jamais avoir qu'une beauté relative, parce que le beau absolu n'appartient qu'à Celui qui est le principe et l'ensemble de toute perfection.

Le même, *ibid*.

C'est une bien admirable chose que cette loi de la nature qui veut que le beau idéal physique soit en rapport direct avec le beau idéal moral.

Devay, *Hygiène des Familles*.

Le beau a droit à notre recherche et à notre amour, c'est l'aliment du bien et de la santé.

Feuchtersleben, *Maximes et Pensées*.

Le beau rentre dans le vrai et le bon, dont il est la splendeur, et le besoin qu'on en éprouve semble être véritablement une *gourmandise* de l'âme.

Dufieux, *Nature et Virginité.*

Le beau moral nous offre la vertu dans tout son éclat, à côté des avantages qui en résultent pour la société qu'elle honore.

Roussel, *Système physique et moral de la Femme.*

Le beau idéal est à l'âme ce que la beauté est aux yeux.

Beauchêne, *Maximes, Réflexions et Pensées.*

Brillant reflet du vrai et du bien, le beau n'est-il pas le signe d'alliance du ciel et de la terre?

Souvenirs d'un ancien médecin.

BEAUTÉ.

Les femmes ne devraient jamais oublier que le moyen de suppléer à la beauté du corps, c'est d'avoir la beauté de l'âme : celle-là brille toujours, et les teintes charmantes dont elle illumine le visage ne s'effacent jamais. Le temps ne peut rien sur la beauté morale.

Belouino, *La Femme.*

La beauté d'une jeune fille est un miroir auquel une mère coquette se regarde rarement sans pâlir.

Serrurier, *Mesdames les Femmes.*

Dans toutes les opérations de la nature, la beauté naît d'un ordre qui tend au bien.

Roussel, *Système physique et moral de la Femme.*

BESOINS.

Tous nos besoins sont intrinsèquement bons, par cela même que Dieu nous les a donnés; mais, pour qu'ils restent tels, il faut qu'ils soient satisfaits d'une manière harmonique et dans la limite du devoir, sans quoi ils dégénèrent en passions.

Descuret, La Médecine des Passions.

L'hygiène, code physiologique, la législation, code social, la religion, code spirituel, code divin, tels sont les trois guides qui apprendront à l'homme à régulariser ses triples besoins comme être animé, comme être sociable, comme être intelligent; celui-là seul est maître de lui-même dont les besoins obéissent à la raison, et la raison à Dieu.

Le même, ibid.

Les besoins spirituels sont encore plus impérieux que les besoins du corps, car ils ont l'infini pour objet, et leur faim n'est jamais complétement assouvie.

L'abbé Bautain, docteur en médecine, Philosophie morale.

C'est à Dieu que l'homme doit avoir recours pour connaître ses besoins et les moyens de les satisfaire.

De La Roière, Philosophie physiologique de l'Homme.

Savoir mettre en harmonie ses besoins et ses facultés, c'est avoir trouvé la source la plus féconde de richesses et de bonheur.

Beauchêne, Maximes, Réflexions et Pensées.

Il est fâcheux que les besoins augmentent avec le savoir, et que l'on voie, au sein même de la civilisation, les besoins factices devenir plus nombreux que les besoins naturels.

BARBASTE, *De l'Homicide et de l'Anthropophagie.*

BÊTISE.

La bêtise, ou défaut d'intelligence, est une affection essentiellement incurable; elle fait parfois le supplice des gens d'esprit, mais ne cause pas la moindre souffrance à celui qui en est atteint.

Souvenirs d'un ancien médecin.

La bêtise est une infirmité morale que la sottise peut seule rendre ridicule.

BEAUCHÊNE, *Maximes, Réflexions et Pensées.*

L'homme bête n'est jamais plus heureux que lorsqu'il croit avoir de l'esprit.

Souvenirs d'un ancien médecin.

BIBLE.

Depuis longtemps je ne lis aucun ouvrage de morale que la *Bible*, et je le fais toujours avec un nouveau plaisir.

PRINGLE.

La *Bible* n'est pas un de ces livres faits pour tel ou tel peuple; ce sera un jour le livre de tous les peuples, car il renferme l'histoire de l'homme, écrite pour tous les hommes sous la dictée même de Dieu.

Descuret, *Théorie morale du Goût.*

Les livres de Salomon, les *Proverbes*, la *Sagesse* et l'*Ecclésiaste* renferment, sur l'ensemble de la vie humaine, les préceptes les plus beaux et les plus profonds qui aient jamais été donnés... La science de la vie, sous son triple aspect physique, moral et social, y est déposée en germe. C'est grâce à des emprunts faits aux instituts bibliques que Zoroastre, Manou, Confucius et Mahomet ont imprimé aux leurs propres ce caractère de durée qui cause notre étonnement.

Devay, *Hygiène des Familles.*

BIEN.

Le bien est ce qui satisfait les besoins de l'homme; le mal, ce qui nuit à cette satisfaction.

De La Roière, *Philosophie physiologique de l'Homme.*

La nécessité pour l'homme de posséder le bien absolu pour arriver à la plénitude de la vie, à la satisfaction de tous ses besoins, démontre l'existence de ce bien, en supposant même qu'elle ne fût pas autrement démontrée.

Le même, *ibid.*

L'homme doit changer son existence actuelle relative contre une existence future absolue, pour posséder pleinement le bien absolu.

Le même, *ibid.*

Pour l'homme, le bien, c'est l'opération de Dieu en lui,

et le mal, c'est l'absence de Dieu ; c'est-à-dire le bien, ce sont les actes que peut avouer la conscience ; le mal, ce sont les actes qu'elle réprouve.

Dufieux, *Nature et Virginité*.

Au point de vue moral, le *bien* est la réalisation du *bon* : c'est l'ordre dans l'amour, c'est-à-dire dans nos affections.

Descuret, *Théorie morale du Goût*.

Le bien n'est pas seulement l'ordre dans nos affections, c'est aussi l'ordre dans la vérité, la vérité à sa place.

Le même, *ibid*.

Il arrive toujours bien à celui qui fait bien.

Fabre-Terreneuve, *Essai sur les moyens d'exercer la Médecine*.

Il faut au moins rêver le bien, quand on est réduit à l'impuissance de le faire.

M.-A. Petit, *Essai sur la Médecine du Cœur*.

Les moralistes s'appliquent à détourner des vices, les législateurs à prévenir les crimes, les médecins à éloigner les maladies ; ils savent les uns et les autres qu'ils ne réussiront jamais complétement ; ils ne se mettent pas moins à l'œuvre, persuadés que faire un peu de bien, c'est beaucoup pour la faiblesse de l'homme.

Parent-Duchatelet, *De la Prostitution dans la ville de Paris*.

Le bien est dans la nature des choses, le mal dans la nature de l'homme qui abuse des choses.

Beauchêne, *Maximes, Réflexions et Pensées*.

Le bien qu'on a fait la veille contribue au bonheur du lendemain.

Le même, *ibid*.

Un principe supérieur, l'amour du bien, finit par avoir le dessus dans le monde; les crimes n'ont jamais lassé la vertu.

Barbaste, *De l'Homicide et de l'Anthropophagie*.

Rendre le bien pour le bien n'est que devoir, que probité morale; mais rendre le bien pour le mal, plaindre et secourir un ennemi, est un bouleversement sublime dont le premier exemple appartient à Celui qui est venu le donner dans toute sa grandeur.

Scipion Pinel, *Physiologie de l'Homme aliéné*.

BIENS.

Il n'y a point de biens dans le monde de la garde desquels on se puisse assurer : ceux que l'on estime les plus solides se dissipent en peu de temps comme la fumée; les plus éclatants se brisent en un moment comme le verre; la plupart même sont imaginaires et se changent aussi souvent que l'opinion sur laquelle ils sont fondés.

De La Chambre, *Les Caractères des Passions*.

Les biens temporels ne peuvent être considérés comme tels qu'autant qu'ils servent à conduire l'homme vers le bien absolu; du moment qu'ils ont une autre fin, ils cessent d'être biens.

De La Roière, *Philosophie physiologique de l'Homme*.

L'obligation qui existe pour l'homme de distribuer les

biens moraux est aussi utile que celle qui consiste à distribuer les biens matériels.

Le même, *ibid.*

BIENFAISANCE, BIENFAITS, BIENFAITEUR.

La charité est une vertu ; la bienfaisance n'est qu'une bonne qualité.

Souvenirs d'un ancien médecin.

La bienfaisance est une qualité de l'âme que l'ingratitude ne peut détruire.

Beauchêne, *Maximes, Réflexions et Pensées.*

L'homme bienfaisant est le vrai sage ; il se fait aimer pendant sa vie et se fait pleurer après sa mort.

Alibert, *Physiologie des Passions.*

Le bienfait qui vient d'un mouvement de l'âme porte avec lui sa récompense : c'est le plaisir qu'il procure.

Collineau, *De l'Entendement humain.*

Le bienfaiteur qui ne demande rien, qui n'attend rien, qui n'exige aucune reconnaissance, peut faire des ingrats, mais il ne craint pas l'ingratitude ; il a pour lui ce que rien ne peut remplacer ni détruire : c'est la satisfaction de soi-même et l'approbation de sa conscience.

Le même, *ibid.*

Le souvenir du bienfait est la punition de l'ingrat.

Beauchêne, *Maximes, Réflexions et Pensées.*

Le bienfait désarme le malfaiteur.

Barbaste, *De l'Homicide et de l'Anthropophagie.*

BIENSÉANCES.

C'est chez les peuples les plus corrompus que les bienséances sont le mieux observées : elles y tiennent lieu de vertus.

Beauchêne, *Maximes, Réflexions et Pensées.*

Dans une société corrompue, le respect des bienséances est du moins un dernier hommage que le vice rend à la vertu.

Souvenirs d'un ancien médecin.

Pour que la société en vînt à fouler aux pieds les bienséances, il faudrait qu'elle fût tombée dans la plus infime corruption.

Ibid.

L'observation des bienséances sert de masque à l'homme vicieux ; elle achève la tenue de l'homme de bien.

Ibid.

BIENVEILLANCE.

La bienveillance ne s'acquiert pas, elle est innée ; elle est tellement inhérente à notre organisation, qu'elle ne coûte pas le moindre effort. C'est une faculté nécessaire à l'existence, à l'harmonie du corps social ; c'est l'un des attributs essentiels du système sensible. C'est, comme l'a dit Aristote, le *commencement de l'amitié.*

Alibert, *Physiologie des Passions.*

La bienveillance est une affection expansive ; on lui doit l'hospitalité, l'une des plus antiques vertus.

Le même, *ibid.*

Plus on veut de bien à tout ce qui nous entoure, plus on rend les autres heureux, et plus on est heureux soi-même.

Hufeland, *L'Art de prolonger la vie humaine.*

La bienveillance est un sentiment tellement propre au cœur humain, que celui qui cesse de l'éprouver doit être considéré comme un être malade ou défectueux.

Alibert, *Physiologie des Passions.*

Je regarde la bienveillance comme une sœur adoptive de la charité.

Souvenirs d'un ancien médecin.

BIZARRERIE.

La bizarrerie est une folie plus ou moins avancée, et presque toujours incurable, parce que de tels malades ne croient jamais l'être.

Beauchêne, *Maximes, Réflexions et Pensées.*

Dans l'affection mentale appelée bizarrerie, se trouve une altération du goût qui vise trop à la singularité.

Souvenirs d'un ancien médecin.

BONHEUR.

Le véritable bonheur est nécessairement le partage exclusif de la véritable vertu.

Cabanis, *Rapports du Physique et du Moral.*

Le bonheur n'est pas de ce monde : habitant du ciel, il rase quelquefois la terre de son vol, et ne se montre à nous que pour disparaître.

Belouino, *Des Passions.*

Malheur aux heureux de la terre, s'ils n'ont pas appuyé leur bonheur sur l'amour de Dieu ! les félicités qui n'ont pas leur racine en lui, sèchent comme l'herbe et s'envolent comme le vent.

Le même, ibid.

Le bonheur n'est point fait pour la terre, et c'est au milieu des épreuves de toutes sortes que l'homme doit faire son chemin vers l'éternité.

Le même, La Femme.

Le bonheur n'est que la somme des plaisirs, quand on a retranché les maux. Je crois qu'on doit être très satisfait du calcul, si le résultat est zéro.

Réveillé-Parise, Études de l'Homme.

Le bonheur n'est point dans la situation ; il est dans le caractère.

Pariset, Éloge de Dupuytren.

Comme la flamme qui s'accroît en se propageant, le bonheur s'épure et se fortifie par son extension ; le renfermer dans la sphère du <i>moi</i>, c'est l'étouffer dans une étroite capacité qui n'a jamais été limitée pour lui : faire des heureux sera toujours le merveilleux secret qu'il faut connaître pour le devenir soi-même.

Lepelletier (de la Sarthe), <i>Physiologie médicale et philosophique.</i>

Le bonheur individuel n'est légitime qu'autant qu'il est en accord avec le bonheur général.

Alibert, Physiologie des Passions.

Espérer le bonheur c'est en jouir, et cela même est

peut-être la seule réalité de la vie qui soit sans amertume.

Isid. Bourdon, *Physiologie médicale.*

J'ai vu les heureux du siècle, ils s'étourdissent; mais le bonheur les fuit : un ver ronge sans cesse la tige de leur félicité. Que l'état du chrétien est différent !

G.-L. Bayle, *Lettre à M. Pellegrin.*

BON SENS.

Un peu de jugement dirige mieux la vie qu'une imagination hardie, fougueuse, intempérante; en général, on ne sait pas assez combien il y a d'esprit dans le bon sens.

Réveillé-Parise, *Études de l'homme.*

Le bon sens scientifique a quelque rapport avec la conscience morale : tous les deux sont susceptibles de remords.

Lordat, *Preuve de l'Insénescence du Sens intime.*

Le bon sens vaut beaucoup mieux que le génie pour les petites affaires.

Zimmermann, *De la Solitude.*

Le bon sens est-il autre chose que la droite raison, embellie par le naturel, le tact, le bon ton et le bon goût ?

Descuret, *Théorie morale du Goût.*

On voit toujours le bon sens dominer dans les productions du génie, dont le naturel et la simplicité forment le principal caractère. « Le bon sens et le génie, selon M. de Bonald, sont de la même famille; l'esprit n'est qu'un collatéral. »

Ibid.

Le bon sens se renferme toujours dans les règles; il en est esclave.

Beauchêne, *Maximes, Réflexions et Pensées.*

BON, BONTÉ.

Ce n'est pas un être simple que la bonté; c'est le trésor de toutes les vertus bienfaisantes; c'est un diamant qui a plusieurs facettes et qui de tout côté réfléchit des rayons de lumière différemment colorés... Elle a sa force, son courage, sa fermeté et son choix.

Le Camus, *Médecine de l'Esprit.*

« Lorsque Dieu forma le cœur et les entrailles de l'homme, dit Bossuet, il y mit premièrement la bonté, comme le propre caractère de la nature divine. » Aussi, le dévouement, l'immolation de notre personne au salut de nos semblables, est-il le plus haut degré de cette bonté dont le Sauveur nous a donné le plus parfait modèle.

Descuret, *La Médecine des Passions.*

La générosité comporte certaines conditions particulières de circonstances et de temps; la bienfaisance se rapporte plutôt à l'action qu'à l'individu, et a aussi ses conditions. La bonté seule est toujours la même : l'infortune, le malheur la trouvent en tout temps et en tous lieux, parce qu'elle est sans intermittence, et qu'elle est mue par elle-même.

Fabre-Terreneuve, *Essai sur les moyens d'exercer la Médecine honorablement.*

Étrangère à tous les mouvements de l'ostentation et de

la vanité, la bonté ne se manifeste que dans l'occasion et les circonstances qui l'appellent, mais sous diverses formes, selon le besoin de ceux qu'elle approche ; elle est de toutes les vertus celle dont les malheureux réclament les secours.

Le même, *ibid.*

Vouloir devenir bon, c'est déjà l'être.

Beauchêne, *Maximes, Réflexions et Pensées.*

La bonté est comme l'esprit : on ne saurait trop en avoir, mais on peut trop en montrer.

Le même, *ibid.*

La bonté est une riche parure qui ne coûte rien et rapporte beaucoup.

Souvenirs d'un ancien médecin.

Quel talisman que la bonté ! elle rend la laideur aimable et la beauté ravissante.

Ibid.

Sans la bonté, la beauté repousse et la laideur effraye.

Ibid.

CALME.

Le calme véritable ne se trouve pas dans l'immobilité absolue, mais dans l'équilibre des mouvements.

Feuchtersleben, *Hygiène de l'Ame.*

On a trop souvent confondu le calme céleste et l'indifférence animale : il faut distinguer la larve et le papillon.

Le même, *ibid.*

Le calme n'est pas l'immobilité complète, le repos absolu, l'inaction, mais un balancement doux et harmonique qui contribue au bonheur de l'individu ainsi qu'à celui de la société : pour le corps, c'est la *santé ;* pour l'âme, c'est la *vertu ;* pour ce qu'on appelle esprit, c'est la *raison.* Au-dessus et au-dessous du calme commencent la maladie, la passion et la folie.

Descuret, *La Médecine des Passions.*

Il faut de la force et une moralité profonde pour conserver le calme bienfaisant, qui, même au milieu des bouleversements et des tempêtes, donne un point d'appui à la méditation, principe et condition du vrai bonheur.

Feuchtersleben, *Maximes et Pensées.*

Dans le calme seul croît la plante délicate de notre bien-être.

Le même, *ibid.*

Ce qu'il importe de conserver toujours, c'est moins la lumière de l'intelligence que le calme et la sérénité.

Le même, *ibid.*

Le calme est le premier et indispensable remède de tous les maux ; dans la plupart des cas il suffit pour la guérison ; il est toujours utile et salutaire. Comme préservatif, il a une vertu inappréciable.

Le même, *Hygiène de l'Ame.*

Le calme est le fils de l'esprit ; aucune étude ne le produit plus sûrement que celle de la nature.

Le même, *ibid.*

CAMPAGNE.

En général, l'air pur des champs, si salutaire dans une foule de maladies, n'est pas moins favorable pour calmer les passions. « A la campagne, dit un de nos écrivains, les ressentiments se calment, l'ambition n'a plus d'aliment, et les événements ne paraissent plus que les songes de l'histoire. »

DESCURET, *La Médecine des Passions.*

Pour vivre tranquille et heureux à la campagne, il ne faut craindre ni les voleurs ni ses souvenirs.

BEAUCHÈNE, *Maximes, Réflexions et Pensées.*

CARACTÈRE.

Le caractère, qui constitue la physionomie de l'âme, n'est autre chose que la volonté mise en action et appliquée d'une manière stable à tous les actes moraux de la vie.

ALIBERT, *Physiologie des Passions.*

Nous tenons notre caractère primitif de nos parents, puis du milieu physique et moral dans lequel se passent nos premières années. *On ne se fait donc pas soi-même*, comme on le répète si souvent? Non, sans doute ; mais *on peut et l'on doit se refaire*, se rendre meilleur, en se soumettant aux sages préceptes de l'hygiène, de la loi et surtout de la religion.

DESCURET, *La Médecine des Passions.*

Le bonheur dépend moins de notre position sociale que de notre caractère ; on est heureux quand on croit l'être.

Souvenirs d'un ancien médecin.

Un bon caractère nous rend heureux et nous fait aimer, puisqu'il contribue au bonheur des autres.

Le même, *ibid.*

Les caractères exclusifs, originaux, bizarres, n'ont qu'un pas à faire pour passer à l'état maladif.

Brierre de Boismont, *Du Suicide*.

Tous les hommes ont un caractère, mais très peu d'hommes ont du caractère.

Beauchêne, *Maximes, Réflexions et Pensées*.

Avec un caractère fort, on est maître de soi et des autres; avec un caractère faible, on est l'esclave de tous et la victime de soi-même.

Le même, *ibid*.

Aux caractères précipités, imposez la nécessité de marcher lentement, d'écrire lentement; aux caractères indécis, celle d'agir avec promptitude. Donnez aux rêveurs, toujours absorbés dans leurs pensées, l'habitude de regarder en face et de parler distinctement et à haute voix. Ces habitudes ont sur l'âme et sur le corps une incroyable influence que j'ai souvent observée.

Feuchtersleben, *Maximes et Pensées*.

CARÊME

La loi du carême est une loi de conservation. Elle ne s'applique qu'à ceux qui sont arrivés à l'âge du développement osseux et qui sont dans les conditions normales. ne dirait-on pas que la religion s'est inspirée des conseils de la science anatomique et physiologique?

Vitteaut, *La Médecine dans ses rapports avec la Religion*.

C'est dans l'intérêt de notre conservation physique, non moins que de notre bien-être moral, que les lois humaines s'accordent avec la loi divine prescriptive de l'abstinence et du maigre pendant le carême.

Sincère, *Le Courrier des Familles.*

En carême, la nourriture doit être simple : c'est un maigre dîner, non moins qu'un dîner maigre, qu'il faut faire pendant les jours de jeûne et d'abstinence.

Le même, *ibid.*

Ce n'est pas sans raison hygiénique que l'Église a institué le carême comme moyen modérateur dans cette saison d'orages et de passions.

Barbaste, *De l'Homicide et de l'Anthropophagie.*

Ce n'est plus au peu de force qu'il faut s'en prendre si l'on se dispense du carême, mais souvent à son peu de foi et à son peu d'amour pour la vertu.

Hecquet, *Traité des Dispenses du Carême.*

Voyez Abstinence et Jeûne.

CATHOLICISME, ÉGLISE ET RELIGION CATHOLIQUE.

L'Église catholique a été instituée par Dieu même pour maintenir l'intégrité de sa foi et être la dispensatrice de ses grâces. Pour celui qui croit à cette Église, il n'y a plus de doute ni d'incertitude possibles ; il se soumet, et toute crainte d'errer ou de se tromper cesse.

De La Roière, *Philosophie physiologique de l'Homme.*

La religion catholique offre des soutiens à toutes les faiblesses, des lumières pour toutes les intelligences et un but à toutes les affections.

Le même, *ibid.*

Je vénère l'Église catholique comme un antique et majestueux édifice qui conserve les traditions primitives et des titres précieux. La ruine de cet édifice serait la ruine de tout le christianisme.

LAVATER, Lettre au comte de Stolberg (1).

CÉLÉBRITÉ.

La célébrité, ce premier pas vers la renommée, conduit beaucoup de ses adorateurs au temple de la fortune, quelques-uns à celui de la gloire, très peu à celui du bonheur.

Souvenirs d'un ancien médecin.

Si quelque chose pouvait dégoûter de la célébrité, ce serait peut-être moins la difficulté de l'obtenir que l'incertitude de la conserver après l'avoir obtenue et même méritée.

BEAUCHÊNE, Maximes, Réflexions et Pensées.

CÉLIBAT.

On ne peut nullement combattre le célibat religieux au nom de l'hygiène.

DUFIEUX, Nature et Virginité. Considérations physiologiques sur le Célibat religieux.

Garder le célibat pour donner le champ libre à toutes ses passions, c'est un crime.

Le même, ibid.

---

(1) Le célèbre Lavater n'a pas été reçu médecin ; mais il est réputé passé docteur en physiognomonie : c'est seulement à ce dernier titre qu'il doit de figurer dans notre recueil.

Le célibat des gens du monde est aussi dangereux pour la société que pour l'individu quand il ne peut pas se justifier par un surcroît d'activité morale ou intellectuelle utilement dépensé. Aussi, trouve-t-on proportionnellement plus de malades, d'aliénés, de suicides et de grands criminels parmi les célibataires que parmi les personnes mariées; c'est que la vie de famille fait l'homme plus robuste, plus rangé, plus moral, surtout moins égoïste.

Descuret, Les Merveilles du Corps humain.

Il y a un célibat volontaire qui, loin d'être blamâble, élève l'homme dans notre estime : c'est celui de quelques sages, de quelques savants, de quelques personnes vertueuses, qui ne veulent pas être détournés de leur vocation par les soins de la famille.

Foissac, Hygiène philosophique de l'Ame.

Célibat religieux et militaire pris dans toute leur étendue, voilà les deux colonnes fondamentales de l'édifice moral et matériel des sociétés.

Vincent, Des Habitudes dans l'armée.

Le célibat religieux élève l'homme à toute la puissance de l'esprit et donne à sa parole la sainte autorité de l'enseignement.

Le même, ibid.

En imposant à l'homme de guerre le renoncement *temporaire* des jouissances de la volupté, le célibat décuple la force de son bras, grandit et ennoblit son courage par l'exaltation du sens moral; en outre, il lui assure dans un avenir prochain, *pour le bonheur de toute sa vie*, le noble usage d'une forte et honnête virilité.

Le même, *ibid.*

CERVEAU.

Le cerveau est à l'âme ce que les sens sont au cerveau : il transmet à l'âme l'ébranlement venu des sens, comme ceux-ci lui envoient les impressions que font sur eux les corps environnants.

BICHAT, *Recherches sur la Vie et la Mort.*

Quand les désorganisations de la matière cérébrale s'opposent au libre exercice des facultés intellectuelles, l'observateur qui montre cette cause de trouble respecte, en le réservant, le principe immatériel qui ne peut être altéré.

FOVILLE, *Traité du Système nerveux cérébro-spinal.*

Toutes les fois que nous cherchons dans le cerveau les causes variées des désordres de l'intelligence, nous ne voyons en lui que l'instrument nécessaire aux manifestations de l'esprit.

Le même, *ibid.*

Le cerveau n'est pas et ne peut pas être un organe pensant.

DUFOUR, *Essai sur l'Étude de l'Homme.*

Le cerveau est le centre commun où viennent se joindre, s'enlacer, s'unir la vie de l'âme et la vie du corps.

DUFIEUX. *Nature et Virginité.*

Le cerveau est comme un atelier dans lequel est logée l'âme, cet ouvrier de nous-mêmes. Cet ouvrier sera grand, médiocre ou petit dans ses œuvres, selon les images dont il s'inspire, selon les vérités dont il s'entretient, selon les bons ou les mauvais conseils qu'il adopte. Un palais peut être couvert d'ignobles tentures ; un cerveau normal peut loger un ouvrier idiot ou perverti.

Lauvergne, *Les Forçats.*

Le cerveau, véritable *siliqua mentis immortalis*, comme dit Van Helmont, forme l'indispensable condition de l'intelligence ; *habitacle* de l'âme, en lui seul se trouve l'évidente manifestation de l'être immortel dans l'être périssable, sublime preuve du néant et de la grandeur de l'homme.

Réveillé-Parise, *Physiologie et Hygiène des hommes livrés aux travaux de l'esprit.*

Sans le cerveau, l'âme ne pourrait pas recevoir les impressions des corps extérieurs ; sans l'âme, le cerveau serait incapable d'apprécier ces impressions, d'en former des représentations mentales, des idées. C'est en conséquence de cette admirable combinaison entre l'esprit et la matière que l'homme participe en même temps des caractères opposés de la brute et de la Divinité.

Lepelletier (de la Sarthe), *Physiologie méd. et philos.*

CHAGRIN.

Le chagrin est la douleur morale à l'état aigu, la tristesse est un chagrin chronique ; l'un brise les ressorts de la vie, l'autre les use.

Descuret, *La Médecine des Passions*.

Il est des chagrins dont la religion seule saurait être la consolatrice.

Souvenirs d'un ancien médecin.

Le chagrin est en droit de nous arracher quelques plaintes, pourvu que ces plaintes soient un gémissement et non pas un murmure.

Ibid.

Tous les chagrins peuvent être un motif de folie et de suicide ; nous ferons seulement observer que, dans le suicide par chagrin seul, la liberté existe toujours, tandis que si c'est le chagrin qui a amené la folie, il n'y a plus de liberté morale.

Brierre de Boismont, *Du Suicide*.

Voyez Tristesse.

CHARITÉ.

La charité est une affection et une vertu exclusivement chrétiennes : c'est la sympathie élevée à sa plus haute puissance, transfigurée, glorifiée ; c'est l'amour pur et universel, l'amour de Dieu dans le cœur de l'homme.

L'abbé Bautain, docteur en médecine, *Philosophie morale*.

La charité est un épanchement de l'amour divin dans le cœur de l'homme ; c'est un don surnaturel qui centuple sa puissance d'aimer, dirige vers Dieu toutes ses actions, qui sans cela n'auraient qu'un but terrestre et une récompense passagère.

Belouino, *Des Passions*.

La charité est l'immolation de l'individualité : tout à Dieu, tout pour Dieu, telle est la devise de cette vertu.

Le même, *ibid*.

Pour que la charité régnât sur la terre, il fallait qu'un Dieu vînt lui-même l'enseigner aux hommes, et que les mérites infinis de sa croix rendissent à leur nature tombée la puissance de s'élever jusqu'à la pratique de cette vertu céleste.

Le même, *ibid*.

Charité, mot admirable, formule sublime qui résume tout le christianisme, qui résume Dieu lui-même.

L'abbé Debreyne, docteur en médecine, *Théologie morale*.

Sans la charité, il n'y a que réunion des corps sans union des cœurs.

Le même, *ibid*.

On lit dans une élégie d'Ovide : *Ceditur et cœcis*, on cède le pas aux aveugles; c'est presque de la charité; mais ce doux nom n'était pas encore inventé. Il y avait bien en germe, au fond des cœurs, ce sentiment divin qui devait éclore à la voix du Dieu fait homme, qui devait produire tant de prodiges en faveur de ceux qui souffrent; les hôpitaux, les asiles attendaient un mot pour s'élever et couvrir la chrétienté de ces établissements ouverts à toutes les infortunes.

Ménière, *Études médicales sur les Poëtes latins*.

La charité imprime à la bienfaisance un cachet divin ; elle lui enseigne le grand art de donner à propos, avec grâce, en secret, et toujours en vue de Dieu.
Souvenirs d'un ancien médecin.

Bonté, qualité native et facile ; *charité*, vertu acquise par de longs efforts ; aussi, l'homme vraiment charitable sera-t-il l'enfant gâté du bon Dieu.
Ibid.

La charité est le soleil du cœur ; comme le soleil du ciel, il réchauffe et luit pour tout le monde, pour les bons aussi bien que pour les méchants.
PLAINDOUX aîné, *Une Visite d'hôpital.* (Lettre.)

Rien n'est impossible à la charité ; lorsqu'on ne réussit pas à faire tout le bien qu'on doit faire, il faut se dire : Je n'ai pas assez voulu, je n'ai pas assez aimé.
JACOTOT, *Lettre à un confrère.*

CHARLATANISME.

Se montrer avec éclat, donner au mensonge les couleurs de la vérité, exciter l'imagination en éblouissant la raison, connaître les faiblesses des autres, dissimuler les siennes, voilà la théorie du charlatanisme.
BEAUCHÊNE, *Maximes, Réflexions et Pensées.*

La médecine naquit avec un frère jumeau, le charlatanisme.
MUNARET, *Lettre sur l'exercice illégal de la médecine.*

Si le charlatanisme ne s'emparait que des maux pour lesquels la médecine avoue son impuissance, il serait un bienfait pour l'espèce humaine, en offrant encore l'espérance à ceux qui n'en ont plus; mais il devient l'opprobre et le fléau de la science quand il s'applique aux maux ordinaires de la vie; il mérite alors toute l'animadversion des lois et la surveillance des magistrats.

M.-A. Petit, *Essai sur la Médecine du Cœur*.

Les charlatans, plus adroits que les voleurs, arrivent au même but sans courir les mêmes dangers.

Beauchêne, *Maximes, Réflexions et Pensées*.

CHASTETÉ.

Il est écrit dans l'histoire naturelle elle-même que l'homme est né pour être chaste et non pour satisfaire brutalement tous les appétits de la vie animale.

Dufieux, *Nature et Virginité*.

L'homme trouve au fond de sa nature le sentiment de la chasteté, qui est la base des mœurs et la condition nécessaire de l'institution de la morale.

Le même, *ibid*.

Si l'homme était incapable de cette vertu, la société, aussi bien que la morale, seraient deux faits physiologiques tout à fait inexplicables.

Le même, *ibid*.

Par la chasteté, toute l'organisation est raffermie, et notre âme conserve un ardent enthousiasme pour de mâles pensées comme pour de belles actions.

Virey.

Les Muses furent toujours chastes et sobres ; on doit les imiter ou renoncer à leurs faveurs.

Réveillé-Parise, *Physiologie et Hygiène des hommes livrés aux travaux de l'esprit.*

Sans la chasteté, le besoin d'aimer se dégrade, il se ravale bientôt aux appétits grossiers de la brute.

Vincent, *Des Habitudes dans l'armée.*

CHIRURGIE, CHIRURGIENS, OFFICIERS DE SANTÉ.

La chirurgie veut, comme le champ de bataille, un courage froid, sans fougue et sans faiblesse.

Pariset, *Éloge de Dupuytren.*

Ce ne sont pas des mercenaires ces hommes qui, dans les épidémies contagieuses, affrontent la mort dans les hôpitaux (1) et les prisons, ces hommes qui, dans les champs du carnage, bravent le boulet et la mitraille pour soulager plus promptement les blessés. On ne peut payer dignement leurs secours : l'amour de la patrie et de l'humanité a dicté leurs sacrifices ; l'honneur seul peut les récompenser.

Cadet de Gassicourt, *Diction. des Sciences médicales*, art. Honoraires.

Toute proportion gardée, la mort a plus moissonné d'officiers de santé au sein des hôpitaux, que le plomb

(1) On porte à 302 le nombre des médecins au service de la Russie, qui, de 1853-1856, ont succombé soit au typhus, soit au choléra, soit à d'autres maladies résultant de fatigues physiques et morales. Le chiffre des médecins français et anglais victimes de leur dévouement pendant la guerre de Crimée est aussi très élevé.

ennemi n'a frappé de braves au champ d'honneur, et jamais le danger n'a ralenti leur zèle.

<small>Richard (de Nancy), *Discours sur les Études et les Qualités du Médecin.*</small>

CHOLÉRA.

Le choléra a tenté vainement de s'implanter parmi nous; s'il a fait quelques victimes, toujours il a été repoussé par une protection mystérieuse que la science se reconnaît impuissante à expliquer.

<small>Rougier, *Hygiène de Lyon.*</small>

CHRISTIANISME.

Le christianisme a montré dans tous les temps son pouvoir, et ses vertus ont toujours eu leur accroissement en proportion avec la solide piété.... Tout ce qui subsiste de bon dans les états les plus corrompus et dans l'esprit même des libertins est dû au christianisme.

<small>Haller, *Danger de l'esprit d'incrédulité.*</small>

Aucune doctrine autant que la doctrine chrétienne n'est faite pour maintenir l'harmonie de la vie dans ses diverses manifestations, pour écarter les causes des maladies qui se trouvent en nous, et pour atténuer par la charité celles qui sont hors de nous.

<small>Gouraud, *Le Correspondant.*</small>

Il n'y a que l'ignorance ou la mauvaise foi la plus insigne qui puisse prétendre que le christianisme commande une foi aveugle dans le point de départ de sa doctrine.

Depuis sa première origine jusqu'à nos jours il a toujours dit : *Venez, voyez le fait et croyez la doctrine.*
Bérard, *Rapports du physique et du moral.*

Le christianisme est la pensée religieuse dans toute sa perfection possible et dans son développement absolu ; elle a reçu son complément de vérité par la mort du Fils de Dieu, qui s'est fait homme pour nous apprendre le vrai culte par lequel le Créateur veut être adoré.
Lauvergne, *De l'Agonie et de la Mort.*

L'esprit de la religion chrétienne est simple, consolant, charitable ; il donne à l'existence mortelle sa réelle valeur ; il nous enseigne à supporter les maux de la vie, et à les considérer comme les voies d'épreuve dont Dieu s'est servi pour nous rendre dignes du ciel après notre mort.
Le même, *ibid.*

La gloire la plus solide du christianisme, c'est d'avoir pacifié et d'avoir moralisé le genre humain. Il l'a pacifié, en fixant d'une manière irrévocable les dogmes sur lesquels doivent reposer nos croyances ; il l'a moralisé, en lui faisant connaître son origine, sa nature, ses devoirs et sa destinée.
Barbaste, *De l'Homicide et de l'Anthropophagie.*

Le christianisme a rendu à la femme sa première dignité, en proclamant l'indissolubilité du mariage ; par lui la chasteté a été regardée comme une perfection et la virginité comme sainte.
Foissac, *Hygiène philosophique de l'Ame.*

CIVILISATION.

La civilisation est l'ensemble des principes immuables, des idées et des besoins, des découvertes, des connaissances utiles, propres à chaque âge, transmis par la génération qui précède à celle qui suit. La civilisation ne s'arrête jamais dans sa marche ; elle est essentiellement progressive ; mais si, d'une part, son origine est divine, de l'autre, marquée du sceau de l'humanité, elle en a les imperfections, les faiblesses et les défaillances.

Brierre de Boismont, Du Suicide.

Où trouver les signes caractéristiques de la meilleure civilisation, sinon dans l'ordre de choses qui a proclamé l'unité de Dieu, aboli l'esclavage, relevé la femme et l'enfant de la déchéance dont l'antiquité les avait frappés, c'est-à-dire dans la civilisation chrétienne dont l'Europe est la fille aînée ?

Le même, ibid.

En transformant par l'influence irrésistible du *confort* la chaumière en *villa*, la civilisation a véritablement inoculé dans l'homme de la nature plus de vices dorés que de véritable bonheur.

Lauvergne, De l'Agonie et de la Mort.

L'excès de la civilisation est un mal dont l'histoire nous est connue par le néant des peuples qui en furent frappés et qui ne vivent plus que dans la mémoire du passé.

Le même, ibid.

Il est certain que les infirmités humaines se multiplient

et se compliquent en raison des progrès de la civilisation, c'est-à-dire par ses raffinements et ses excès, qui amènent nécessairement la dégénération physique et la corruption morale.

L'abbé Debreyne, docteur en médecine, *Théologie morale*.

Chez les nations policées, la civilisation augmente l'intensité de la douleur comme celle du plaisir.

Beauchêne, *Maximes, Réflexions et Pensées*.

Presque inconnue des peuples nomades et des sauvages, l'aliénation mentale se montre et se multiplie dans le foyer même de la civilisation, là où les désirs et les besoins, toujours renouvelés, se heurtent et se repoussent sans cesse.

Guislain, *Traité des Phrénopathies*.

CLOCHES.

De tous les bruits qui impressionnent un homme de sens et de cœur, aucun ne l'influence autant que le son des cloches.

Isid. Bourdon, *Physiologie médicale*.

Le solennel retentissement des cloches est toujours sûr de nous émouvoir ; mais cet effet, il le produit surtout dans la retraite et dans le recueillement : il semble alors nous apporter les avertissements du ciel.

Le même, *ibid*.

Les cloches sont la grande voix de la famille catholique ; seules, parmi les êtres inanimés, elles se trouvent publiquement consacrées à Dieu par une sorte de baptême ; leur voix est celle de tendres sœurs qui nous invitent à nous réunir à la maison paternelle.

Souvenirs d'un ancien médecin.

CŒUR.

Le cœur, ce pendule de l'organisme, n'ayant pas une minute de repos pendant toute notre existence, nous devons veiller à ne pas lui faire gagner en vitesse ce qu'il ne manquerait guère de perdre en durée. N'oublions pas qu'en nous donnant la vie, le Créateur en coordonne les limites avec le calme ou l'agitation de nos désirs. Aussi, le jeune homme qui accélère les battements de son cœur par la colère, l'intempérance ou toute autre passion, devient-il l'artisan de sa fin prématurée : il est comme la montre qu'une trop grande précipitation a fait bientôt arriver au bout de sa chaîne, tandis que, mieux réglée, elle ne se fût arrêtée qu'après en avoir plus lentement déroulé les anneaux.

DESCURET, Les Merveilles du Corps humain.

Au point de vue médical, on paraît ne reconnaître dans l'homme que le cœur qui bat, et oublier celui qui pense, ne pas savoir qu'il existe en lui comme deux genres d'hématoses : la première qui convertit le chyle en sang; la seconde qui change les penchants vicieux, les mauvais désirs, en qualités, en forces et en vertus.

THÉODORE PERRIN, De la Périodicité.

Le cœur de l'homme est une lyre que font vibrer les élans de son âme.

Le même, ibid.

Notre cœur est ainsi fait : s'il désire, il est capable d'opérer des prodiges ; s'il a ce qu'il veut, il se rassasie.

Leuret, *Indications à suivre dans le Traitement moral de la Folie.*

Il faut que le calme ait toujours sa source dans le cœur ; il y pénètre plus facilement dans la solitude, avec toutes les vertus qui l'accompagnent.

Zimmermann, *De la Solitude.*

Nous approfondissons mieux les mouvements de notre cœur, si nous choisissons, pour l'examen des grandes vérités religieuses, les heures silencieuses où nous sommes seuls devant Dieu.

Le même, *ibid.*

Il n'y a peut-être pas d'anévrysme au cœur qui n'ait une cause morale pour principe ; et quand le vulgaire dit qu'un violent chagrin est un *crève-cœur*, c'est une vérité qu'il faut entendre au physique comme au moral.

Réveillé-Parise, *Études de l'Homme.*

En général, notre cœur est le point de départ de nos convictions ; nous allons de nous aux hommes ; plus rarement, des hommes à nous.

Le même, *ibid.*

Galien se vantait de convaincre un athée de l'existence d'une Intelligence suprême par la seule dissection de la main ; mais qu'eût-il donc pensé de l'admirable découverte de la circulation du sang et des fonctions du cœur, qui en est le principal mobile ?

Le même, *ibid.*

Dans la culture du moral, faites toujours marcher l'éducation du cœur avant celle de l'esprit.

Lepelletier (de la Sarthe), *Physiologie médicale et philosophique.*

Soyez toujours en paix avec votre cœur : ce précepte convient à la sagesse non moins qu'à la santé.

Virey, *Diction. des Sciences médicales*, art. Longévité.

Heureux est le cœur qui ne bat que sous le divin *stimulant* du sentiment religieux !

Pleindoux aîné, *Une Visite d'hôpital.*

COLÈRE.

La colère est un emportement grossier qui nous abaisse au niveau de la cause qui l'a excitée ; si nous nous mettons en colère, notre adversaire atteint son but ; nous sommes en son pouvoir.

Feuchtersleben, *Hygiène de l'Ame.*

Une colère violente n'est pas active, ainsi que l'on serait tenté de le croire : celui qu'elle obsède comme un démon souffre dans la meilleure partie de son être. A son degré le plus élevé, la colère devient passive, même dans sa manifestation.

Le même, *ibid.*

L'homme en colère est un forcené dangereux pour les autres, pour lui-même, et qu'il faudrait enchaîner pendant la manifestation de ses accès.

Lepelletier (de la Sarthe), *Physiologie médicale et philosophique.*

Quand on a pris l'habitude de la colère, les plus petites causes suffisent pour la produire : l'âme est alors comme ces substances inflammables qui détonnent au plus léger contact.

Belouino, *Des Passions*.

Fermons avec soin toutes les avenues de notre cœur à la colère, en évitant les occasions qui peuvent l'exciter : ce n'est pas quand l'ennemi est entré dans la place qu'il faut songer à le repousser.

Descuret, *La Médecine des Passions*.

COMMERCE.

Le commerce est l'école de la ruse.

Beauchêne, *Maximes, Réflexions et Pensées*.

Chez les païens, le dieu de l'éloquence et du vol était aussi celui du commerce; dans notre société chrétienne, les commerçants ne devraient-ils pas abandonner le caducée de Mercure pour la balance de la Justice ?

Souvenirs d'un ancien médecin.

COMMUNION (1).

La communion assure de la bonté de Dieu ; elle rend tous les hommes égaux en les mettant à la même table : elle fait renouveler les serments d'être fidèle à la loi ; elle convainc encore mieux du pardon.

Rast, *Pensées*.

L'Eucharistie est le médicament héroïque dans la thérapeutique morale ; c'est le moyen des moyens, c'est le

---

(1) Voir, dans la troisième édition de *la Médecine des Passions*, les pages consacrées au traitement religieux.

pain de la vie de l'âme, c'est la source de l'amour; elle contient celui de qui procède tout don parfait.

VITTEAUT, *La Médecine dans ses rapports avec la Religion.*

Il est une table, une seule table où tous les hommes peuvent venir s'asseoir : la table du Sauveur.

Souvenirs d'un ancien médecin.

COMMOTIONS POLITIQUES.

Les commotions politiques, en imprimant plus d'activité à toutes les facultés intellectuelles, en exaltant les passions tristes et haineuses, en fomentant l'ambition, les vengeances, en bouleversant la fortune publique et celle des particuliers, en déplaçant tous les hommes, enfantent un grand nombre de folies.

ESQUIROL, *Des Maladies mentales.*

A chaque bouleversement politique, on est sûr de trouver les maisons d'aliénés encombrées. Cela s'était vu pendant la révolution de 1789, et nous avons tous été à même de nous en convaincre à la suite des événements de 1830 et de 1848.

DESCURET, *La Médecine des Passions.*

CONFESSION (1).

Il est bon que le malade, avant la venue du médecin, se confesse ou promette de le faire; car si le médecin est obligé de l'y engager, il se croira désespéré, et l'inquiétude aggravera son mal; d'ailleurs plus d'une maladie

(1) Voyez le traitement religieux des passions, *ibid.*, t. I, p. 256.

qui provient des désordres de la conscience guérit par la réconciliation avec le grand médecin (1).

Archimathæus, *De l'Instruction du Médecin*.

Trouvez un meilleur moyen que la confession à opposer au remords, cette cause si fréquente de maladies de langueur, d'affections organiques, d'hallucinations, de folie, de suicide, et nous serons heureux de le signaler à ces milliers d'âmes souffrantes qui ont besoin d'être consolées.

Brierre de Boismont, *Du Suicide*.

L'histoire de la confession auriculaire, bien antérieure à l'époque où elle est devenue obligatoire, nous fait voir combien est impérieux le besoin moral des confidences.

Lordat, *De l'Intelligence des Bêtes*.

La pénitence est un moyen de nous purifier de nos fautes. L'Église nous fait une obligation d'user de ce moyen au moins une fois l'an. Est-ce trop? n'avons-nous pas souillé notre âme durant trois cent soixante-cinq jours? Et si notre santé spirituelle est altérée, n'est-ce point logique, n'est-il point naturel et souverainement raisonnable d'avoir recours à ce moyen que le Christ a apporté sur la terre?

Vitteaut, *La Médecine dans ses rapports avec la Religion*.

Je recommande à mes deux enfants de fréquenter le

---

(1) Dignior est anima quam corpus;
Dignior ejus ergo salus,

dit l'auteur anonyme de la traduction en vers (*Poema medicum*, dans *Collect. Salern.*, t. IV, p. 148). Voyez *l'École de Salerne*, traduction en vers français par M. Ch. Meaux Saint-Marc, précédée d'une Introduction par M. le docteur Ch. Daremberg. Paris, J.-B. Baillière et Fils, 1861.

sacrement de pénitence : sans ce secours, l'homme est trop faible pour accomplir ses devoirs dans toute leur étendue.

G.-L. BAYLE, *Testament du 3 avril 1816.*

CONNAISSANCES MÉDICALES.

« Mes connaissances en médecine et en anatomie ont mis ma foi à l'abri même d'un doute... Oh ! si je pouvais aimer ce grand Dieu comme je le connais ! »

MORGAGNI.

Ce sont les connaissances médicales qui ont civilisé le monde.

PARISET, *Éloge de Chaussier.*

CONQUÊTES.

Aujourd'hui, les yeux sont ouverts sur la cruelle vanité des conquêtes, et c'est une gloire moins stérile et moins funeste que le genre humain cherchera dans l'avenir.

PARISET, *Éloge de Desgenettes.*

Imposer silence à nos mauvais instincts, vaincre notre passion dominante, voilà une difficile mais glorieuse conquête.

Souvenirs d'un ancien médecin.

CONSCIENCE.

C'est la science qui naît, pour ainsi dire, avec nous, que nous ne devons à aucune étude, dont la nature nous gratifie.

ALIBERT, *Physiologie des Passions.*

L'homme est doué intérieurement d'un sens moral et sublime, en vertu duquel il juge ses actions bonnes ou mauvaises avec autant de sûreté que notre goût juge des saveurs, que notre ouïe juge des sons. La Nature a voulu que ce sens fût infaillible, que ses décisions fussent immuables : elle a voulu qu'à l'aide de ce sens, un enfant pût condamner les mouvements défectueux de son âme.

Le même, *ibid.*

Parcourez toutes les contrées du globe, partout vous retrouverez ce gouvernail de l'âme, ce guide de nos actions. Cette faculté, qui n'est jamais inactive, juge de la même manière chez tous les hommes.

Le même, *ibid.*

La conscience, juge intérieur du bien et du mal, est l'âme satisfaite ou mécontente de nos actions : sa joie nous paye comptant du sacrifice fait au devoir ; sa tristesse nous en fait expier d'avance la violation.

Descuret, *Théorie morale du Goût.*

Le bonheur et la joie n'existent ici-bas que dans la paix d'une conscience pure. C'est de la pureté de la conscience que naît la paix du cœur, source de toute joie véritable.

Belouino, *La Femme.*

La conscience, c'est la loi éternelle de la vérité et de la justice ; c'est Dieu en nous.

Dufieux, *Nature et Virginité.*

La conscience est notre boussole morale.

Réveillé-Parise, *Études de l'Homme.*

La conscience est le premier régulateur des tourments ou de la félicité.

Lepelletier (de la Sarthe), *Physiologie médicale et philosophique.*

La conscience est l'accusateur le plus sévère et le juge le plus inexorable.

Beauchêne, *Maximes, Réflexions et Pensées.*

CONSERVATION.

Dans la longue durée des espèces, comme dans la courte durée des individus, la conservation n'est pas l'immobilité, l'inertie : c'est un effort sans relâche; c'est presque une série de nouvelles créations.

Amédée Bonnet, *De l'Oisiveté de la Jeunesse dans les classes riches.*

Mêmes lois dans l'ordre religieux et social : là aussi tout ce qui dure ne doit sa perpétuité qu'à une action continue qui passe d'un individu à un autre, d'une corporation à une autre, mais ne s'interrompt jamais.

Le même, *ibid.*

La conservation dans l'immobilité n'appartient qu'à Dieu : pour la créature, la conservation c'est la rénovation.

Le même, *ibid.*

CONSEILS.

Donnons peu de conseils et donnons-les à propos, c'est le moyen d'en doubler le prix.

Souvenirs d'un ancien médecin.

Ne refuse pas un bon conseil à l'homme qui s'écarte de son devoir : on doit indiquer le chemin au voyageur qui s'égare.

Ibid.

L'homme a besoin de conseils pour se préserver des maladies, de conseils pour les supporter et les guérir, de conseils pour vivre, et nous pourrions même ajouter ici, de conseils pour bien mourir.

Th. Perrin, *Rapport sur l'Établissement des Jeunes Filles incurables.*

CONTINENCE.

La continence est une vertu qui sied bien à tous les hommes, mais principalement aux médecins. Dans quel abîme affreux ne peut-il pas tomber, le médecin qui se livre au libertinage !

R. Muret, *Lettres sur la Pratique de la Médecine.*

A défaut de conventions sociales et d'intérêts moraux, il y a de très bonnes raisons en faveur de la chasteté et de la continence, et le médecin peut prêcher une doctrine que ne désavoueraient pas les casuistes les plus sévères.

Becquerel, *Traité d'Hygiène.*

Par la continence, l'âme conserve tout entière son énergie et sa pureté native ; elle conserve tout entière son aptitude pour les sciences et les arts et son ardeur pour la vertu.

Dufieux, *Nature et Virginité.*

Le génie se plaît avec la continence, il sympathise avec elle, mais la luxure est pour lui meurtrière : la continence exalte les forces intellectuelles, la débauche les paralyse.

Le même, *ibid.*

Agissant à la fois et sur l'âme, à qui elle donne la paix, et sur le corps, dont elle ménage le mécanisme, la continence ne saurait avoir d'autre effet que de prolonger la vie.

Le même, *ibid.*

CONSIDÉRATION.

Ce qu'on nomme *considération* dans le monde social se compose de l'estime, du respect et autres sentiments honorables dont un homme a su entourer sa personne.

ALIBERT, *Physiologie des Passions.*

Si la célébrité est le prix du talent, on peut dire que la considération est le prix du mérite individuel; elle suppose dans celui qui en jouit la réunion de toutes les qualités qui constituent l'homme sociable.

Le même, *ibid.*

Les vertus qui font accorder la considération sont rares; de là vient qu'on y attache tant de prix : on l'obtient moins par les dons du génie que par les qualités éminentes d'un beau caractère.

Le même, *ibid.*

Sentiment mêlé de bienveillance et de respect, la considération est pour le cœur; elle répand un charme sur toutes les actions de la vie; elle les embellit.

BEAUCHÊNE, *Maximes, Réflexions et Pensées.*

CONTRADICTION.

L'habitude de contredire est une maladie de l'esprit, qui attaque quelquefois le cœur.

BEAUCHÊNE, *Maximes, Réflexions et Pensées*.

La contradiction habituelle dénote à la fois l'obliquité de l'esprit et son peu de penchant à la bienveillance.

Souvenirs d'un ancien médecin.

CONVALESCENCE.

Quiconque n'a pas connu les plaisirs de la convalescence ignore ce que c'est que le bonheur et quelles voies y conduisent : il faut si peu de chose alors pour être heureux ! on a des désirs si faciles à combler, on a tant d'âme pour sentir ! La convalescence est véritablement une image de la vie si simple et si heureuse des premiers patriarches.

ISID. BOURDON, *Physiologie médicale*.

La convalescence qui suit une grave et longue maladie m'a paru on ne peut plus favorable pour déraciner d'anciennes et funestes habitudes.

DESCURET, *La Médecine des Passions*.

CONVERSION.

Les conversions subites à l'article de la mort, loin d'être fondées sur l'imbécillité cérébrale, sont, au contraire, la dernière et sublime lueur d'une intelligence épurée, dégagée des étreintes de l'erreur et plus libre dans ses déterminations.

<small>Devay, *La Physiologie humaine dans ses rapports avec la Religion.*</small>

Les conversions à l'article de la mort, quoique très fréquentes chez les criminels, sont moins spontanées que chez les penseurs : secrète justice de la Providence qui offre une chance de salut de plus à l'homme qui a ennobli son principe pensant par le travail.

<small>Le même, *ibid.*</small>

Oui, l'agonisant est plutôt esprit que matière : voilà pourquoi, à l'heure suprême, les hommes les plus impies sont revenus aux croyances éternelles et aux vérités de la révélation.

<small>Lauvergne, *Les Forçats.*</small>

CONVICTION.

Une conviction forte et raisonnée devient, dans l'individu qui la possède, comme une partie intégrante de sa personne : c'est pour l'homme fatigué un appui ; pour celui qui souffre un adoucissement à ses maux ; pour celui qui est encore bien portant un palladium.

<small>Feuchtersleben, *Hygiène de l'Ame.*</small>

Oui, les convictions religieuses sont la sauve-garde des individus aussi bien que des empires.

<small>*Souvenirs d'un ancien médecin.*</small>

Conscience de l'esprit, la conviction fait la trempe du caractère.

<small>*Ibid.*</small>

CORPS HUMAIN.

Le corps est l'enveloppe et l'instrument de l'âme, comme l'âme est le guide du corps et l'instrument de Dieu (1).
Souvenirs d'un ancien médecin.

Le corps est un admirable assemblage de parties matérielles solides et liquides, pénétrées de la vie et organisées de la manière la plus merveilleuse pour le but auquel le Créateur les a destinées ; savoir, d'être les instruments de l'âme pendant l'existence de l'homme sur la terre.
LORDAT, Constitution de l'Homme.

Le corps de l'homme, cet édifice ambulant qu'habitent la vie et la pensée, constitue le plus compliqué de tous les systèmes ; c'est un tout dont le nombre des parties ne saurait être déterminé, un infini plus étonnant que celui de l'univers.
BROC, Traité d'Anatomie descriptive et raisonnée.

Notre corps est un véritable appareil de sensibilité, au service d'une intelligence qui sent et qui veut ; chaque organe est comme une corde harmonieuse, dont les vibrations redisent à l'âme les étonnantes merveilles de la création.
DUFIEUX, Nature et Virginité.

Oh ! oui, le corps humain est bien l'ouvrage le plus

---

(1) C'est le complément de la pensée de Plutarque : « Le corps est l'outil de l'âme, l'âme est l'outil de Dieu. » (Traduction d'Amyot.) Voir, dans les *Merveilles du Corps humain*, l'inventaire anatomique de nos organes et les considérations sur la vie dans l'échelle des êtres.

merveilleux de toute la création qu'il résume, et dont il reflète les beautés ; aussi, le Verbe réparateur, qui a voulu s'en revêtir, le réunira-t-il pour toujours à l'âme, sa compagne, après leur séparation temporaire qu'on appelle la mort, mais que le vrai chrétien envisage comme le berceau de l'immortalité.

Descuret, *Les Merveilles du Corps humain*.

Dans la mécanique du corps humain, les précisions sont négligées, parce que les organes sont destinés à être mus par un agent beaucoup plus libre ou plus variable que les agents physiques connus, et parce qu'ils ont été formulés par un Artiste aussi sûr du succès que fécond en ressources.

Barthez, *Nouveaux Éléments de la Science de l'Homme*.

CORRECTION.

Correction implique direction vers le bien ; ne corrigeons donc jamais que pour rendre meilleur.

Souvenirs d'un ancien médecin.

La nature humaine est ainsi faite, qu'elle tend à se révolter contre toute correction qu'on lui inflige, s'il ne lui est pas démontré que c'est en vue de ses intérêts. Il faut, pour qu'elle se soumette, qu'elle soit capable de revenir à la vertu, qu'elle découvre à travers les pénalités une intention bienveillante et dévouée ; il faut surtout que jamais elle ne soupçonne de la part de ses correcteurs une idée d'abandon.

Devay, *Hygiène des Familles*.

CORSET.

L'art de se suicider par le corset n'est pas aussi répandu qu'on le croit généralement ; quelques femmes mêmes y ont renoncé et n'en sont pas plus mal faites.

Réveillé-Parise, *Hygiène du Corset.*

Qu'une femme vienne dire, sérieusement ou par plaisanterie, qu'elle met son corset pour *s'habiller* et non pour *respirer*, je soutiens que c'est un blasphème que le Ciel ne tarde pas à punir par la perte de la santé et de la beauté. Être martyre de la mode, pour souffrir, pour vieillir et s'enlaidir, en vérité, c'est pousser loin l'idolâtrie.

Le même, *ibid.*

Comprimer son corps par un corset étroit, serré, c'est rétrécir également son âme et son esprit, conséquence toute naturelle des lois physiologiques et morales de notre économie.

Le même, *ibid.*

Le corset, cet instrument de torture, dans lequel on cadenasse les jeunes personnes dès l'âge le plus tendre, amènerait bientôt l'insuffisance du personnel médical. Mieux valaient mille fois les immenses paniers de nos bisaïeules : ils faisaient paraître la taille aussi fine, et ne déformaient rien.

Le professeur Serres.

COURAGE.

Le courage moral consiste dans l'empire de l'homme

sur ses passions : il est le fruit d'une éducation intellectuelle qui lui a donné de la modération dans ses désirs, et l'habitude de mettre ses besoins en harmonie avec ses devoirs.

Descuret, *La Médecine des Passions.*

Le véritable courage se connaît dans tous les événements de la vie ; il est utile à chacun de nous pour supporter les traverses et les vicissitudes de l'existence. Il a sa source dans les réflexions, l'étude, la philosophie, et surtout dans une conscience pure et dans le sentiment religieux. Il s'affermit dans les conseils et se guide par la prudence. Il est toujours ce qu'il doit être ; il ne faut ni l'exciter ni le retenir.

Belouino, *Des Passions.*

Le courage est une qualité indispensable au médecin. S'il est vrai que Galien ait fui Rome ravagée par la peste, par combien d'actes de courage et de dévouement les médecins de tous les âges n'ont-ils pas réparé la faute d'un seul !

Cruveilhier, *Des Devoirs et de la Moralité du Médecin.*

Le courage diminue la gravité de toutes les maladies, favorise leur solution critique, accélère les convalescences ; enfin, il développe cette patience virile, seul remède à ce qu'on ne peut guérir, soulagement unique à ce qu'on ne peut éviter.

Campardon, *Du Courage dans les maladies.*

COUVENTS, CLOÎTRES, MONASTÈRES.

Les couvents peuvent servir d'abri aux âmes que les

passions ont réduites au désespoir. C'est notre conviction, et l'accroissement qu'ont pris ces asiles volontaires en est jusqu'à un certain point la preuve.

Brierre de Boismont, *Du Suicide*.

Pourquoi le monde repousse-t-il le cloître, pourquoi le monde le hait-il? Ah! c'est parce que le monde aime le plaisir et n'aime pas la croix de Jésus-Christ; c'est parce que le monde accepte le péché et repousse la pénitence; c'est enfin parce que le cloître est à ses yeux comme un miroir qui lui renvoie ses vices; oui, c'est un obstacle qui heurte tous ses plaisirs, c'est un censeur austère qui sème l'amertume au milieu de ses voluptés, et il n'en veut pas.

Dufieux, *Nature et Virginité*.

On n'a pas assez tenu compte de l'intervention puissante des monastères pour le salut des sciences et des lettres.

C. Daremberg, *l'École de Salerne*, Introduction.

CRAINTE.

Quoi qu'on en veuille dire, la crainte a plus fait de bons citoyens et de fidèles sujets que la seule vertu; et, s'il est permis de passer plus avant, peut-être qu'elle a plus fait de saints que la charité toute pure.

De La Chambre, *Les Caractères des Passions*.

La crainte de Dieu est produite par la conviction de sa justice; elle a paru dans tous les temps le propre d'une éducation solide, et toujours on a caractérisé le père de famille en disant qu'il inspirait la crainte de Dieu à ses enfants.

Amédée Bonnet, *Influence des Lettres et des Sciences sur l'Éducation.*

Il est mû d'une noble et légitime crainte l'homme qui, obéissant à ses convictions, tremble d'enfreindre les règles sacrées de la morale et de l'honneur.

Belouino, *Des Passions.*

La crainte peut devenir un instrument utile dans les mains du médecin ; c'est surtout chez les aliénés que l'on en retire le plus d'avantages.

Nacquart, *Dictionnaire des Sciences médicales*, art. Crainte.

Là où l'idée de Dieu, l'idée d'amour humanitaire, l'idée de bien, l'idée de vertu, tendent à s'affaiblir et à s'effacer, il faut que le *sentiment de la crainte* en prenne la place : la société n'est possible qu'à cette condition.

Barbaste, *De l'Homicide et de l'Anthropophagie.*

Voyez Intimidation.

CRIME, CRIMINEL.

Un crime sans châtiment serait une atteinte aux desseins de la Providence.

Foissac, *Hygiène philosophique de l'Ame.*

Le criminel peut être en sûreté, jamais en sécurité : sa conscience le poursuit partout.

Belouino, *Des Passions.*

L'iniquité pèse au cœur de l'homme, il est tourmenté

lorsqu'il vit dans le mal; chez lui, le crime aboutit au remords.

Dufieux, Nature et Virginité.

Pour armer la loi contre lui, le crime doit être plus évident que le jour; la loi n'est sainte qu'à ce prix.

Pariset, Éloge de Chaussier.

Lorsque l'esprit est sous le poids d'un grand crime, la monomanie est proche : fréquemment des voix accusatrices épouvantent et rendent presque fou le coupable.

Brierre de Boismont, Du Suicide.

Toute lésion bien constatée de l'entendement chez celui qui est inculpé d'un acte criminel, détruit la criminalité de cet acte, par cela même qu'il doit être considéré comme involontaire.

Marc, *De la Folie dans ses rapports avec les Questions médico-judiciaires.*

Interrogez l'histoire de tous les temps, et vous apprendrez que les impies ou les fanatiques composent la liste de tous les grands criminels.

Beauchêne, Maximes, Réflexions et Pensées.

CROIRE, CROYANCE.

Le grand intérêt de l'homme est de savoir ce qu'il doit croire, et comment il doit croire.

De La Roière, Philosophie physiologique de l'Homme.

La nécessité de croire, si grande pour l'homme, démontre la grande utilité de la foi.

Le même, ibid.

Le besoin de croire est un trait distinctif de notre espèce. Quand il prend pour guide la foi et la raison, il conduit sans obstacle au but vers lequel nous tendons tous ; mais s'il s'appuie exclusivement sur l'une ou sur l'autre, les plus graves erreurs peuvent en être les conséquences. La foi sans la raison mène directement à la superstition, et la raison sans la foi aboutit presque toujours à l'orgueil.

Brierre de Boismont, Des Hallucinations.

On a beau répéter qu'on ne croit à rien, il faut toujours finir par adorer quelque chose : le moi humain s'est substitué aux hiérarchies, aux rois, à Dieu, et l'orgueil a remplacé les autres croyances.

Le même, Du Suicide.

En fait de religion, ne rien croire, c'est folie et perversité. Croire tout et ne rien pratiquer, c'est sottise et inconséquence. Croire avec discernement et pratiquer ce qu'on croit, c'est sagesse.

Beauchêne, Maximes, Réflexions et Pensées.

Voy. Foi.

CROIX, CRUCIFIX.

La croix est l'étendard et le bouclier du chrétien.

Souvenirs d'un ancien médecin.

Veux-tu bien t'orienter pendant la traversée de la vie, consulte souvent la croix : tu ne saurais trouver de meilleure boussole.

Ibid.

Oui, la vie est un calvaire où chacun de nous a sa croix. Heureux qui sait bien porter la sienne ; plus heureux encore qui peut aider les faibles à porter la leur.
Ibid.

La croix, le bréviaire et le chapelet ont plus de force que les maximes des philosophes.
Barbaste, De l'Homicide et de l'Anthropophagie.

Des roses autour d'une croix, voilà le symbole de la vie humaine.
Feuchtersleben, Hygiène de l'Ame.

L'homme meurt inconsolé quand ses derniers regards ne s'appuient pas sur le crucifix de bois qui sauva le monde.
Max Simon, Déontologie médicale.

Quand on se prosterne devant une croix, ce n'est pas le bois que l'on adore, mais Jésus-Christ mort pour nous sur cette croix dont cette image nous renouvelle l'idée.
De Jessé (A.-L.-J. Bayle), Traité élémentaire de la Religion chrétienne.

Tous les gibets ont fait maudire les bourreaux, un seul commande de leur pardonner, c'est la croix.
V. Jacotot, Lettre à un Confrère.

CRUAUTÉ.

Caligula, Néron, Caracalla, Commode étaient portés à la cruauté par inclination naturelle ; Tibère, par ambition ; Claude, par faiblesse, et Domitien, par fantaisie.
Barbaste, De l'Homicide et de l'Anthropophagie.

Pour arriver à leur but, les passions ne reculent guère devant un acte de cruauté.
Souvenirs d'un ancien médecin.

CULPABILITÉ, IMPUTABILITÉ.

Il est impossible de soulever une question d'imputabilité à l'égard des *idiots*, de ces êtres imparfaits, placés dans l'intervalle qui sépare les animaux des hommes.
Belouino, *Des Passions.*

Les *imbéciles* échappent à toute poursuite ; quant aux *demi-imbéciles*, ils doivent aussi être à l'abri de toute imputation, s'il est prouvé que la débilité de leurs facultés est telle qu'elle exclut la volonté. Peu importe, pour que l'individu soit justifié, que l'absence de la pensée soit absolue ou incomplète ; il suffit qu'au moment de l'action, il n'ait pas joui du sens moral qui fait la bonté ou la malice des actes.
Le même, *ibid.*

Tout législateur doit considérer les passions comme une atténuation de la culpabilité dans une multitude de cas, et quelquefois comme une justification complète. Il ne faut cependant pas faire aux passions de trop larges concessions, il faut savoir distinguer les cas où la volonté a été entraînée de ceux où elle a mollement résisté, de ceux où elle a lâchement obéi, de ceux où elle a sciemment et de plein consentement lâché la bride à la passion.
Le même, *ibid.*

S'il est des passions qui diminuent l'imputabilité des actes, il en est qui viennent aggraver considérablement l'accusation. Les crimes commis par les passions réfléchies, telles que l'avarice, l'orgueil, l'ambition, la vanité, la vengeance, sont de nature à appeler toute la sévérité des lois.

Le même, ibid.

Non, je ne saurais regarder comme excusables tous les actes commis pendant l'effervescence des passions. Vouloir constamment assimiler ces dernières à l'aliénation mentale, ce serait placer l'immoralité sur la même ligne que le malheur, ce serait offrir au crime l'encouragement de l'impunité. J'ai seulement voulu montrer que les passions suraiguës, c'est-à-dire qui éclatent tout à coup et avec violence, sont on ne peut plus voisines de la folie; et que, chez celles dont la marche est chronique, la culpabilité existe principalement pendant les deux premières périodes. Dans la troisième, en effet, la liberté morale, le libre arbitre n'est plus dans toute sa plénitude, parce qu'alors, par un funeste effet de l'habitude, la conscience est ordinairement muette, et le jugement plus ou moins faussé.

Descuret, La Médecine des Passions.

CURIOSITÉ.

Ce qui étonne le plus dans l'homme, c'est son immense curiosité, qui contraste si bien avec la rapidité de ses jours et la fragilité de son existence.

Alibert, Physiologie des Passions.

Il est une louable curiosité provenant de l'intérêt que

nous prenons à nos semblables ; encore doit-elle avoir des bornes.

Souvenirs d'un ancien médecin.

Poussée trop loin, la curiosité dégénère parfois en un véritable espionnage ; évitons ces gens qui ont sans cesse un œil ou une oreille dans les affaires de leurs voisins.

Ibid.

Sur dix curieux, neuf échos indiscrets.

Ibid.

DÉBAUCHE.

Voyez LIBERTINAGE.

DÉCENCE PUBLIQUE.

Il est des individus qui ne craignent pas, outrageant la décence publique, de satisfaire leurs besoins le long des murs ou dans des recoins non abrités ; serait-ce exorbitant de leur appliquer une pénalité légère, mais obligatoire, et de laquelle ils seraient souvent prévenus par une ordonnance de simple police périodiquement placardée ? Ce serait peut-être le seul moyen de faire passer dans les habitudes une manière d'être conforme à la décence et à la salubrité.

ROUGIER, *Hygiène de Lyon.*

DÉFAUTS.

Les défauts des premières années exercent jusque dans l'âge le plus avancé leur action physique ou morale ; il en est de même des bonnes qualités acquises de bonne heure.

FEUCHTERSLEBEN, *Maximes et Pensées*.

Homme sans défaut, être introuvable.

Souvenirs d'un ancien médecin.

En grandissant, petits défauts peuvent devenir des vices.

Ibid.

Voulez-vous connaître vos défauts? écoutez vos ennemis quand ils parlent de vous.

BEAUCHÊNE, *Maximes, Réflexions et Pensées*.

Celui qui sait mieux découvrir les défauts des autres que leurs qualités, donne facilement la mesure des siennes.

Le même, *ibid.*

On corrige les défauts des hommes avec leur esprit, ceux des femmes avec leur cœur.

Le même, *ibid.*

Il est certains défauts qui donnent de l'éclat aux grandes qualités.

Le même, *ibid.*

DÉFIANCE.

Malheur à l'homme dont la philosophie consiste à ne se fier à personne! sa vie est une guerre offensive et défensive continuelle, son contentement et sa gaieté sont perdus sans retour.

HUFELAND, *L'Art de prolonger la vie humaine*.

L'homme qui a beaucoup souffert a ordinairement l'esprit défiant.

Réveillé-Parise, *Études de l'Homme.*

Quoi qu'en dise notre grand fabuliste, la *méfiance* est mère de l'inquiétude, la *défiance* seule est mère de la sûreté.

Souvenirs d'un ancien médecin.

DÉMON, DIABLE.

Pour nous entraîner plus sûrement dans l'erreur, le démon a persuadé aux hommes qu'il était un être imaginaire; par là, il les endort dans une fausse sécurité et leur fait concevoir des doutes sur les peines et sur les récompenses futures.

Thomas Browne, *Erreurs populaires.*

Les fous qui veulent se tuer pour fuir la vue du diable, se dérober à ses poursuites, s'observent encore assez souvent.

Brierre de Boismont, *Du Suicide.*

Considérablement affaiblie depuis le xviiie siècle, la démonomanie a reparu avec le retour aux idées religieuses, comme si le mal était l'ombre inévitable du bien.

Le même, *Des Hallucinations.*

DÉSESPOIR.

Le désespoir tient à la fois de la colère et de la crainte, mais davantage de ce dernier sentiment : c'est *la frayeur de l'avenir.*

Lélut, *Recherches des analogies de la Folie et de la Raison.*

Dans le désespoir, comme dans la mélancolie et le délire partiel, les facultés intellectuelles sont tendues sur un seul objet et dans un seul mode, la douleur.

Le même, *ibid*.

Pour le moraliste chrétien, le mot désespoir exprime deux faits psychologiques : l'égarement de la raison et le manque d'espérance en Dieu.

Souvenirs d'un ancien médecin.

La religion a fait du désespoir le plus grand, le plus pernicieux de tous les crimes, parce qu'il fait le péché des hommes plus grand que la bonté de Dieu, parce qu'il élève sa malice au-dessus de la Puissance infinie et qu'il ferme le cœur à toutes les grâces, le rendant pour jamais incapable de faire le bien et de se retirer du mal.

De La Chambre, *Les Caractères des Passions*.

La responsabilité des actes que fait naître le désespoir devra être pondérée suivant les passions dont elle est le résultat.

Marc, *De la Folie dans ses rapports avec les Questions médico-judiciaires*.

DÉSIR.

Le désir est comme l'élan de notre âme vers l'objet qui lui manque.

Souvenirs d'un ancien médecin.

Peu de désirs, peu de déceptions.

Ibid.

La vie s'écoule, l'âme se consume sans atteindre le

terme de désirs qui semblent renaître de leurs cendres.
Foissac, *Hygiène physiologique de l'Ame.*

Un grand malheur pour l'homme, c'est de désirer ce qui n'est pas permis ; un bonheur non moins grand, c'est de n'avoir que de vertueux désirs.
Le même, *ibid.*

Tout désir énergique se réalise. C'est là une parole hardie, mais elle renferme une merveilleuse consolation.
Feuchtersleben, *Hygiène de l'Ame.*

DEVOIRS ET DROITS.

Le devoir, ou accomplissement de la justice, est la triple dette de l'homme envers Dieu, envers la société et envers lui-même. Cette dette, il ne peut l'acquitter qu'en satisfaisant à ses divers besoins, dans les limites prescrites par les lois, l'hygiène et la religion.
Descuret, *La Médecine des Passions.*

L'idée habituelle du devoir est essentiellement préservatrice : c'est le garde-fou qui nous empêche de rouler à chaque instant dans l'abîme.
Le même, *ibid.*

L'oubli habituel des devoirs constitue le vice ; l'accomplissement habituel des devoirs mérite seul le nom de vertu.
Le même, *ibid.*

Qu'est-ce que le devoir ? Le devoir, c'est l'honneur, c'est la vie morale de l'homme, c'est la vie morale des sociétés, qui languissent lorsqu'il se relâche, qui périssent lorsqu'il s'éteint.

Cruveilhier, *Des Devoirs et de la Moralité du Médecin.*

Le premier devoir de tout homme est de connaître ses propres devoirs.

Bucellati, *Des Devoirs du Médecin.*

Il faudrait que chacun dans son état fit quelque chose de plus que son devoir, et, malheureusement, nous faisons tous moins; aussi, tout va dans le monde comme il peut.

Zimmermann, *De la Solitude.*

La Providence, qui tire parti du mal physique pour notre amendement moral, nous avertit que, dès cette terre, un châtiment fatal est imposé à celui qui s'écarte de la ligne de ses devoirs.

Devay, *Hygiène des Familles.*

Le sentiment d'un devoir accompli est un liniment capable d'apaiser toutes les douleurs.

Munaret, *Du Médecin de campagne.*

C'est en vertu de ses devoirs que l'homme possède des droits, car toujours l'homme doit pouvoir faire ce qu'il doit faire.

De La Roière, *Philosophie physiologique de l'Homme.*

Tout droit dérivant d'un devoir, et tout devoir constituant un droit, le devoir de vivre constituera le droit de vivre, et le droit d'agir dérivera du devoir d'agir. Une telle corrélation doit exister pour que chaque devoir puisse être rempli et chaque droit maintenu.

Le même, *ibid.*

Supposez un droit qui ne dérive pas d'un devoir : ce droit pourra être enlevé à l'homme sans qu'il en souffre, puisque sa suppression ne l'empêchera pas de remplir tous ses devoirs, de faire tout ce qu'il doit faire. Le droit, dans ce cas, sera un droit parfaitement inutile : un droit inutile n'en est pas un. Ainsi, droits et devoirs, devoirs et droits, ne peuvent être séparés; les uns n'existent que par les autres.

Le même, ibid.

L'homme ne peut pas plus par lui-même connaître tous ses droits et tous ses devoirs qu'il ne peut connaître tous ses besoins. Il doit donc remonter à la même source, qui est son premier Principe, pour acquérir cette connaissance ; là seulement il peut la trouver.

Le même, ibid.

Le but suprême de la vie n'est pas la satisfaction de nos désirs, c'est l'accomplissement du devoir, sans lequel il n'est point de satisfaction véritable.

FEUCHTERSLEBEN, Hygiène de l'Ame.

Le devoir, comme la lance d'Achille, guérit les blessures qu'il a faites.

Le même, ibid.

Pour l'homme digne de ce nom, la consolation n'est pas salutaire, elle l'affaiblit; le devoir seul est sa véritable consolation.

Le même, Maximes et Pensées.

DÉVOTION.

Dévotion signifiant parfait dévouement, *dévouement à*

Dieu (Deo votus), le faux dévot est un comédien qui se joue de Dieu, des hommes et du langage.

Souvenirs d'un ancien médecin.

La dévotion est la source la plus féconde de bonheur ; elle nous rend presque toujours contents de nous-mêmes, et rarement mécontents des autres.

BEAUCHÊNE, *Maximes, Réflexions et Pensées.*

Quand les pratiques de la dévotion ne sont pas éclairées et dirigées par la vraie religion, elles deviennent le prétexte et souvent la cause de beaucoup de mauvaises actions.

Le même, *ibid.*

DIEU, PROVIDENCE.

Dieu a une perfection infinie, parce que, dans une très parfaite et très simple unité, il a la puissance de faire toutes choses.

DE LA CHAMBRE, *Les Caractères des Passions.*

Il n'y a que Dieu qui puisse remplir l'entendement et donner à la volonté une joie et un amour parfaits, parce qu'il n'y a que lui seul qui possède tout l'être.

Le même, *ibid.*

L'esprit de Dieu s'est caché dans ses ouvrages... Aussi, dans toutes les choses de la nature où l'on voit tant de marques d'une sagesse admirable, il ne faut pas croire que ce soit d'elles qu'elle procède ; mais que c'est l'esprit de Dieu qui se coule dans leurs effets, qui leur donne

l'ordre, le mouvement, et qui les guide à la fin qu'il leur a prescrite.
Le même, *ibid*.

La créature nous fait penser à un Créateur qui ne doit tenir l'existence que de lui-même.
Le Camus, *Médecine de l'Esprit*.

Toutes les analogies portent l'homme à regarder les ouvrages de la nature comme produits par des opérations comparables à celles de son esprit dans la création des ouvrages les plus savamment combinés, et qui n'en diffèrent que par un degré de perfection mille fois plus grand ; d'où résulte pour lui l'idée d'une Sagesse qui les a conçus et d'une Volonté qui les a mis à exécution; mais de la plus haute sagesse et de la volonté la plus attentive à tous les détails, exerçant le pouvoir le plus étendu avec la plus minutieuse précision.
Cabanis, *Du Perfectionnement de l'Homme physique et moral* (1).

Selon les lois que Dieu nous a données, nous devons l'aimer par-dessus toutes choses et notre prochain comme nous-mêmes; sagesse qui établit le bonheur du genre humain.
Haller, *Danger de l'Esprit d'Incrédulité*.

Dans la nature, tout phénomène a son côté sensible et saisissable, puis son côté occulte et mystérieux : l'un cor-

---

(1) Dans cet ouvrage inédit, on trouve, en faveur de l'immortalité de l'âme, des preuves que Cabanis devait à ses méditations sur l'anatomie et la physiologie : c'est donc à tort qu'on l'a accusé d'athéisme et de matérialisme.

respond aux besoins de l'homme, l'autre reste le secret de Dieu. Mais, étant admis à la connaissance de la loi, nous devons reconnaître l'existence du législateur.

Théodore Perrin, *De la Périodicité.*

Incertain s'il trouvera ce qu'il cherche hors de Dieu, l'homme est toujours certain de trouver tout en Dieu.

De La Roière, *Philosophie physiologique de l'Homme.*

Voici les relations nécessaires que l'homme doit établir avec Dieu : il doit croire et espérer en lui, l'aimer d'une manière absolue, vivre dans sa présence avec soumission, humilité, et le prier pour tous ses besoins.

Le même, *ibid.*

Si Dieu n'a pas besoin de nous, nous avons besoin de lui. S'il a suffi d'un seul acte de sa volonté pour mettre dans toutes les générations passées, présentes et futures les dispositions et les penchants qui doivent conduire l'humanité tout entière au but qu'il s'est proposé d'atteindre, nous, faibles, ignorants, incertains même sur les choses qu'il nous est le plus important de connaître, nous avons besoin d'un soutien, d'un lien, d'un appui moral toujours présent à notre pensée.

Collineau, *De l'Entendement humain.*

Dieu ne nous abandonne jamais entièrement ; car, dans nos actes les plus criminels, il est encore au fond de la conscience quelque chose de lui qui commence le remords.

Le même, *ibid.*

Pour le philosophe, tout dans l'univers n'est-il pas angage et parole de Dieu, manifestation et révélation de ses attributs ? Nous ne voyons l'univers entier qu'à travers un nuage, et ce nuage est resplendissant de l'idée de Dieu.

Bérard, *Rapport du physique et du moral.*

La sagesse de Dieu est peu honorée de ces esprits vulgaires qui, jetant des yeux étonnés sur les merveilles de la création, les admirent dans leur grossière ignorance ; mais elle reçoit une magnifique louange de ceux qui, faisant un judicieux examen de ses œuvres, lui rendent l'hommage d'une religieuse et savante admiration.

Thomas Browne, *La Religion du Médecin.*

Ce mot *Dieu*, écrit en lettres stellaires sur la voûte des cieux, ne l'est pas moins sur la voûte du crâne, sur les courbes du cœur ou la forme de tout autre viscère.

Réveillé-Parise, *Études de l'Homme.*

La confiance dans la Providence est le meilleur fil que l'on puisse avoir pour se tirer du labyrinthe de la vie, et la meilleur défense à opposer aux attaques dirigées contre le repos de notre âme.

Hufeland, *L'Art de prolonger la vie humaine.*

Nier l'existence de Dieu est une folie dont aucun médecin instruit ne saurait être capable. Il est impossible que toutes les lumières qu'il a acquises ne le portent pas à la connaissance et à l'admiration du Créateur.

Muret, *Lettre sur la Pratique de la Médecine.*

Rien ne découvre davantage une étrange faiblesse d'esprit que de ne pas connaître quel est le malheur d'un homme sans Dieu, rien ne marque davantage une extrême bassesse de cœur que de ne pas souhaiter la vérité des promesses éternelles ; rien n'est plus lâche que de faire le brave contre Dieu.

Denys Balme, Lettre.

Si Dieu a donné à chaque être sa parure appropriée, si rien n'échappe à ses bienfaits, je déclare que c'est la marque d'une bonté achevée : qu'il soit donc par nous célébré comme bon ! S'il a su trouver en tout les dispositions les plus parfaites, c'est le comble de la sagesse ; s'il a tout fait comme il l'a voulu, c'est la preuve d'une puissance invincible !

Galien, <i>Utilité des Parties du Corps,</i> traduction de Daremberg.

Dieu se présente partout à nos yeux ; nous trouvons dans les objets les plus vils les traces de la main éternelle qui les a formés.

Nieuwentyt, <i>L'Existence de Dieu démontrée par les merveilles de la nature.</i>

Il te convient servir, aimer et craindre Dieu et en lui mettre toutes tes pensées et ton espoir, et, par foy formée de charité, être à lui adjoint, en sorte que jamais n'en soit désemparé par péché.

Rabelais.

L'innéité du dogme de la grande personnalité (1) de

---

(1) Heureux l'écrivain qui a une foi vive et profonde en ce Dieu tripersonnel, « non pas, dit M. Caro, en cet infini vague et chimérique des panthéistes, qui s'engendre perpétuellement lui-même dans un progrès sans fin, mais en un Dieu réel, <i>personnel,</i> distinct de l'univers et de l'homme, en un Dieu qui soit Dieu même, au lieu d'être la négation ironique et sentimentale de Dieu. »

Dieu reste à tout jamais comme la plus magnifique preuve de l'immortalité de l'âme.

Lauvergne, *De l'Agonie et de la Mort.*

DIMANCHES ET FÊTES.

Au nombre des pratiques religieuses profitables à la santé, je rangerai la célébration des dimanches et des fêtes, jours consacrés à la prière et durant lesquels l'Église interdit *toute œuvre servile, toute occupation mondaine.* Ce sont là des jours de repos, que l'hygiène devrait nous prescrire dans notre intérêt physique, alors même que la religion ne nous en ferait pas un devoir dans notre intérêt spirituel.

Pointe, *Hygiène des Colléges.*

Le dimanche est un jour de repos imposé par l'hygiène aussi bien que par la religion.

Vitteaut, *La Médecine dans ses rapports avec la Religion.*

L'observation du dimanche doit être acceptée non-seulement parmi les devoirs religieux, mais parmi les devoirs naturels, si la conservation de la vie est un devoir, et si l'on est coupable de suicide en la détruisant prématurément.

Farre, *Rapport au Parlement d'Angleterre.*

Les médecins ne sauraient trop insister auprès de leurs clients sur la nécessité du repos du dimanche. En prescrivant de sanctifier ce jour, la religion n'avait pas seulement en vue la gloire de Dieu, mais encore la santé de l'homme et sa perfection morale.

Descuret, *Les Merveilles du Corps humain.*

DISCRÉTION.

Il ne faut pas confondre la discrétion avec la dissimulation : la première est une qualité précieuse ; la seconde un vice méprisable. Combien de calamités publiques et particulières la discrétion n'a-t-elle pas su prévenir ! Combien d'événements sinistres, de chagrins et de larmes n'ont eu d'autre source qu'une indiscrétion !

Lepelletier (de la Sarthe), *Physiologie, méd. et philos.*

L'homme discret écoute et parle peu. Moins brillant que solide, il est mesuré dans ses actions et dans ses discours. Il ne met jamais d'empressement à gagner la confiance, et la considère toujours comme un dépôt sacré que l'honneur lui défend d'aliéner.

Le même, *ibid.*

Que de précieuses qualités exprimées par ce seul mot *discrétion !* Dans un salon où l'on parle beaucoup, la discrétion est *réserve ;* à table, *sobriété ;* en fait de dépenses, *économie ;* et *fidélité* dans la conservation du secret.

Souvenirs d'un ancien médecin.

DONNER.

Donner aux pauvres, c'est s'enrichir.

Beauchêne, *Maximes, Réflexions et Pensées.*

Donner à ceux qui ont besoin, c'est un plaisir ; donner à ceux qu'on aime, c'est un bonheur.

Le même, *ibid.*

Si donner promptement double le prix du bienfait,

donner gracieusement lui ajoute un nouveau charme.
Souvenirs d'un ancien médecin.

DOULEUR.

Si l'on veut consulter la religion, qui sait le véritable usage de nos passions, elle nous apprendra que la douleur est l'unique remède qui purifie notre âme, qui la guérit des vices qu'elle a contractés, et qui la préserve de ceux où elle peut tomber. Et, quoiqu'elle nous promette la souveraine félicité, elle nous montre en même temps que le chemin qui nous y doit conduire est tout semé d'épines et arrosé de larmes ; qu'on n'y peut entrer qu'avec les peines et les souffrances ; et que, après avoir surmonté toutes les difficultés qui s'y rencontrent, on trouve encore au bout la crainte et la terreur qui sont inévitables. De sorte que, selon ses maximes aussi bien que celles de la nature, il faut croire que sans la douleur les hommes seraient misérables, et que le plus grand mal qui leur pouvait arriver eût été de ne sentir point le mal.

De La Chambre, *Les Caractères des Passions.*

La douleur est le premier sentiment qui nous fait apercevoir la vie ; elle se mêle à tous les moments de sa trop courte durée ; et l'on dirait que la nature avait besoin de l'opposer au plaisir, comme, dans l'air que nous respirons, elle a combiné, par un art heureux, le germe empoisonné de la mort avec l'aliment de la vie.

M.-A. Petit, *Discours sur la Douleur.*

On pourrait dire, avec quelque vérité, que le plaisir

est le premier degré de la douleur, comme la douleur est le dernier degré du plaisir.

Le même, *ibid*.

Le cœur humain est volage, même dans sa pitié ; on veut des douleurs qui finissent ; l'âme ne peut soutenir des émotions trop prolongées, et se lasse de voir toujours souffrir ; les premiers soins que réclame un infortuné sont donnés par les sentiments ; il est facile d'être humain une fois, l'héroïsme est de l'être longtemps.

Le même, *ibid*.

La douleur permanente n'est point dans la nature, et son éternité ne peut être conçue que par un Dieu.

Le même, *ibid*.

La douleur est l'un des principaux stimulants de la vie ; en arrachant l'âme au charme de sentir, elle la distrait des préoccupations sensuelles dans lesquelles elle s'est en quelque sorte matérialisée, la force à se replier sur elle-même, à se mieux connaître, et à chercher par delà le monde des sens, la plénitude de vie pour laquelle elle sent une intime aptitude.

Max Simon, *Déontologie médicale*.

On a vu la douleur, opérant chez certains individus une salutaire diversion, les rappeler violemment à eux-mêmes, leur inspirer le dégoût des vains plaisirs du monde, leur montrer le véritable but de la vie, et les faire rompre avec la passion qui depuis longtemps les tenait enchaînés.

Descuret, *La Médecine des Passions*.

La douleur est surtout prédominante chez les peuples

dont la sensibilité est développée outre mesure, et pour lesquels le besoin d'émotions est l'objet de tous les désirs.

Brierre de Boismont, *Du Suicide*.

La douleur est un riche terroir qui ne reste jamais inculte ; il n'est besoin que d'un laboureur qui y promène la charrue et y sème le plaisir.

Serrurier, *Mesdames les Femmes*.

La douleur peut servir à perfectionner le cœur humain ; Dieu y a placé des éléments féconds de consolation et d'espérance.

P. Bellemont, *Le Courrier des Familles*.

Si une vive douleur physique *obscurcit* une autre douleur, de même aussi, dans une affection morale absorbante et suprême, tous les autres sentiments s'affaiblissent et s'effacent ; une seule idée prédomine l'imagination, c'est *l'épine morale*.

Réveillé-Parise, *Études de l'Homme*.

La douleur des âmes fortes est toujours pudique ; elle est si vraie cette douleur, qu'un regard curieux, une question indiscrète semblent en quelque sorte la profaner.

Le même, *ibid*.

Quand il s'agit de douleur morale, le plus inexorable des bourreaux est la mémoire.

Le même, *ibid*.

On dirait que la douleur morale se compose d'une suite d'oscillations dont la première touche au désespoir et la dernière au repos.

Le même, *ibid*.

Je me défie des suites d'une douleur muette; je ne redoute guère une affliction à fracas.

Souvenirs d'un ancien médecin.

La douleur n'est pas seulement l'assaisonnement du plaisir, elle en est la condition nécessaire : Dieu a voulu que la souffrance formât le caractère, que le plaisir aiguisât l'esprit.

FEUCHTERSLEBEN, *Hygiène de l'Ame.*

DROIT.

Le devoir accompli fonde le droit ; il n'y a pas de devoir sans la connaissance de la loi, et point de droit sans l'accomplissement du devoir, sans l'acceptation et l'observance de la loi.

L'abbé BAUTAIN, docteur en médecine, *Philosophie morale.*

Le droit absolu, le droit moral, le droit divin, le droit naturel ne sont que le seul et même droit.

VITTEAUT, *La Médecine dans ses rapports avec la Religion.*

Le droit absolu ne varie pas, ainsi que le prétend Tacite : il est immuable comme la source divine d'où il découle, et comme l'humanité à laquelle il s'applique et sur la nature de laquelle il est basé; il est l'œuvre de Dieu. Les droits politiques et sociaux, au contraire, sont variables comme les états et les sociétés ; ils sont d'origine humaine et fondés sur des conventions.

Le même, *ibid.*

Voy. DEVOIRS.

DUEL.

Le duel peut être rapproché du suicide, surtout sous ce rapport, que tous les deux semblent se jouer des lois divines et humaines.

Descuret, La Médecine des Passions.

C'est un funeste combat que celui dans lequel le vaincu risque le salut de son âme, et le vainqueur le repos de sa conscience.

Souvenirs d'un ancien médecin.

Le duel est une violation flagrante de la loi divine et humaine. Aussi absurde qu'immoral, il tend à la destruction de la société, à la subversion de la civilisation.

L'abbé Bautain, docteur en médecine, Philosophie morale.

Je cherche en vain quel nom conviendrait le mieux à l'acte qui renferme à la fois la double préméditation d'un suicide et d'un homicide.

Saucerotte, Avant d'entrer dans le Monde.

ÉCONOMIE.

Entre l'avarice et la prodigalité, placez l'économie; mais elle doit se tenir ferme à son poste.

Beauchêne, Maximes, Réflexions et Pensées.

Comme toutes ses sœurs, l'économie est une vertu placée entre deux vices.

Souvenirs d'un ancien médecin.

Dépense bien ordonnée, maison bien réglée : voilà l'économie.

Ibid.

La parcimonie augmente le pécule du pauvre; l'épargne, la réserve du travailleur ; l'économie, la fortune du riche.

Ibid.

Voy. ARGENT.

ÉCOUTER.

Parler, c'est semer ; écouter, c'est recueillir (1).

BEAUCHÊNE, *Maximes, Réflexions et Pensées.*

Celui qui s'empresse de parler invite les autres à se taire, mais non à l'écouter.

Le même, *ibid.*

Savoir bien écouter, talent assez rare et pourtant très profitable : il fait la joie de l'interlocuteur qui parle, et le profit de celui qui ne dit rien.

Souvenirs d'un ancien médecin.

ÉCRITURE SAINTE.

C'est une dérision de prendre pour règle de foi l'Écriture sainte, en se réservant le droit d'en retrancher ce que l'on juge à propos.

DE JESSÉ (A.-L.-J. BAYLE), *Histoire de N.-S. Jésus-Christ.*

Voy. BIBLE.

ÉCRIRE, ÉCRIVAINS.

Écrire, sans songer même à publier ce qu'on écrit, excellent moyen hygiénique pour fortifier l'âme.

FEUCHTERSLEBEN, *Maximes et Pensées.*

---

(1) « Qui parle sème, qui écoute recueille, » a dit Plutarque dans ses *OEuvres morales.*

Il n'est permis d'écrire que pour mettre au jour des idées justes et des sentiments vrais, et j'ajoute sociaux.

Pariset, *Éloges.*

Un odieux moyen de corruption, trop fréquent chez certains écrivains, c'est de répandre sur le vice l'intérêt qui n'appartient qu'au malheur et à la vertu.

Souvenirs d'un ancien médecin.

Voy. Livres et Ouvrages.

ÉDUCATION.

Les principes de religion, inculqués de bonne heure dans l'esprit, exercent dans la suite une très grande influence sur nos déterminations. En général, les préceptes que l'on reçoit dans le jeune âge restent profondément gravés, et sont en quelque sorte indélébiles : on cherche en vain à en perdre le souvenir, ils sont la règle de notre conduite jusque dans l'âge le plus avancé.

Falret, *De l'Hypochondrie et du Suicide.*

Si j'étais législateur, je m'élèverais de toutes mes forces contre le genre d'éducation que les richesses et la confusion des rangs ont introduit en France. Si chaque père rêve pour son fils une position brillante dans l'État, il veut pour sa fille ce qui la rendra artiste plutôt que femme et bonne mère.

Lauvergne, *De l'Agonie et de la Mort.*

L'éducation de famille, et en particulier les études que

l'on fait sous les yeux de son père et de sa mère, sont les meilleures pour l'avenir des enfants.

Le même, *ibid*.

Une mauvaise direction, imprimée dès le bas âge, est difficilement redressée. Les défauts de la première éducation sont ce qu'il y a de plus tenace ; ils persistent toujours au fond, sous le vernis dont on les recouvre plus tard, sous les formes plus ou moins gracieuses qui les masquent.

L'abbé BAUTAIN, docteur en médecine, *Philosophie morale*.

L'éducation, c'est la nourriture de l'esprit ; bonne, elle fait les esprits sains ; négligée ou mauvaise, elle fait les esprits malades.

LEURET, *Indications à suivre dans le Traitement moral de la Folie*.

ÉDUCATION MATERNELLE.

L'éducation, qui embrasse la vie entière de l'homme, ne pourrait-elle pas être définie : *l'art de relever l'humanité déchue* (EDUCERE)?

Souvenirs d'un ancien médecin.

L'éducation de l'homme commence au berceau. En cultivant l'esprit de l'enfance, on doit en même temps former le cœur, et ne pas perdre de vue que l'éducation consiste moins dans ce qu'on apprend, que dans les bonnes habitudes de l'esprit, du cœur, et des actes de la vie. Si l'éducation n'est ni religieuse ni morale ; si l'enfant ne rencontre aucun obstacle à ses volontés, à ses caprices ; si tout cède à ses désirs, comment se façonnera-t-il aux contrariétés dont la vie est semée ?

Esquirol, *Des Maladies mentales.*

Malheureusement, l'éducation que reçoit aujourd'hui la jeunesse n'est pas de nature à régler, à refréner ses passions. On élève les jeunes gens comme si la vie n'avait pas de lendemain, comme s'il n'y avait pas pour eux d'autres intérêts que ceux d'ici-bas ; on cherche à en faire des hommes de science, mais on s'occupe fort peu de leur moral.

Belouino, *Des Passions.*

L'éducation devrait être une arche sacrée, où nul ne pourrait porter la main, sans offrir à la société toutes les garanties possibles. On ne devrait admettre dans le corps enseignant que des hommes d'une moralité à toute épreuve, et surtout profondément religieux. S'il en était ainsi, la jeunesse, nourrie des croyances qui seules peuvent faire de bons citoyens, offrirait à l'avenir de consolantes garanties d'ordre et de prospérité.

Le même, *ibid.*

L'éducation est la base de la discipline sociale ; la morale, dont elle inculque les principes, est le correctif de tous les mauvais penchants. La religion chrétienne, qui donne aux principes de la morale une consécration divine, révèle à l'homme sa mission sur la terre, et lui indique, dans une vie à venir, les récompenses et les peines qu'il aura méritées.

Martin jeune (de Montpellier), *De l'Habitude.*

L'influence de l'éducation est immense sur les destinées de l'homme. Celui-ci naît avec toutes les aptitudes, mais il faut que l'éducation les fasse développer. Si elle manque, les mauvais penchants et la concupiscence prennent le dessus et étouffent les germes de vertu qui dormaient en lui.

Brachet, *Physiologie de l'Homme.*

Si l'éducation ancienne négligeait trop l'intelligence des jeunes filles, l'éducation moderne veut trop l'agrandir et l'exalter. Que cet enseignement soit suffisant pour ajouter au bonheur, et non pour lui nuire.

Le même, *Traité de l'Hystérie.*

La morale demande l'éducation, et la physiologie en démontre la possibilité.

Dufieux, *Nature et Virginité.*

Il est malheureusement vrai que l'éducation ne s'attache point assez à imprimer dans l'âme le sentiment des devoirs; c'est parce que la plupart des hommes n'ont que des notions confuses, fausses, sur ce sujet, qu'il règne une aussi grande anarchie dans les idées.

Brierre de Boismont, *Du Suicide.*

ÉDUCATION MATERNELLE.

L'éducation de famille, et en particulier celle de la mère, ne saurait être remplacée pour former les mœurs et les affections.

Foissac, *Hygiène philosophique de l'Ame.*

L'éducation maternelle exerce son influence sur les destinées de l'individu et sur celles de la société. Il faut que les mères le sachent bien : c'est dans leurs mains qu'est déposé le germe de l'avenir; c'est d'elles que dépend le bonheur des générations futures.

Belouino, *Des Passions.*

Malheur à la mère qui ne mettrait pas le berceau de son nouveau-né sous l'ombrage des croyances religieuses ; elle aurait à rendre un compte terrible au dernier jour, et la malédiction de son enfant la poursuivrait jusqu'au fond de l'abîme ! La femme n'enfante pas un corps privé de vie, ou bien un animal qui meurt tout entier; elle enfante un homme raisonnable, qu'elle doit nourrir avant tout de vérité et d'amour de Dieu.

Le même, *ibid.*

Voy. Mère.

ÉGALITÉ.

Le christianisme est venu révéler à l'homme la nature immortelle de son âme et la seule égalité réelle, celle des créatures devant le Créateur, égalité que les sociétés modernes ont justement admise devant les lois, mais qui n'existe ni dans les organisations, ni dans les aptitudes, ni dans les classes de la société.

Martin jeune (de Montpellier), *De l'Habitude.*

Partisans de l'égalité, pourquoi ne l'aimez-vous qu'avec vos supérieurs ?

Souvenirs d'un ancien médecin.

Égalité des intelligences, du mérite, de la fortune et

du rang, tout aussi impossible chez les hommes que l'égalité de vigueur, de taille, de santé, de longévité : il n'y a d'égalité qu'entre les trois personnes divines, et cette égalité n'est pas de ce monde.

Ibid.

ÉGLISE.

L'Église est une dans son origine, dans son dogme, dans sa perpétuité, dans son universalité ; cette unité constitue sa force et affermit notre foi.

Souvenirs d'un ancien médecin.

Je n'ai nulle confiance aux diverses églises ; j'ai foi entière à l'Église.

Le même, ibid.

L'Église peut se tromper sur les choses qui ne sont pas absolument de foi, sans que cela porte atteinte aux vérités traditionnelles dont elle est la dépositaire.

BARBASTE, De l'Homicide et de l'Anthropophagie.

Les commandements de l'Église ne sont que le corollaire des commandements de Dieu, et ils sont aussi naturels que ces mêmes commandements.

VITTEAUT, La Médecine dans ses rapports avec la Religion.

Voyez CATHOLICISME.

ÉGOISME, ÉGOISTE.

L'égoïsme, ce *moi* desséchant, cet amour exclusif du *moi* rapportant tout à lui-même, est avec raison considéré par les moralistes comme formant le premier anneau de la longue chaîne des vices.

Descurret, *La Médecine des Passions.*

Ce qu'il faut reprocher à l'égoïste, ce n'est pas d'être le dernier terme de ses affections, mais d'en être l'objet unique; ce n'est pas non plus d'aimer les autres pour lui, mais de n'aimer que lui.

Belouino, *Des Passions.*

Il est naturel qu'on se plaise et qu'on se recherche dans ses semblables; mais l'égoïste ne se recherche et n'a de satisfaction qu'en lui-même. Il lui semble absurde de s'occuper d'autre chose que de lui.

Le même, *ibid.*

Ce vice est devenu parmi nous une science qui consiste à savoir profiter le plus possible de tout, en rendant le moins qu'on peut : c'est une véritable exploitation des personnes et des choses au milieu desquelles on vit.

Le même, *ibid.*

L'égoïste est un être essentiellement antisocial; c'est un esclave qui tourne sans cesse autour de sa propre organisation, et qui ne reconnaît d'autre loi que celle que ses besoins lui imposent.

Alibert, *Physiologie des Passions.*

Si l'égoïsme n'est pas le vice le plus apparent, il est au moins le plus antisocial, celui qu'il faut incessamment flétrir par le mépris et la réprobation.

Lepelletier (de la Sarthe), *Physiologie médicale et philosophique.*

Le premier égoïste dut être un homme souffrant : la

douleur centuple *le moi humain*, et concentre toutes nos affections en nous-mêmes. Nous ne portons guère au dehors de nous que le superflu de nos sentiments ; et, quand nous souffrons, nous n'en avons pas de trop pour nous aimer et pour nous plaindre.

M.-A. Petit, *Essai sur la Médecine du Cœur.*

L'égoïste est surtout détesté par l'égoïste.

Beauchêne, *Maximes, Réflexions et Pensées.*

L'égoïste est plus que tout autre sensible aux atteintes du mal, parce qu'il reste emprisonné dans le plus étroit horizon ; il est puni par son égoïsme même.

Feuchtersleben, *Hygiène de l'Ame.*

L'égoïste fermant son cœur aux peines des autres et n'aimant que lui seul, est-il du moins heureux, en supposant qu'on puisse l'être sans les affections vertueuses qui doublent le prix de l'existence? Une attention exagérée à tout ce qui regarde son bien-être et sa santé devient pour lui une source d'inquiétudes continuelles.

Foissac, *Hygiène philosophique de l'Ame.*

Quoique l'égoïsme soit l'idole de bien des cœurs, on a compris qu'il n'était propre à rien fonder de durable.

Le même, *ibid.*

ÉLOGES.

Ne louer que ce qui est bien, c'est donner du prix à ses éloges.

Souvenirs d'un ancien médecin.

Les éloges exagérés déprécient à la fois celui qui les reçoit et celui qui les donne.

Ibid.

Les justes éloges sont un parfum qu'on réserve pour embaumer les morts.

Réveillé-Parise, *Galerie médicale.*

ÉMOTION.

L'émotion est un bélier qui frappe à coups redoublés sur des organes prédestinés à une alternative régulière d'excitation et de repos.

Lauvergne, *De l'Agonie et de la Mort.*

En condensant l'émotion, ne voyez-vous pas que vous brisez les ressorts qui la produisent? Vous activez la lumière, mais vous consumez rapidement le combustible.

Réveillé-Parise, *Physiologie et Hygiène des Hommes livrés aux travaux de l'esprit.*

L'émotion vive et soutenue est vraiment le démon tentateur de l'espèce humaine : or, le démon rit et flatte sans cesse ; il cache l'abîme sous des fleurs.

Le même, *Études de l'Homme.*

Une émotion agréable, lorsqu'elle est souvent éprouvée, devient moins vive ; de là la satiété qui suit le plaisir. Mais, il ne faut pas s'y méprendre, cette satiété n'est pas l'épuisement du désir ; c'est plutôt le désespoir de la passion réclamant de nouvelles jouissances et n'en apercevant plus. C'est l'insatiabilité aux prises avec le néant.

Cerise, *Notes sur Bichat.*

L'esprit devient plus rassis après une forte émotion, comme l'atmosphère se purifie par la tempête.

Virey, *Dictionnaire des Sciences médicales*, art. Passions.

On dirait que nous sommes constamment à la recherche des émotions nouvelles; et il n'est pas une seule de nos passions que l'homme ne mette en jeu pour se les procurer; il fait concourir à ce but la tristesse même et la douleur.

Alibert, *Physiologie des Passions*.

ÉMULATION.

L'émulation est une affection innée, qui nous détermine à imiter les actions de nos semblables, de manière à les égaler, souvent même à les surpasser dans les diverses carrières qu'ils sont appelés à parcourir. C'est par l'émulation que l'homme grandit, pour ainsi dire, à l'aspect de celui qu'il s'est proposé pour modèle.

Alibert, *Physiologie des Passions*.

Quelques philosophes ont prétendu que l'émulation était un diminutif de l'envie, une envie modérée; mais l'émulation est un sentiment fier et délicat, qui n'a rien de commun avec cette honteuse passion, tourment continuel de celui qui l'éprouve.

Le même, *ibid.*

L'amour de la gloire est tellement essentiel à l'émulation, qu'on ne peut l'exciter, même chez les enfants, qu'en entourant le prix disputé de l'éclat d'une couronne.

L'abbé Bautain, docteur en médecine, *Philosophie morale*.

L'envie est une conséquence ordinaire de l'émulation malheureuse.

Le même, *ibid.*

ENFANCE, ENFANTS.

Les imperfections de l'enfance deviennent les vices de l'âge mûr.

Belouino, *Des Passions.*

Les meilleures leçons de morale pour l'enfant sont celles qu'il reçoit de ses égaux.

L'abbé Bautain, docteur en médecine, *Philosophie morale.*

Le malheur de l'époque est de vouloir un enfant de génie à douze ans. Si à cet âge il sait tant de choses, il peut savoir aussi tout ce qui énerve la pensée et le cœur.

Lauvergne, *De l'Agonie et de la Mort.*

Un enfant précoce doit être infiniment plus surveillé qu'un autre ; gardez-vous de l'éperon et de tout excitant ; au lieu de stimuler l'ardeur de cet enfant, sachez la contenir, l'amortir, l'engourdir, s'il est possible ; employez à le diriger, cette *austère douceur,* base de toute bonne éducation, d'après un ancien.

Réveillé-Parise, *Physiologie et Hygiène des hommes livrés aux travaux de l'esprit.*

Torturer l'enfant pour hâter sa maturité, n'est-ce pas la pratique la plus certaine, la plus directe pour l'épuiser radicalement ?

Le même, *ibid.*

La perversion du sens moral, plus commune qu'on ne

le pense généralement, produit la triste engeance connue sous le nom *d'enfants gâtés*.

P. Belmont, *Le Courrier des Familles*.

L'amour que l'on éprouve pour ses enfants est le plus puissant de tous les sentiments, parce qu'il nous montre quelque chose au delà même du tombeau.

Beauchêne, *Maximes, Réflexions et Pensées*.

Malheur aux enfants à qui manquent de chastes et vertueux enseignements !

Foissac, *Hygiène philosophique de l'Ame*.

Voyez Éducation et Mère.

ENNUI.

L'ennui est une des plus tristes prérogatives de l'homme civilisé; c'est une disposition maladive de notre être qui nous conduit souvent à la consomption, à la mort; c'est une sorte de paralysie de l'âme, qui succède à toutes les émotions qu'on a tant cherchées et qu'il n'est plus facile de renouveler.

Alibert, *Physiologie des Passions*.

Il n'est pas un seul individu qui ne consentît à échanger son ennui contre une véritable douleur.

Le même, *ibid*.

L'ennui fait autant négliger de devoirs et commettre de crimes que la perversité du cœur, et celui qui s'est ennuyé toute sa vie doit trembler à sa dernière heure ;

car, pour que l'avenir ne soit pas terrible, il faut pouvoir regarder le passé sans remords.

Belouino, Des Passions.

L'ennui est une maladie de l'âme dont le plaisir est plus souvent la cause que le remède.

Beauchêne, Maximes, Réflexions et Pensées.

On ne s'ennuie jamais davantage qu'avec ceux qu'on ne peut amuser.

Le même, ibid.

ENTHOUSIASME.

L'enthousiasme est l'élan d'une âme méditative, qui se berce dans le merveilleux, et qui cherche les modèles de la perfection idéale au milieu des éclairs d'une inspiration surnaturelle.

Alibert, Physiologie des Passions.

Qu'elle est noble et belle cette disposition de notre être qui donne à l'âme plus d'intelligence pour comprendre, plus d'éloquence pour émouvoir, plus de tendresse pour aimer! L'Esprit-Saint descendu sur les apôtres est le symbole de cette faculté suprême, que les hommes appliquent à tous les genres de spéculation et de pensée.

Le même, ibid.

L'enthousiasme est peut-être la force morale qui a le plus influé sur les révolutions politiques du globe. Elle imprime en effet à la volonté humaine une énergie incompréhensible qui fait tout entreprendre et tout achever.

Le même, ibid.

Ce que le génie conçoit, l'enthousiasme le propage. On peut s'avancer par la raison, mais on s'élève par l'enthousiasme.

Le même, *ibid.*

Un seul pas au delà de l'enthousiasme, et l'on est dans le fanatisme; un pas de plus, et l'on tombe dans la folie.

Souvenirs d'un ancien médecin.

ENVIE.

L'envie est à l'âme ce que la rouille est au fer : elle la ronge.

BEAUCHÊNE, *Maximes, Réflexions et Pensées.*

L'envie est certainement l'un des plus tristes fléaux de notre condition terrestre; c'est le côté le plus hideux de la misère humaine.

ALIBERT, *Physiologie des Passions.*

Méchants par nature, les envieux ne diraient rien contre la vertu si la gloire ne la suivait pas.

Le même, *ibid.*

L'envie, ce principe délétère, est une cause de maladie d'autant plus active qu'elle agit sans relâche et secrètement.

RÉVEILLÉ-PARISE, *Physiologie et Hygiène des Hommes livrés aux travaux de l'esprit.*

Non, on ne saurait s'imaginer combien d'individus succombent avant le temps, rongés par les tortures secrètes de l'envie, cette *carie* des os, comme l'appelle l'Écriture.

DESCURET, *La Médecine des Passions.*

Si l'envie est une maladie, la raison est un remède ; si l'envie nous fait au cœur des blessures profondes et dangereuses, la religion peut y verser un baume réparateur et sait la guérir par de douces paroles.

Jules Massé, *Cours d'Hygiène populaire*.

Ce fut un mauvais plaisant qui mit en circulation cet apophthegme qui nous outrage : *Invidia medicorum pessima*, car la jalousie du paysan ne le cède en rien à la nôtre ; de plus, elle a sur elle le droit d'aînesse : Caïn n'était-il pas laboureur ?

Munaret, *Du Médecin de Campagne*.

Personne n'est content de son sort, chacun envie le lot de son voisin : c'est l'éternelle folie de l'homme.

Menière, *Études médicales sur les Poëtes latins*.

ÉPIDÉMIE.

Une épidémie meurtrière, c'est le champ d'honneur du médecin ; c'est là qu'il déploie ce courage imperturbable, ce sang-froid qui rassure les populations terrifiées.

Cruveilhier, *Des Devoirs et de la Moralité du Médecin*.

Quand sévissent les épidémies, ne faut-il pas plus de vrai courage au médecin et au prêtre allant porter les conseils qui soulagent ou la croix qui sauve, qu'au guerrier qui se distingue avec l'épée qui tue ?

Souvenirs d'un ancien médecin.

Pendant que règne une épidémie meurtrière, la terreur donne des ailes au mal où le fait éclater. Il faut lui substituer le courage dans l'âme des populations, et se souvenir de celui dont Desgenettes donna une preuve si éclatante, sans qu'il soit toujours nécessaire de l'imiter.

Ribes, *Des Affections morales et des Passions.*

C'est surtout pendant les maladies épidémiques que la crainte précipite au tombeau de nombreuses victimes, au lieu que le calme de l'âme et le courage semblent en quelque sorte conjurer le danger (1).

Descuret, *La Médecine des Passions.*

ERREUR.

Si la vérité est l'aliment de l'esprit, l'erreur est un poison déguisé qui le corrompt ; fille du ciel, l'une nous conduit à la vie ; fille de l'enfer, l'autre nous pousse vers la mort.

Descuret, *Théorie morale du Goût.*

S'il existe une alliance naturelle entre les grandes vérités, il s'établit aussi une sorte de complicité entre les erreurs.

Théodore Perrin, *Vérité de la Doctrine hippocratique.*

L'erreur, par une pente naturelle, logique, mène à l'erreur. Pour remonter cette pente, il faut des appuis plus forts que ceux qu'on possédait quand on a failli. Ces appuis plus forts, Dieu seul peut les donner à l'homme ; c'est là où la foi catholique va les chercher.

De La Roière, *Philosophie physiologique de l'Homme.*

(1) Pendant toute la durée du choléra de Paris, en 1832, sur 90 sœurs de Bon-Secours constamment occupées à soigner les malades, pas une seule n'a été atteinte de l'épidémie : c'est qu'ici le calme de l'âme se trouvait uni au dévouement de la charité.

Les obligations que l'erreur entraîne après elle sont plus dures et plus difficiles à satisfaire que toutes celles que la vérité prescrit.

Le même, ibid.

ESCLAVAGE.

Après la mort de l'âme, l'esclavage est le plus grand dommage que la personne morale puisse souffrir.

L'abbé Bautain, docteur en médecine, Philosophie morale.

L'esclavage de l'homme est toujours illégitime, parce qu'il est contraire à la nature humaine, qu'il tend à détruire en la dégradant. Il ne peut s'établir et se soutenir que par la violence. C'est aussi par la violence qu'il finit le plus ordinairement.

Le même, ibid.

Ceux qui ont embrassé avec ardeur la cause de l'abolition de l'esclavage y mettent peut-être un zèle qui n'est pas toujours selon la science. Délivrer subitement des esclaves sans les préparer à la liberté par un état intermédiaire, ce serait déchaîner des bêtes féroces ; car ces hommes abrutis par la servitude ont toutes les passions de l'animal.

Le même, ibid.

Il faut commencer par civiliser les esclaves, par les moraliser, il faut leur donner l'instruction chrétienne, leur annoncer et leur faire goûter la parole divine. La religion de Jésus-Christ peut seule les humaniser avec le temps.

Le même, ibid.

ESPÉRANCE.

L'espérance est, comme la piété, un sentiment tendre et religieux que le Ciel envoie au secours des infortunés, ou plutôt elle n'est que la piété même ; car sentir naître l'espérance au milieu des plus grandes douleurs et dans le sein de maux presque désespérés, c'est déjà élever son âme vers le Dieu qui les donne et qui seul a le pouvoir de nous en délivrer.

M.-A. Petit, Essai sur la Médecine du Cœur. Pensées.

L'homme ne vit pas seulement de la vie présente : il a besoin de croire à un monde meilleur, et il s'y transporte sur l'aile de l'espérance.

Descuret, La Médecine des Passions.

Le chrétien qui ne s'abuse pas sur les destinées de l'homme et qui met son espérance plus haut que la terre, accepte les misères d'ici-bas comme un calice d'expiation ; il sait que Dieu lui payera en félicités suprêmes la dernière de ses larmes et la moindre de ses douleurs. Sublime espérance que celle-là qui produit la résignation d'esprit, ferme la bouche au murmure, ouvre le cœur aux sacrifices de toutes sortes, et verse sur les douleurs du temps qui s'envole le baume des éternelles consolations !

Belouino, Des Passions.

L'espérance est fille de la foi : avant d'espérer, il faut croire.

Le même, La Femme.

J'entends par espérance, non celle qui se renferme dans

les bornes de notre existence actuelle, mais celle qui s'étend jusqu'au delà du tombeau.

HUFELAND, *L'Art de prolonger la vie humaine.*

Foi et espérance, vertus sublimes! qui peut, sans vous, parcourir la carrière de la vie semée d'impostures et d'illusions, dont le commencement et la fin sont enveloppés de nuages, et où le présent n'est qu'un instant, qui, à peine sorti du cercle de l'avenir, est déjà englouti par le passé?

Le même, *ibid.*

L'espérance est une faculté précieuse; elle tient la place du bonheur, si souvent refusé à l'homme.

M.-A. BONNET (de Lyon), *Des Passions.*

L'homme de foi ne désespère jamais; l'espérance chrétienne est une vertu, parce qu'elle est le premier fruit de la foi.

L'abbé BEAUTAIN, docteur en médecine, *Philosophie morale.*

Espérer, c'est choisir son rêve.

BEAUCHÊNE, *Maximes, Réflexions et Pensées.*

La première récompense de la foi, c'est l'espérance; espérer, n'est-ce pas jouir par anticipation?

Souvenirs d'un ancien médecin.

De toutes nos affections, l'espérance est celle qui anime le plus, et, conséquemment, la plus importante pour l'hygiène de l'âme. Ce pressentiment céleste est comme une partie délicate de notre moi, un moi charmant qui ne veut jamais se laisser anéantir.

FEUCHTERSLEBEN, *Hygiène de l'Ame.*

ESPRIT.

Le propre de l'esprit est de combiner et de mettre en saillie les rapports des choses, puis de donner du tour à ce qu'il dit et de la grâce à ce qu'il fait; flamme vive et brillante, il est plus voisin de l'imagination que du bon sens.

Descuret, Théorie morale du goût.

Généralement parlant, l'esprit passe par les mêmes vicissitudes que le corps; on connaît l'âge d'un auteur aux traits de sa plume presque aussi facilement qu'aux traits de son visage.

Le Camus, Médecine de l'esprit.

L'esprit, comme les muscles, a sa gymnastique; il s'assouplit et se développe par l'exercice.

Pariset, Éloge de Vauquelin.

L'élévation des sentiments, la pureté des principes, donnent infailliblement à l'esprit une force, une justesse, une portée incalculables.

Reveillé-Parise, Physiologie et Hygiène des hommes livrés aux travaux de l'esprit.

On peut juger de l'étendue de l'esprit par les questions, et de sa finesse par les réponses.

Beauchêne, Maximes, Réflexions et Pensées.

On a toujours trop d'esprit pour tromper les hommes, on n'en a jamais assez pour les éclairer.

Le même, ibid.

L'esprit doit être un mauvais guide, car il est rare qu'on le trouve dans le bon chemin.
Le même, *ibid*.

L'homme d'esprit sans prévoyance est un myope sans lunettes.
Le même, *ibid*.

Pour n'être pas bête, il ne suffit pas d'avoir de l'esprit, il faut encore savoir s'en servir.
Le même, *ibid*.

La présence d'esprit est un pilote qui nous garantit du naufrage ; il ne quitte pas le gouvernail, et ne s'abandonne jamais à la merci des flots au milieu des tempêtes de la vie.
Le même, *ibid*.

S'il est beau et rare d'avoir beaucoup d'esprit, il est plus beau et plus rare encore d'en être économe, d'en faire un sage et utile emploi.
Reveillé-Parise, *Galerie médicale*.

Éclairer son esprit, voilà pour l'homme le meilleur moyen de préserver et de rétablir sa santé.
Feuchtersleben, *Hygiène de l'Ame*.

La véritable culture de l'esprit, c'est le développement harmonieux de nos forces ; elle seule nous rend heureux, bons et bien portants.
Le même, *ibid*.

ESPRIT FORT.

C'est à force de faiblesse et d'aveuglement qu'on devient *esprit fort*.
Vincent, *Des Habitudes dans l'armée*.

ESTIME.

L'estime est une sorte de tribut payé à un ensemble de qualités et de vertus propres à resserrer les nœuds de nos relations sociales ; c'est une approbation morale donnée à tout homme qui fait un noble usage des talents qui le distinguent.

Alibert, *Physiologie des passions.*

L'estime ressemble à la gloire : celle qu'on achète ou dont on s'empare par des subterfuges ne dure pas.

Le même, *ibid.*

On peut être flatté de l'estime des autres ; on n'est heureux qu'avec sa propre estime.

Souvenirs d'un ancien médecin.

L'honnête homme mérite l'estime de tout le monde et n'a besoin de celle de personne, la sienne doit lui suffire.

Beauchêne, *Maximes, Réflexions et Pensées.*

L'estime des sots n'est rien, l'estime des gens d'esprit peu de chose ; l'estime des honnêtes gens est la seule dont on puisse s'applaudir.

Le même, *ibid.*

ÉTERNITÉ.

Le temps est la durée de la nature, l'éternité est la urée de Dieu.

Descuret, *La Médecine des passions.*

Les idées sérieuses et tristes élèvent l'esprit vers les grandeurs de l'éternité.

Virey, *Dictionnaire des Sciences médicales*, art. Tristesse.

EUCHARISTIE.

Jésus-Christ est aussi véritablement dans l'Eucharistie qu'il est véritablement dans le ciel et qu'il était dans le sein de la Vierge. C'est partout le même Jésus-Christ, c'est son même sang.

De Jessé (A.-L.-J. Bayle), *Traité élémentaire de la Religion chrétienne.*

ÉVANGILE.

Vous qui, de bonne foi, cherchez la vérité dans les livres des philosophes, ouvrez l'Évangile : c'est le livre le plus philosophique que vous puissiez jamais consulter ; et, si vous voulez être heureux, lisez, admirez, pratiquez.

Beauchène, *Maximes, Réflexions et Pensées.*

Le jour où l'Évangile sera véritablement le code de l'humanité, les mauvaises passions n'auront plus leur raison d'être : la haine, l'intérêt, la guerre, cesseront de diviser les hommes, et l'on n'aura plus à subir passivement la *loi d'extermination*, qui règle la marche de toutes les sociétés.

Barbaste, *De l'Homicide et de l'Anthropophagie.*

Approfondir l'Évangile, c'est descendre dans les plus grands secrets du cœur humain.

Scipion Pinel, *Physiologie de l'homme aliéné.*

EXCÈS.

Évitons le trop et le trop peu, c'est-à-dire l'excès, cet ennemi du bien.

Souvenirs d'un ancien médecin.

Tout excès, de quelque nature qu'il soit, est une cause de souffrance, et les excès répétés plusieurs fois amènent inévitablement une maladie. Voilà pourquoi je vous ai si souvent répété cet important axiome hygiénique : *Usez, mais n'abusez pas.*

Jules Massé, Cours d'Hygiène populaire.

EXEMPLE.

Le bon exemple, cette morale en action, dont les leçons parlent plus éloquemment que tous les préceptes, voilà le mobile que l'on devrait toujours employer dans l'éducation.

Descuret, La Médecine des passions.

Pendant toute la durée de la vie, on doit regarder les bons exemples comme une éducation véritable, tant l'esprit de l'homme est porté à l'imitation !

Foissac, Hygiène philosophique de l'Ame.

Sans l'exemple, la parole n'est qu'un airain retentissant qui porte à l'oreille un bruit plus ou moins sonore, que le vent emporte le plus souvent après n'avoir occasionné qu'une impression fugitive.

De La Roière, Philosophie physiologique de l'Homme.

L'homme le plus éloquent, le plus pénétrant, le plus harmonieux par la parole, ne fera que des efforts stériles pour convaincre, si son exemple ne confirme pas ses discours. Il sera en contradiction avec lui-même ; dans le faux, par rapport à lui, il sera par cela même dans le faux par rapport aux autres : ses paroles ne porteront pas de fruit.

Le même, *ibid*.

EXIL.

L'exil est le pire des maux ; rien ne console de la patrie absente, des habitudes familières rompues, du foyer domestique abandonné !

Menière, *Études sur les Poëtes latins*.

L'exil est peut-être la peine morale la plus poignante qu'on puisse infliger à un cœur sensible.

Barbaste, *De l'Homicide et de l'Anthropophagie*.

EXPÉRIENCE.

L'expérience, c'est le regard que nous jetons sur le passé ; c'est le nom qui désigne nos fautes plutôt que notre sagesse.

Belouino, *Des Passions*.

L'expérience est le produit du malheur et des déceptions : l'enfant ne connaît l'amertume du fruit qu'en le portant à sa bouche ; l'homme n'est convaincu des vanités d'ici-bas qu'après les avoir approchées de son cœur.

Le même, *ibid*.

L'expérience est une vieille amie qui nous gronde ; soyons dociles à ses leçons.

Souvenirs d'un ancien médecin.

L'expérience peut seule perfectionner une bonne éducation, en donnant ce que les livres les plus savants n'enseigneront jamais, le talent de se bien conduire dans le monde.

Beauchêne, *Maximes, Réflexions et Pensées*.

L'impatience naturelle à l'esprit l'empêche d'estimer l'expérience à sa juste valeur.

Le même, *ibid*.

L'expérience est la chose du monde la plus difficile à acquérir et la plus facilement perdue.

Menière, *Études médicales sur les Poëtes latins*.

FAIBLESSE.

S'irriter contre la faiblesse, c'est prouver qu'on n'est pas fort.

Beauchêne, *Maximes, Réflexions et Pensées*.

Se corriger de ses faiblesses, c'est prouver sa force.

Souvenirs d'un ancien médecin.

FAMILLE.

Dans la famille, naissent tous les nobles sentiments que la morale et la religion, plus puissantes que la loi, peuvent seules commander aux hommes et obtenir d'eux.

Belouino, *Des Passions*.

La famille est la source de laquelle découlent les vertus ou les vices, qui font le bonheur ou la ruine des nations ; c'est à elle que sont remises les traditions du passé et les destinées de l'avenir.

Le même, *ibid*.

Le régime de la famille, non réglé par la religion,

est ce qui démoralise le plus les individus et les peuples.
L'abbé Bautain, docteur en médecine, *Philosophie morale.*

FANATISME.

Le sentiment religieux, exploité par les passions, produit le fanatisme, que nous définirons le zèle aveugle pour la religion, ou l'effet d'une fausse conscience, qui abuse de la religion et l'asservit au déréglement des passions.
Belouino, *Des Passions.*

Autant le sentiment religieux est aimé de Dieu et digne des respects du genre humain, autant le fanatisme mérite la haine des cieux et de la terre. Ce vice enchaîne les peuples, les abrutit et les tue.
Le même, *ibid.*

Le fanatisme est l'abus le plus terrible du sentiment religieux, parce qu'il en est la perversion la plus profonde.
L'abbé Bautain, docteur en médecine, *Philosophie morale.*

FAT, FATUITÉ.

La fatuité est une sorte d'aliénation mentale aussi digne de notre mépris que de notre pitié ; c'est l'exaltation plus ou moins prolongée d'un esprit faible de complexion et totalement dénué d'idées.
Alibert, *Physiologie des passions.*

Le fat est le suffisant élevé à sa plus haute puissance ;

c'est un être tellement rempli de l'amour de lui-même, que son esprit demeure vide de tout le reste.

BELOUINO, *Des Passions*.

FAUTE.

Les fautes légères ne s'aperçoivent que chez les sages : la sagesse est comme un beau tableau, la moindre tache s'y fait remarquer.

BEAUCHÈNE, *Maximes, Réflexions et Pensées*.

Oh ! que l'on commettrait moins de fautes, si l'on songeait à tout le temps nécessaire pour les faire oublier !

Souvenirs d'un ancien médecin.

FEMME.

La femme est tout amour instinctif et inné.

BELOUINO, *La Femme*.

Dieu, qui a resserré les limites de l'intelligence de la femme, lui a donné une puissance de cœur étonnante. Elle est le vase d'élection dans lequel il a renfermé des trésors d'amour et de foi, qui, de son cœur, s'épanchent sur l'humanité pour remédier sans cesse aux maux qu'opèrent les égarements de la raison.

Le même, *ibid*.

Oui, c'est par la femme que les sociétés se corrompent ou s'améliorent ; c'est elle qui est la pierre angulaire de la société morale. Une nation dans laquelle les femmes sont religieuses peut tout espérer de l'avenir ; celle où les femmes n'ont plus de croyances doit tout craindre, ou plutôt elle est déjà perdue.

Le même, *ibid.*

Il faut qu'il soit bien aveugle ou bien ingrat, celui qui n'aperçoit pas que Dieu a fait la femme pour être la compagne inséparable de l'homme, et pour fonder l'ordre sur leur union.

Dufieux, *Nature et Virginité.*

Si la force est essentielle à l'homme, il semble qu'une certaine faiblesse concoure à la perfection de la femme. Cela est encore plus vrai au moral qu'au physique : la résistance irrite le premier ; l'autre, en cédant, ajoute l'apparence d'une vertu à l'ascendant naturel de ses charmes, et fait par là disparaître la supériorité que la force donne à l'homme.

Roussel, *Système physique et moral de la Femme.*

Si les vertus des femmes sont moins brillantes que celles des hommes, elles sont peut-être d'une utilité plus immédiate et plus continue.

Le même, *ibid.*

En somme, les femmes sont d'une nature plus exquise que celle des hommes, et l'on peut dire que partout où il y a une femme, il y a le sentiment de la pitié et du véritable amour. Elles ne sont autres que par la contagion de l'exemple.

Lauvergne, *De l'Agonie et de la Mort.*

On ne tient point assez compte de l'influence des

femmes sur les mœurs : au sein de la famille, la femme est tout.

P. Bellemont, *Le Courrier des familles*.

La manière d'élever et d'instruire les jeunes filles exige beaucoup plus de soin encore que l'éducation des hommes; les plus éminents personnages ne croyaient pas déroger en se faisant les instituteurs de la femme : ils ouvraient par là le sillon de l'avenir; ils y semaient les grains de la vertu.

Le même, *ibid*.

Les femmes entendent au moins la médecine morale; et, sous l'inspiration du cœur, elles obtiennent encore des succès là où notre raisonnement s'égare, et où notre expérience est inutile.

Fabre Terreneuve, *Essai sur les moyens d'exercer la médecine honorablement*.

C'est dans les grandes souffrances physiques que nous reconnaissons la différence immense qu'il y a entre les empressements d'une femme et les soins empesés des lourdauds du sexe masculin.

Le même, *ibid*.

Toute la famille gravite autour de la femme, et la société est fondée sur la famille.

L'abbé Beautain, docteur en médecine, *Philosophie morale*.

Le besoin de se consacrer est essentiellement le partage des femmes; elles n'ont d'autre activité que celle du cœur; elles ne s'agitent que pour se dévouer.

Alibert, *Physiologie des passions*.

FINESSE.

La finesse est si près du mensonge, qu'il faut la craindre toujours et ne l'employer jamais.

BEAUCHÊNE, Maximes, Réflexions et Pensées.

La finesse peut être utile à l'esprit, mais elle nuit au caractère.

Le même, ibid.

L'esprit fin est souvent faux, précisément parce qu'il est fin.

Le même, ibid.

Trop souvent la finesse de l'esprit fait gauchir la droiture du cœur.

Souvenirs d'un ancien médecin.

FLATTERIE, FLATTEURS.

La flatterie est toujours de la fausse monnaie (1).

BEAUCHÊNE, Maximes, Réflexions et Pensées.

Flatter maladroitement, c'est flatter en pure perte. On ne vous tient aucun compte du fond que l'on considère comme sien, et l'on vous sait mauvais gré de la façon qui est vôtre.

Le même, ibid.

Il n'y aurait pas autant de flatteurs si l'amour-propre courait moins au-devant d'eux.

Souvenirs d'un ancien médecin.

---

(1) La Rochefoucauld avait dit : « La flatterie est une fausse monnaie qui n'a cours que par notre vanité. » On lit encore dans l'*Abeille institutrice* : « La flatterie est comme la fausse monnaie, elle appauvrit celui qui la reçoit. »

FOI.

Dans toutes choses, il faut commencer par la foi.

De La Roière, Philosophie physiologique.

Celui qui a le plus de foi est à nos yeux le plus savant. Il arrive au but par le chemin le moins long ; il ne s'est pas égaré dans les détours.

Belouino, La Femme.

Un grain de foi qui procure le calme, le courage et la résignation, est incomparablement plus utile qu'une force musculaire qui pourrait soulever des montagnes.

Th. Perrin, De la Périodicité.

La véritable foi, comme le lis des champs, n'est nulle part aussi radieuse que dans une église de village et dans l'âme d'un pauvre laboureur.

Lauvergne, De l'Agonie et de la Mort.

La foi religieuse a une puissance dont il est impossible de fixer les limites. On lui doit des guérisons extraordinaires ; et, dans tous les cas où l'on pourra en appeler à ce premier des moyens moraux, on obtiendra sinon la guérison, au moins un soulagement et des consolations, qui seront un auxiliaire des plus précieux.

M.-F. Ribes, Des Affections morales et des Passions.

Dans l'ordre moral, la foi est pour nous la condition de toute lumière et de toute puissance.

L'abbé Bautain, docteur en médecine, Philosophie morale.

La foi religieuse est bien différente de la conviction

philosophique. En même temps qu'elle est basée sur la raison, elle a ses racines dans le cœur, qui porte à l'action. La conviction philosophique est malheureusement trop souvent stérile : la foi, au contraire, est féconde ; elle porte à accomplir la loi, qui est tout.

VITTEAUT, *La Médecine dans ses rapports avec la Religion.*

La foi met la quiétude dans l'esprit, comme la bonne conscience met la quiétude dans le cœur.

Souvenirs d'un ancien médecin.

Le doute naît dans l'esprit ; la foi, dans le cœur.

BEAUCHÊNE, *Maximes, Réflexions et Pensées.*

Au moment de la mort, la foi est comme un astre qui répand de douces lueurs sur le crépuscule du jour qui finit et sur l'aube du jour qui va naître.

FOISSAC, *Hygiène philosophique de l'Ame.*

FOLIE.

La folie, l'aliénation mentale, est une affection cérébrale *ordinairement* chronique, sans fièvre, caractérisée par des désordres de la sensibilité, de l'intelligence, de la volonté.

ESQUIROL, *Des Maladies mentales.*

Presque toutes les folies ont leur type primitif dans quelques passions, et celles-ci ne sont que des folies passagères.

Le même, *ibid.*

Il y a longtemps qu'on a dit que la folie est la maladie de la civilisation ; il eût été plus exact de le dire de la monomanie : en effet, la monomanie est d'autant plus fréquente que la civilisation est plus avancée.

Le même, *ibid.*

Combien il importe pour prévenir le développement des vésanies, de suivre les lois immuables de la morale, de prendre de l'empire sur soi-même, de maîtriser ses passions!

PINEL, *Nosographie philosophique.*

Au théâtre, c'est par leurs idées fixes qu'on fait rire les hommes ; c'est par leurs défauts et leurs caractères qu'on les corrige ; et, comme il est plus facile de les amuser que de les convertir, il n'est pas surprenant qu'ils se plaisent mieux aux folies des monomanes qu'aux leçons de leurs propres vices.

SCIPION PINEL, *Physiologie de l'homme aliéné.*

La doctrine de la folie dans la criminalité me paraît susceptible de beaucoup d'abus : la magistrature française fait bien de la tenir encore pour suspecte, malgré quelques exemples invoqués de l'Allemagne et de l'Angleterre. Dans les procès en matière criminelle, il arrive presque toujours aux avocats d'invoquer la folie, les morosités, l'irrésistibilité des appétits, etc., en faveur de leurs clients. Que si, par événement, un jury, fasciné par l'éloquence ou par l'habileté d'un plaidoyer, se laisse prendre à ces théories funestes et arrache des mains de la justice un véritable criminel, n'est-il pas indispensable, afin de rassurer la société, qu'à défaut de peine capitale, l'État ait au moins à sa disposition une maison spéciale qui puisse satisfaire aux diverses exigences de cette souveraine justice, en dehors de laquelle il n'y a plus que crimes et désordre dans le monde.

Barbaste, *De l'Homicide et de l'Anthropophagie.*

On n'a pas encore déterminé le degré de perturbation morale où commence la folie.

Feuchtersleben, *Maximes et Pensées.*

Chaque homme porte en lui un germe de folie ; la sérénité et l'activité d'esprit sont les seules forces capables d'en empêcher le développement.

Le même, *ibid.*

Voyez Aliénation mentale, Folie et Passions.

FRÈRES DE LA DOCTRINE CHRÉTIENNE.

Les frères de la doctrine chrétienne, qu'on croit définir par ce mot, désormais ennobli par eux, d'*ignorantins*, sont, de tous les hommes offerts à l'exemple des autres, les types les plus achevés du véritable citoyen.

Lauvergne, *De l'Agonie et de la Mort.*

Les frères de la doctrine chrétienne sont l'emblème de ce large manteau de sainte Ursule, où l'enfant qu'on y abrite est sûr de puiser les leçons qui doivent le constituer plus tard honnête homme et bon citoyen.

Le même, *ibid.*

FUSTIGATION.

La fustigation ou flagellation, employée comme châtiment, peut avoir un résultat bien différent de celui qu'on en attend. Il est donc très important de faire disparaître des écoles et du foyer domestique ce genre de punition, à la fois indécent, ignominieux, flétrissant et dangereux pour les mœurs.

> Le P. Débreyne, trappiste, docteur en médecine, *Théologie morale.*

GAIETÉ.

La gaieté n'est ni la joie ni le plaisir ; mais le plaisir enfante la joie, et la joie ressuscite la gaieté. Elle est, en général, réservée à l'enfance qui ne réfléchit point, et à cette classe d'hommes qui n'ont pas plus à réfléchir que les enfants. Cependant la médecine fait tous les jours usage de la gaieté, en mettant à profit le reste précieux de cette disposition de l'enfance.

> Tissot, *Influence des Passions sur les maladies.*

La gaieté, c'est un paroxysme naturel de l'état de santé ; c'est le cœur heureux de battre ; c'est l'esprit heureux de penser ; c'est tout notre système nerveux en mouvement, en bien-être et en fêtes. L'animal n'est gai que par des appétits charnels ; l'homme seul est gai par le cœur et par l'esprit.

> Le docteur Véron, *Mémoires.*

Pour conserver de la gaieté dans le caractère, il ne suffit pas d'avoir de la profondeur dans l'esprit et de la fermeté dans l'âme, il faut encore que la conscience ne reproche rien, et que le jeu de l'organisme ait lieu d'une manière normale.

> P. Bellemont, *Le Courrier des familles.*

Pour entretenir la gaieté naturelle que l'on possède, ou

pour ramener celle que l'on a perdue, nous conseillons le bon emploi de nos facultés, la pratique du bien et l'accomplissement régulier des devoirs.

Le même, *ibid.*

En Suisse, M. de Haller a pu constater que dans les cantons restés catholiques, les individus conservaient dans leur langage et sur leur figure une gaieté expansive qui avait disparu dans les cantons protestants.

DESCURET, *Les Merveilles du corps humain.*

GÉNIE.

Trois facultés, réunies dans certaines proportions, sont nécessaires pour constituer le génie : une grande puissance de bon sens pour voir juste ; d'intuition pour voir de loin ; d'imagination pour féconder et animer ces vues, qu'une volonté forte doit réaliser par le travail.

DESCURET, *Théorie morale du goût.*

Le génie n'est jamais si bien une inspiration du Ciel que quand il subit ses lois en dehors des richesses de la terre; sitôt qu'il s'incline devant le veau d'or, c'est fait de lui, il matérialise ses créations.

LAUVERGNE, *De l'Agonie et de la Mort.*

Un beau génie est un rare privilége que Dieu n'accorde presque jamais qu'au détriment de la santé, du repos et du bonheur.

Souvenirs d'un ancien médecin.

Avec une grande science et même avec du génie, il faut

encore avoir le talent d'en faire ressortir ou d'en tempérer à propos l'éclat.

Ibid.

Les fils de l'homme de génie sont le plus souvent des hommes médiocres; ses véritables enfants sont ses œuvres, et sa postérité, c'est sa gloire.

L'abbé Bautain, docteur en médecine, *Philosophie morale.*

Si l'on convient avec Aristote que les hommes d'un génie supérieur sont ordinairement mélancoliques, on doit reconnaître aussi qu'ils ont trouvé la satiété et le vide jusque dans ces régions interdites au vulgaire : le dégoût des grandeurs humaines n'atteint pas moins les rois de l'intelligence que les rois de la terre.

Foissac, *Hygiène philosophique de l'Ame.*

GLOIRE.

La gloire scientifique ou littéraire est quelquefois un remède à de grands maux; elle aide au moins à supporter bien des misères.

M.-F. Ribes, *Des Affections morales et des Passions.*

On ne conçoit pas que madame de Staël ait appelé la gloire *le deuil éclatant du bonheur.* Cette proposition est du moins trop générale. Non, ce rêve d'immortalité qui aide ici-bas à souffrir et à mourir, n'est pas toujours l'ennemi de notre félicité; il ne s'agit que de le considérer sous un point de vue philosophique, c'est-à-dire de l'estimer ce qu'il vaut, ni trop haut ni trop bas.

Reveillé-Parise, *Physiologie et Hygiène des hommes livrés aux travaux de l'esprit.*

La présentation de la gloire est déjà un à-compte sur le bonheur qu'elle promet; et ce bonheur-là, du moins, ne saurait échapper.

Le même, ibid.

Dans une vie grevée de toutes les amertumes de la gloire, je ne crains pas de l'affirmer, la plus douloureuse est assurément la perte de la santé. Le baume moral de l'amour-propre satisfait n'adoucit pas toujours complétement les regrets qui en sont la suite.

Le même, ibid.

De tous les hochets dont s'amuse l'humanité, le moins puéril est certainement la gloire; mais elle domine trop exclusivement l'imagination.

Le même, ibid.

La gloire n'échoit qu'au génie bienfaisant, qu'à la vertu puissante, qui influe comme la Divinité sur le bonheur des autres.

Alibert, Physiologie des passions.

On dirait que les larmes brûlantes versées par les premiers martyrs de la pensée se sont répandues sur toutes les célébrités, et ont en quelque sorte arrosé le laurier de toutes les gloires.

Foissac, Hygiène philosophique de l'Ame.

GOURMAND, GOURMANDISE.

Gastrolâtre : ce seul mot définit le gourmand, tout en lui imprimant une sorte de flétrissure.

Souvenirs d'un ancien médecin.

Il est des êtres abrutis ayant un corps à nourrir, une

âme à sauver, et qui les sacrifient au culte sensuel de leur estomac : ces idolâtres s'appellent gourmands.

Le même, *ibid.*

La gourmandise exagère nos besoins réels, en crée de factices ; elle prépare le malheur de l'individu et la ruine de la société.

Belouino, *Des Passions.*

Les suites de ce vice sont aussi longues que cruelles : pour premier châtiment, le goût des gourmands finit par se blaser sur les mets les plus délicats, sur ceux mêmes qui étaient l'objet de leur prédilection ; leur appétit se perd, et des infirmités sans nombre viennent venger sur eux la raison méconnue et la morale outragée.

Descuret, *La Médecine des passions.*

Le gourmand végète dans une sorte d'abrutissement qui le conduit par degrés insensibles à une mort triste et douloureuse ; son âme se ferme aux vrais plaisirs ; mille dégoûts l'inquiètent, et son temps s'écoule dans les digestions pénibles d'un organe qui semble n'obéir qu'à regret.

Alibert, *Physiologie des passions.*

GOUT.

Le goût est le sentiment des convenances qui s'applique aux choses.

Beauchêne, *Maximes, Réflexions et Pensées.*

Le goût physique est le sens chargé d'apprécier la saveur des aliments ; le goût intellectuel est le sentiment appréciateur des productions de la nature et de l'art.

Descuret, *Théorie morale du goût.*

Le bon goût est l'appréciateur et le conservateur de cette beauté universelle qui plaît toujours et partout.

Le même, *ibid.*

Les lois du bon goût ne sauraient dépendre de l'opinion capricieuse des hommes ; elles demeurent invariables, parce qu'elles ont pour base le vrai, le beau, le bien.

Le même, *ibid.*

GUERRE.

L'art de tuer les hommes, la guerre est devenue une science et une source de gloire !

Belouino, *Des Passions.*

L'humanité veut que l'on fasse tout pour éviter une guerre reconnue juste ; car, comme on l'a dit si souvent, les armes ne sont qu'un moyen d'arriver plus vite à la paix : *Finis belli ultimus pax.*

Alibert, *Physiologie des passions.*

La guerre surtout est un crime quand on la fait par des motifs d'avarice ou d'ambition ; si cette grandeur d'âme que l'on fait paraître à soutenir de longs travaux, et à s'exposer aux plus affreux périls, n'est accompagnée d'un grand fonds de justice, si on l'emploie pour soi-même et pour ses avantages particuliers, au lieu de l'employer pour le bien commun, loin que ce soit une vertu, c'est un vice des plus condamnables, c'est un attentat à la morale des nations, c'est une pure férocité.

Le même, *ibid.*

GUERRE CIVILE.

La guerre civile dégrade et démoralise les générations. L'aigreur se transmet de famille en famille ; on se calomnie pour ainsi dire en naissant ; les enfants sont élevés pour la vengeance. Le ressentiment devient un point d'honneur, et le point d'honneur justifie les crimes. Le mot de *patrie* est vain et superflu ; toute maxime de justice est repoussée. La prudence, la modération, toutes les vertus, toutes les obligations humaines sont méconnues ou faussement interprétées au milieu des agitations sans but d'une multitude effrénée. C'est alors surtout que la vengeance communique à l'homme un génie inventif ; on frémit d'horreur quand on songe à tout ce qu'elle inspire.

ALIBERT, *Physiologie des passions*.

HABITUDE.

Mobiles dans nos idées, mobiles dans nos volontés, nous ne le sommes pas dans nos habitudes ; nous ne savons point les sacrifier à la raison.

PARISET, *Éloge de Tessier*.

Le propre de l'habitude est d'émousser les impressions et d'aviver les actes. Plus on répète un acte, mieux on l'exécute ; plus une émotion se renouvelle, moins elle a de force.

L'abbé BAUTAIN, docteur en médecine, *Philosophie morale*.

L'habitude n'étant qu'un penchant contracté par la réitération fréquente des mêmes actes, on triomphera d'une mauvaise habitude en lui en substituant une bonne.

Souvenirs d'un ancien médecin.

Il est plus facile de prendre de bonnes habitudes que d'en perdre de mauvaises.

Beauchêne, *Maximes, Réflexions et Pensées.*

La faculté de contracter des habitudes est un bienfait de la Providence divine, qui a voulu assurer par ce moyen la conservation des créatures.

Feuchtersleben, *Hygiène de l'Ame.*

S'habituer à ce qui est juste, c'est la quintessence de la morale et aussi de l'hygiène de l'âme.

Le même, *ibid.*

Il existe deux habitudes morales : l'une, qui naît de la nature même de l'homme ou de ses penchants, qui est la plus forte, qu'on corrige, mais qu'on détruit rarement d'une manière complète ; l'autre, que l'on contracte par communication ou par l'exemple d'autrui, et qui est susceptible d'être réprimée, détruite même avec le temps.

Martin jeune (de Montpellier), *De l'Habitude.*

L'imitation commence l'éducation ; l'éducation donne des habitudes, ou, pour mieux dire, n'est qu'une suite d'habitudes. Les habitudes donnent des besoins et des désirs, des goûts et des penchants, parce qu'elles sont une *seconde* nature. C'est au moyen des habitudes que l'on parvient à modifier ou à corriger les premières dispositions instinctives ; et, pour y arriver, il suffit de l'imitation ou de l'obéissance.

Collineau, *De l'Entendement humain.*

On conçoit l'importance de régler ses habitudes de manière qu'elles tournent toujours au profit de la santé, d'autant plus qu'elles finissent par confisquer à l'homme sa propre volonté. Plier et enlacer sa vie dans des habitudes de tous les jours, est un des principaux points de tout esprit sage et prévoyant. Un homme, en dernière analyse, n'est que le résultat de ses habitudes, il est ce qu'il s'est fait.

Reveillé-Parise, *Physiologie et Hygiène des hommes livrés aux travaux de l'esprit.*

Rien de plus utile ou de plus pernicieux que l'habitude. C'est une fatale impulsion, c'est un appui solide, c'est un baume salutaire, c'est un poison qui tue.

Le même, *ibid.*

On ne se défait que très difficilement d'une habitude vicieuse : comme la robe du centaure Nessus, on ne l'arrache point sans douleur et sans violence.

Le même, *ibid.*

Le propre de l'habitude est d'émousser le sentiment (1), de ramener toujours le plaisir ou la douleur à l'indifférence, qui en est le terme moyen. Remarquons que le centre de ces révolutions de plaisirs, de peine et d'indifférence,

---

(1) Il eût été plus exact de dire que l'habitude diminue l'intensité des *émotions*; car on ne saurait appeler *sentiment* ce qui n'est que l'impression du plaisir et de la douleur. Le sentiment est plus que cela : il implique un *désir*; lorsque ce désir est immodéré, il devient une *passion*.

Cerise, *Notes sur Bichat.*

n'est point dans les organes qui reçoivent ou transmettent la sensation, mais dans l'âme qui la perçoit.

BICHAT, *Recherches sur la Vie et la Mort.*

L'habitude fortifie les bons sentiments et les transforme en besoins.

CERISE, *Notes sur Bichat.*

HAINE.

La haine, qu'il ne faut pas confondre avec l'antipathie, est une colère prolongée, une *colère chronique.* Moins agitée en apparence que la colère, cette passion ne fermente pas avec moins de force, et celui qui l'éprouve ne tarde pas à ressentir tous les effets de la douleur morale.

DESCURET, *La Médecine des passions.*

L'homme qui s'abandonne à cette passion funeste est perdu pour les relations amicales, pour le bonheur, pour lui-même ; il a déjà commencé le premier pas dans la carrière des forfaits.

LEPELLETIER (de la Sarthe), *Physiologie médicale et philosophique.*

La haine démontre l'imperfection de l'homme ; elle démontre que tous ses besoins ne sont pas satisfaits, qu'il n'est pas entièrement dans la vérité.

DE LA ROIÈRE, *Philosophie physiologique.*

Quand l'âme est placée dans une disposition vraiment catholique, elle est apte à tout comprendre, à tout aimer; il lui est impossible de haïr, car la haine est inconnue à qui peut tout comprendre.

PLEINDOUX aîné, *Lettre sur une visite d'hôpital.*

HALLUCINATIONS (1).

Dans un grand nombre de cas, l'hallucination n'a rien d'extraordinaire ; c'est un fait presque normal, compatible avec la raison, et qui permet de concevoir comment tant d'hommes célèbres ont pu présenter ce symptôme sans être aliénés.

Brierre de Boismont, *Des Hallucinations*.

Les hallucinations de beaucoup d'hommes célèbres appartiennent à leur siècle et non à l'individu ; ce qui le prouve, c'est que leurs actes sont marqués au coin de la plus haute sagesse ; que leurs entreprises révèlent des qualités supérieures, un jugement admirable, un esprit infini et l'amour de leurs semblables.

Le même, *ibid*.

Transformer les philosophes, les réformateurs des peuples, les fondateurs de religions, les esprits créateurs en autant de fous hallucinés, c'est faire à Dieu l'insulte la plus cruelle... Oui, prétendre qu'une partie de ce qui a été fait de grand, de beau, de sublime en philosophie, en morale, l'a été par des fous, c'est saper les croyances religieuses de millions d'hommes, c'est s'en prendre à Dieu lui-même que de soutenir que les prophètes, les apôtres, les saints, ont été des fous hallucinés.

Le même, *ibid*.

---

(1) Les *hallucinations*, dit Esquirol, consistent en des sensations externes que le malade croit éprouver, bien qu'aucun agent extérieur n'agisse matériellement sur ses sens. Les *illusions* sont, au contraire, l'effet d'une action matérielle sur notre sensibilité percevante, mais qu'elle perçoit d'une manière fausse.

HARDIESSE.

Il ne faut pas croire que les plus nobles emplois de la hardiesse soient à gagner des batailles, à prendre des villes et à conquérir des royaumes : la nature ne pense pas à ces désordres quand elle jette les semences de cette passion dans l'âme ; elle songe à d'autres combats qui sont bien plus importants, et à des conquêtes bien plus utiles et plus glorieuses.

Comme elle sait que l'homme est destiné pour la félicité ; qu'il a mille sorte d'ennemis qui lui en défendent l'entrée, et que lui-même est ordinairement celui qui s'oppose le plus à son bonheur, elle lui donne la hardiesse comme un secours nécessaire pour surmonter les obstacles et pour entrer en la jouissance des biens qui lui sont contestés.

De La Chambre, *Les Caractères des passions.*

Que la hardiesse s'arrête au seuil de l'audace, comme la bravoure à celui de la témérité.

Souvenirs d'un ancien médecin.

HÉRÉDITÉ.

Nous héritons des vices et des vertus de nos pères ; par conséquent, de leur esprit et de leurs mœurs.

Le Camus, *Médecine de l'esprit.*

Il est certain que plusieurs altérations ou défectuosités morales sont transmissibles par hérédité. Ne voit-on pas des folies qui sont, en quelque sorte, un mal de famille ?

Ne voit-on pas des postérités nombreuses manifester les mêmes penchants, se déshonorer par les mêmes vices, se distinguer par les mêmes vertus, briller par les mêmes talents ?

Alibert, *Physiologie des passions*.

Tristes suites du péché originel, les passions, les maladies et la mort sont un triple héritage que tous les parents transmettent à leurs enfants avec la vie.

Descuret, *Les Merveilles du corps humain*.

La dégradation physique accompagne la dégradation morale, et de là ces tristes empreintes laissées aux enfants par leurs pères comme le plus inaliénable des héritages.

H. Gouraud, *Le Correspondant*.

Il y a des vices héréditaires pour l'âme et pour le corps, comme il y a des maladies accidentelles pour l'une comme pour l'autre. Si donc l'hygiène et la thérapeutique médicales sont nécessaires dans les prédispositions héréditaires de la santé, l'hygiène et la thérapeutique spirituelles ne sont-elles pas aussi indispensables pour corriger les dispositions héréditaires de notre principe spirituel, comme d'ailleurs pour guérir les maladies accidentelles de notre âme.

Vitteaut, *La Médecine dans ses rapports avec la Religion*.

HOMICIDE.

De toutes les actions humaines, aucune n'est aussi fortement assujettie à l'empire de l'imitation que celle de l'homicide. Quand cette horrible fureur s'empare des hommes, on la voit se communiquer des uns aux autres avec la rapidité de la foudre, et c'est alors que sont produits ces massacres en masse, observés de tout temps et en tout lieu.

Barbaste, *De l'Homicide et de l'Anthropophagie.*

Que l'homicide soit engendré par la guerre, par les passions, par le guet-apens, par la scélératesse, par la folie ou par la morosophie; ou bien qu'il soit le produit de l'état sauvage, de l'état de barbarie ou de l'état de civilisation, il apparaît comme un fait universel qui se lie à l'histoire de toutes les sociétés.

Le même, *ibid.*

Lorsque le penchant homicide se développe sous l'influence des passions martiales, politiques ou religieuses, les individus égorgent jusqu'à ce qu'ils ne trouvent plus de victimes.

Andral, *Cours de Pathologie interne.*

HOMME.

L'homme est une créature intelligente, mue par des rouages vivants, et qui s'obéit à elle-même.

Alibert, *Physiologie des passions.*

Il est donc vrai de dire que l'homme est *une intelligence servie par des organes* (1).

Béclard, *Anatomie générale.*

---

(1) *L'homme est une intelligence servie par des organes.* J'ajoute : « organes placés sous la direction d'un majordome (*le principe vital*) qui a créé le serviteur, qui a vu naître la maîtresse (l'âme intelligente), qui, à

L'homme n'est pas, en général, une intelligence servie par des organes, mais une intelligence déchue luttant ici-bas contre des organes.

Descuret, *La Médecine des passions.*

C'est moins par l'intelligence que par les sentiments *religieux et moraux* que l'homme est distingué de tous les êtres animés : seul il possède ces instincts élevés auxquels il doit la notion de Dieu et celle du juste et de l'injuste. C'est par eux qu'il est lié à son Dieu, qu'il est porté à lui rendre hommage, et qu'on le voit opposer à son propre intérêt le sentiment de ce qui est dû aux autres.

Adelon, *Physiologie de l'Homme.*

L'homme est petit par rapport à Dieu, qui est son créateur ; par rapport à la vérité, car elle est son institutrice et sa loi ; par rapport à autrui, car il n'est lui-même qu'une pierre de l'édifice, et chacune des autres pierres vaut peut-être mieux que lui. Mais l'homme est grand par sa nature pensante et immortelle, et par les hautes destinées qui lui sont promises.

Belouino, *Des Passions.*

certains égards, est son collaborateur, et qui, en cas de minorité ou d'impuissance du chef, exerce souvent une régence suffisante. » A l'aide de cette queue, la formule serait tout à fait médicale, il ne lui manquerait d'avoir pour cette seconde partie une rédaction aussi heureuse que celle dont jouit la première. Votre admiration pour la définition de M. de Bonald n'est donc légitime qu'en tant que vous avez accepté le principe de la dualité du dynamisme humain.

Lordat, *Idée pittoresque de la Physiologie humaine enseignée à Montpellier.*

L'homme n'est grand qu'autant qu'il se constitue l'auxiliaire des desseins de la Providence.

Devay, *Hygiène des familles.*

Il est admis, en principe, que l'homme sortit pur et libre des mains du Créateur. Si la vérité avait toujours été son guide, il n'eût eu que des connaissances précises, utiles, indispensables ; mais il lui arriva ce que produit si souvent l'action du temps : pouvant choisir, entraîné par les passions, il oublia son origine et son but, et perdit ainsi, en abusant de la liberté, la connaissance de Dieu et de soi-même.

Brierre de Boismont, *Des Hallucinations.*

En observant l'ensemble de l'existence humaine, on est frappé de cette multitude d'efforts, de luttes, de résistances, de combats, qui se succèdent dans la carrière que l'homme a à parcourir et à laquelle il semble avoir été condamné ; travail pénible et souvent douloureux. Ainsi, dans son état physiologique et normal, l'homme lutte pour conserver sa santé ; dans son état de maladie, il lutte pour combattre les causes qui tendent à sa destruction ; dans son existence intellectuelle, il lutte pour résoudre les questions qui l'intéressent ; dans son existence morale, il lutte pour se vaincre lui-même ; enfin, il lutte pour dompter la nature entière et lui arracher ce qui est nécessaire à la conservation de ses jours.

Théodore Perrin, *De la Périodicité.*

Il faut aimer l'homme à cause de sa nature et non à cause de ses actes, si l'on veut que l'amour soit vrai. Il faut l'aimer autant que soi-même, car il est de la même nature que soi. Il faut lui vouloir tout le bien qu'on veut pour soi. Pour cela, il faut lui faire part de tout le bien qu'on possède, soit par don, soit en lui apprenant à l'acquérir.

D^r La Roière, *Philosophie physiologique de l'Homme.*

L'homme est un être si essentiellement moral et social, que tout ce qui altère sa moralité et sa constitution sociale altère du même coup sa santé physiologique et sa constitution physique.

H. Gouraud, *Le Correspondant.*

Par là même que la raison de l'homme est une faculté libre dont il peut user contre lui-même, elle est moins sûre que l'instinct de l'animal et plus sujette à se pervertir. Ce qui fait qu'il peut s'élever si haut, fait aussi qu'il peut descendre bien bas, et comme il n'y a pas de nature plus noble que la sienne, il n'y en a pas non plus qui arrive à une si profonde dégradation.

Le même, *ibid.*

Les facultés de l'homme sont plus étendues que l'univers entier : c'est un palais magnifique, fait dans des dimensions gigantesques, qui semble être déplacé dans le point de vue actuel, et qui est trop grand pour tout ce qui l'environne.

Bérard, *Rapports du physique et du moral.*

L'homme, venu le dernier, nous semble le chef-d'œuvre de la création, par cela seul qu'il est entré dans l'ensemble des choses *finies* pour en compléter l'harmonie, la

comprendre et s'élever plus ou moins jusqu'à son Auteur.
Lauvergne, *De l'Agonie et de la Mort.*

L'homme est essentiellement esprit et intelligence ; il est à la fois l'ensemble et la perfection de toutes les formes de la vie qui sont sur la terre.
Reveillé-Parise, *Études de l'Homme.*

Si vous apercevez Dieu dans le monde, à plus forte raison vous devez le voir dans l'homme ; car c'est là qu'éclatent avec le plus d'évidence pour nous les notions de *but* et de *moyens*.
Le même, *ibid.*

Les hommes, comme les mots, n'ont de prix qu'à leur place.
Pariset, *Éloge de Berthollet.*

Ce n'est point une opinion que la dualité du dynamisme de l'homme, c'est un fait général déduit de l'expérience journalière. La philosophie inductive ne nous permet pas de dire que la force vitale et le principe de l'intelligence appartiennent à une même nature.
Lordat, *Preuves de l'insénescence du sens intime.*

Le dynamisme humain n'est pas le même que le dynamisme bestial. Dans le dynamisme de l'homme, il existe une puissance d'une nature spéciale qui ne se retrouve pas dans la brute.
Le même, *De l'Intelligence des bêtes.*

L'homme prend tous les caractères du sol qu'il habite.
Pariset, *Éloge de Tessier.*

Il existe dans l'homme une puissance en dehors de la

force vitale, puisque celle-ci fléchit devant elle : puissance qui jouit d'une liberté et d'une indépendance que ne possède pas celle dont nous venons de parler. L'une est une force instinctive, impersonnelle, qui n'a pas conscience de ce qu'elle est ; l'autre est une force infinie, à l'état personnel ; elle a conscience d'elle-même, elle pense, elle veut, elle est libre et souveraine : la première régit l'organisme, la seconde régit le moral de l'homme.

Théodore Perrin, *De la Périodicité.*

Si l'homme était *un*, jamais il ne serait malade, car on ne peut concevoir une cause de maladie dans ce qui est un.

Hippocrate, *De la Nature de l'Homme.*

Quoique revêtu d'une forme terrestre, l'homme n'est point fils de la terre. Son âme, semence divine, germe immortel qu'il apporte en ce monde, doit s'y développer, et, pour cela, il faut qu'elle obéisse à la loi universelle qui veut qu'elle vive ; à la loi générale, d'après laquelle elle ne peut vivre sans aliments ; à sa loi propre, suivant laquelle elle ne peut s'assimiler que ce qui est analogue à sa nature.

L'abbé Bautain, docteur en médecine, *Philosophie morale.*

L'homme a été nommé *petit monde* ou *microcosme*, parce qu'il paraît rassembler en lui seul toutes les perfections de la nature ; et, en effet, notre âme est à notre corps ce qu'est Dieu pour l'univers.

Virey, *Dictionnaire des Sciences médicales*, art. Nature.

L'homme naturel chante partout un Dieu perdu, et

l'homme spirituel regrette un trône d'où il est tombé ; il n'est pas pauvre d'origine, il est dépossédé : *c'est chute, mais rédemption.*

Sales-Girons, *Principes métaphysiques des Sciences naturelles.*

« Ne songez pas, dit Lavater, le physionomiste inspiré, ne songez pas à embellir l'homme sans le rendre meilleur. » Nous ajoutons avec une foi pleine et entière ; « Si vous ne le rendez meilleur, ne songez pas à conserver sa santé. »

Feuchtersleben, *Hygiène de l'Ame.*

HONNÊTETÉ.

Que l'honnêteté accompagne le médecin dans toutes ses relations. L'honnêteté doit, en beaucoup de circonstances, offrir un ferme appui, et pour le médecin en particulier, c'est un gage précieux dans ses rapports avec ses clients.

Hippocrate, *Du Médecin.*

L'honnêteté (et elle s'allie souvent au mérite), voilà la devise des gouvernements et des peuples.

Brierre de Boismont, *Du Suicide.*

HONNEUR.

L'honneur est l'instinct de la vertu ; quoiqu'il soit une qualité naturelle, il se développe par l'éducation, se soutient par les principes et se fortifie par l'exemple.

Beauchêne, *Maximes, Réflexions et Pensées.*

L'honneur est comme une pierre précieuse, la tache la

plus légère en ternit l'éclat et lui ôte presque tout son prix.

Le même, *ibid.*

L'honneur est un trésor qu'il faut conserver dans son entier, et qui perd tous ses charmes quand on l'entame; il est le plus puissant ressort du corps social. L'honneur est préférable à tout, même au bonheur, si le bonheur pouvait exister sans lui.

ALIBERT, *Physiologie des Passions.*

Comment définir l'honneur? L'opinion le rend quelquefois si bizarre qu'il est incompréhensible.

Le même, *ibid.*

Quoi qu'il en coûte, sachons rester pauvres et hommes de bien; la richesse et les honneurs entraînent trop souvent la perte de l'honneur.

Souvenirs d'un ancien médecin.

Affaire d'honneur, dettes d'honneur, mots fréquemment à la bouche de gens qui ne connaissent guère le véritable honneur.

Ibid.

HONORAIRES.

Quels honoraires pourraient dédommager le médecin de cette pressante sollicitude qui use sa vie, qui le fait s'identifier à son malade et souffrir de ses souffrances? Quels honoraires compenseront ces angoisses de la pratique qui le poursuivent jusque dans son sommeil?

CRUVEILHIER, *Des Devoirs et de la Moralité du médecin.*

A côté d'un petit nombre de personnes qui reconnaîtront généreusement vos soins et qui acquitteront la dette du cœur, combien se croiront quittes envers vous quand, après avoir supputé le nombre de vos visites et en avoir tarifé la valeur, elles solderont arithmétiquement vos soins, comme une monnaie qu'on échange ! Combien vous payeront de la plus noire ingratitude !

Le même, ibid.

Quand il s'agit d'honoraires entre un malade et son médecin, c'est pour l'un et pour l'autre une *question de pudeur*. Selon le pieux docteur Andry, « la main du médecin doit être un tronc où chacun met ce qu'il veut, sans qu'on le voie, sans qu'on le sache. »

Reveillé-Parise, Physiologie et Hygiène des hommes livrés aux travaux de l'esprit.

Un usage assez généralement établi entre les hommes qui cultivent l'art de guérir, c'est de ne point recevoir d'honoraires les uns des autres. Ce mutuel désintéressement est une preuve d'estime réciproque et de confraternité.

Cadet de Gassicourt, Dictionnaire des Sciences médicales, art. Honoraires.

L'étymologie d'*honoraires* (*honos*, honneur) prouve que ce prix ne s'offre qu'à ceux qui professent des sciences ou qui cultivent des arts libéraux. C'est à tort que plusieurs grammairiens l'ont appliqué aux rétributions dues aux prêtres ; ce payement s'appelle *casuel*. L'évaluation des honoraires d'un médecin est relative : 1° à l'importance du service qu'il a rendu ; 2° au temps qu'ont duré ses soins ; 3° à la réputation qu'il s'est acquise ; 4° à la fortune de celui qu'il a traité.

Le même, *ibid.*

Les honoraires seront toujours ce qu'ils doivent être, c'est-à-dire honorables et productifs, si le corps des médecins, pénétré de sa dignité, se maintient à la place que lui assignent l'importance de son art et la considération dont il jouit ; s'il n'admet dans ses rangs que des hommes véritablement instruits et de mœurs graves ; s'ils se présentent avec cette noble simplicité qui écarte l'idée du besoin, et cette affabilité pleine de réserve qui appelle la confiance sans permettre la familiarité ; s'ils ne se prodiguent jamais inutilement et paraissent vivre retirés quoique au milieu du tumulte du monde ; si, prêts à voler gratuitement au secours de l'indigent qui souffre, ils ne cèdent rien de leurs droits à l'avarice opulente, et préfèrent la perte de tout ce qui leur est dû à une honteuse transaction.

Le même, *ibid.*

HÔPITAUX, HOSPICES.

Jusqu'à Jésus-Christ, il n'y avait pas eu dans le monde un seul hôpital. Mais partout où le christianisme pénètre, les aumônes pleuvent, et de vastes établissements (des Hôtels-Dieu) s'élèvent comme par enchantement pour recevoir les pauvres.

Belouino, *Le Livre des pauvres.*

Les maisons des bons religieux du mont Saint-Bernard et du mont Cenis doivent être considérées comme les *métropoles des hospices*, parce qu'il n'en existe pas de plus dignes de ce nom, ni qui l'honorent davantage.

Virey, *Dictionn. des Sciences médicales*, art. Hôpital.

Comme l'astronomie, la médecine a ses observatoires : ce sont les hôpitaux.

Pariset, *Éloge de Laennec.*

Vice et misère, deux chemins aboutissant à l'hôpital.

Souvenirs d'un ancien médecin.

HUMANITÉ.

L'humanité, dans sa marche, doit fixer les yeux sur son lendemain, si elle ne veut pas tomber dans une déplorable pauvreté, comme ces familles imprévoyantes qui, se gorgeant aujourd'hui des biens que le hasard présente à leur possession, meurent exténuées le jour qui suit.

Devay, *Hygiène des familles.*

Le véritable ami de l'humanité est celui qui l'honore et l'agrandit. Son véritable ennemi est celui qui la ravale et qui la mutile.

Brachet, *Physiologie de l'Homme.*

HUMEUR (MAUVAISE).

Nous ne connaissons pas de vices de caractère plus fâcheux, de souffrance de l'âme plus déplorable que la mauvaise humeur, ou ce mécontentement continuel de tout ce qui arrive.

Foissac, *Hygiène philosophique de l'Ame.*

Rien ne contribue autant que la mauvaise humeur à

flétrir la fleur de la vie, à fermer l'entrée de notre âme aux jouissances et aux plaisirs, à corrompre tous les sucs vitaux. Je conseille à quiconque aime ses jours, de la fuir comme un poison mortel.

Hufeland, L'Art de prolonger la vie humaine.

Rien de plus contagieux que notre humeur habituelle : bonne, elle rend heureux ceux qui nous entourent ; mauvaise, elle les afflige et les assombrit.

Souvenirs d'un ancien médecin.

Personne ne peut se défendre de la tristesse ; mais tout le monde peut se débarrasser de la mauvaise humeur.

Feuchtersleben, Hygiène de l'Ame.

Le préservatif le plus certain contre la mauvaise humeur, c'est la religion.

Le même, ibid.

HUMILITÉ.

L'humilité consiste à ne s'attribuer aucun bien comme venant de soi, mais à reconnaître tout bien comme venant de Dieu.

De La Roière, Philosophie physiologique de l'Homme.

L'humilité rend l'homme indulgent et lui donne la paix avec lui-même et avec les autres ; ce qui est le bien le plus utile que l'homme puisse avoir ainsi que la société.

Le même, ibid.

Cette humilité, qui paraît abaisser l'homme, est justement ce qui l'élève, d'abord aux yeux de Dieu, aux yeux des hommes et aux siens propres.

Le même, ibid.

L'orgueil s'abaisse devant les hommes qu'il méprise, et l'humilité devant Dieu qu'elle vénère. De quel côté se trouve l'élévation ?

Le même, *ibid.*

On ne devient vraiment humble que par la patience, et la patience implique la soumission à une force supérieure : c'est pourquoi l'humilité s'acquiert par la souffrance. Elle est avec la foi le fondement de la perfection chrétienne.

L'abbé BAUTAIN, docteur en médecine, *Philosophie morale.*

HYGIÈNE.

Je rappellerai à l'hygiène qu'elle montre une grande témérité quand elle s'inscrit en faux contre certaines prescriptions de l'Église, qui tendent à soumettre le corps à l'esprit ; ces prescriptions sont de tous les temps, la philosophie les consacre aussi bien que la religion. Tout ce qui élève l'esprit sans détruire le corps, tout ce qui émousse cette pointe acérée des sens, est digne de notre respect et commande notre adhésion.

CH. DAREMBERG, *Variétés médicales.*

Un de mes confrères, âgé de quatre-vingt-trois ans, ramenait aux trois points suivants l'hygiène qui a prolongé sa carrière : « Je mange peu, je marche beaucoup, et je suis gai. » Un autre octogénaire assurait s'être toujours borné à ce principe : peu de nourriture, beaucoup d'exercice ; du reste, un sou de vin dans un sou d'eau.

RÉVEILLÉ-PARISE, *Études de l'Homme.*

La médecine ne sauve que les individus, l'hygiène sauve les masses.

De Polinière.

L'hygiène est un puissant auxiliaire que nous devons invoquer pour combattre nos passions, particulièrement pour en prévenir la naissance, le développement et les progrès.

L'abbé Debreyne, docteur en médecine, *Théologie morale*.

De même qu'il existe une hygiène, une thérapeutique médicales pour le principe de la vie, de même il existe une hygiène et une thérapeutique spirituelles pour notre principe spirituel; cette hygiène et cette thérapeutique consistent, pour le développement et le redressement de nos facultés intellectuelles et morales, dans toutes les bonnes impressions qui nous arrivent du monde extérieur; dans les choses du culte religieux, elles se résument dans la religion qui remonte au berceau du genre humain, dans le christianisme par conséquent.

Vitteaut, *La Médecine dans ses rapports avec la Religion*.

L'hygiène de l'âme est la science de la santé morale.

Bertrand de Saint-Germain, *La Revue médicale*.

L'homme a le pouvoir d'établir l'équilibre dans son âme. C'est là le fondement de toute l'hygiène morale; mais, pour arriver à ce point, il faut d'abord travailler à se connaître et gagner de l'empire sur soi-même.

Feuchtersleben, *Hygiène de l'Ame*.

Sache vouloir, fais ce que dois, voilà en deux mots toute l'hygiène de l'âme.

Le même, *Maximes et Pensées.*

Pourquoi l'hygiène, dont le but est le perfectionnement physique et moral de l'homme, repousserait-elle le concours de la religion, si bien d'accord avec ses propres doctrines.

Vincent, *Des Habitudes dans l'armée.*

HYPOCHONDRIE, HYPOCHONDRIAQUE.

On peut considérer l'hypochondrie comme l'amour exagéré de la vie, et la mélancolie comme en étant la satiété, même la haine. Dans la première maladie, c'est le *moi physique* qui est atteint; dans la seconde, le *moi moral.*

Louyer-Villermay, *Traité des maladies nerveuses.*

L'hypochondrie est assurément la plus folle et en même temps la plus triste des maladies humaines. Observez avec soin l'hypochondriaque, vous reconnaîtrez avec regret que son mal ne consiste, à proprement parler, que dans un sombre et triste égoïsme. Il ne vit, il ne pense, il ne souffre que dans son misérable *moi* exposé à mille ennemis.

Feuchtersleben, *Hygiène de l'Ame.*

Les hommes riches, rassasiés, oisifs, sont les plus exposés à l'hypochondrie, eux que les sots regardent comme les heureux de la terre.

Le même, *ibid.*

Les souffrances de l'hypochondriaque sont réelles : ce

serait une grande erreur que de les croire imaginaires.

Brachet, *Traité complet de l'Hypochondrie.*

La fréquentation des hypochondriaques suffit pour déterminer l'hypochondrie chez des individus qui ont reçu en partage une grande susceptibilité morale et un caractère méticuleux ; c'est là une nouvelle preuve de la tendance de l'homme à obéir à l'empire de l'imitation.

Falret, *De l'Hypochondrie.*

Une maladie morale, plus déplorable que la mauvaise humeur, un amour de soi plus exclusif que l'égoïsme, peut atteindre l'homme et en faire aux yeux du philosophe un objet de pitié plutôt que d'aversion ou de mépris : j'ai désigné l'hypochondrie.

Foissac, *Hygiène philosophique de l'Ame.*

L'hypochondriaque concentre son attention sur une seule vie, une seule organisation, une seule santé…., la sienne : il n'a de craintes, de tourments, de préoccupation constante que pour lui-même.

Le même, *ibid.*

On engage l'hypochondriaque à se distraire ; il serait préférable, sans même en prononcer le nom, qui parfois l'irrite, de lui procurer la distraction qui lui est nécessaire, de choisir celle qui est en rapport avec ses goûts et son caractère, de lui en fournir adroitement les moyens, de le placer au milieu de joies douces et réelles, qui ne laissent dans l'âme ni vide ni regrets.

Le même, *ibid.*

L'hypochondriaque serait sauvé s'il consentait à se

livrer sérieusement à un travail agricole ou à quelque œuvre de charité d'un long et difficile accomplissement.

Le même, *ibid.*

Pour guérir un hypochondriaque, il faut surtout le bien écouter, le plaindre sincèrement, et savoir le distraire à propos, sans jamais lui parler de distraction.

Souvenirs d'un ancien médecin.

HYPOCRISIE.

L'hypocrisie est le voile de la duplicité.

Souvenirs d'un ancien médecin.

Ce vice odieux consiste dans l'exploitation des croyances qu'on n'a pas; c'est un vil étalage de doctrines religieuses ou sociales qu'on professe tout haut et qu'on dénigre tout bas.

Ibid.

Quoiqu'on ait dit que l'hypocrisie est un hommage rendu à la vertu, l'hypocrite n'en est pas moins un homme abominable, car il veut réunir aux avantages du vice les honneurs de la vertu.

BEAUCHÊNE, *Maximes, Réflexions et Pensées.*

IDÉE.

L'idée est immatérielle comme notre âme, dont elle est l'attribut essentiel, inséparable.

DUFOUR, *Essai sur l'Étude de l'Homme.*

Il y a deux sortes d'idées dans notre nature : les idées *acquises* et les idées *inspirées*; celles qui tiennent aux circonstances de notre conservation corporelle, et celles qui nous ramènent à l'ordre général établi par le Créateur.

Alibert, *Physiologie des passions.*

L'idée, c'est la nuée lumineuse qui conduit l'homme dans le monde; mille fois elle s'est montrée sublime malgré l'altération des organes. Mais l'idée peut être faussée, et alors il en résulte les conséquences les plus graves.

Brierre de Boismont, *Du Suicide.*

Les idées d'autrui ne peuvent nous profiter tant qu'elles ne sont pas devenues nôtres.

Beauchêne, *Maximes, Réflexions et Pensées.*

Telle est la faiblesse de notre pauvre raison, qu'elle ne peut s'arrêter impunément à une seule et même idée. Que sont les monomanies, sinon une idée fixe qui a fini par dominer toutes les autres?

Souvenirs d'un ancien médecin.

On règne moins encore par la force des armes que par l'empire des idées.

Foissac, *Hygiène philosophique de l'Ame.*

Nos idées agissent sur notre humeur; elles agissent aussi sur notre bien-être.

Feuchtersleben, *Hygiène de l'Ame.*

IDIOT.

La physionomie stupide des idiots, leur extérieur sale et repoussant, expriment le dernier degré de dégradation de l'espèce humaine.

Calmeil, *Dictionnaire de Médecine.*

Non, l'idiot ne saurait être responsable des actes qu'il commet; s'il y a responsabilité, elle devra seulement, sous le rapport civil, peser sur ceux qui sont chargés de le surveiller.

<small>Marc, De la Folie dans ses rapports avec les Questions médico-judiciaires.</small>

Voy. Imbéciles.

ILLUSIONS.

Les illusions sont les pavots de l'âme, et il faut en devenir prodigue quand c'est le seul moyen d'aider à supporter la vie.
<small>M.-A. Petit, Essai sur la Médecine du cœur.</small>

La découverte du café a très certainement accru le champ de l'illusion et donné plus d'arrhes à l'espérance.
<small>Isidore Bourdon, Hygiène pratique.</small>

Comme les feuilles des bois, nos illusions tombent avant l'hiver de la vie.
<small>Souvenirs d'un ancien médecin.</small>

Si le cœur est la source la plus ordinaire des illusions de l'esprit, les illusions de l'esprit ne font que trop gauchir la droiture du cœur.
<small>Ibid.</small>

Les *illusions* (médecine légale) peuvent coexister avec une raison saine; mais, plus fréquemment, lorsqu'elles sont habituelles, plus ou moins persistantes, et que la réflexion n'a plus de prise sur elles, elles produisent ou compliquent l'aliénation mentale. Alors il n'y a pas de conceptions extravagantes qu'elles ne puissent faire naître.

Marc, *De la Folie dans ses rapports avec les Questions médico-judiciaires.*

Voy. l'art. HALLUCINATIONS.

IMAGINATION.

L'imagination est une mémoire exaltée, embellie par le sentiment ; elle ne montre jamais que le côté merveilleux de la nature animée ; par son secours, nous rassemblons les objets qui avaient disparu de notre entendement, et nous leur donnons selon notre volonté les plus agréables formes.

Alibert, *Physiologie des Passions.*

L'imagination est la mère nourricière, l'agent, la force motrice de tous les membres isolés de l'organisme intellectuel ; elle est comme un pont jeté entre le monde de la matière et le monde de l'intelligence.

Feuchtersleben, *Hygiène de l'Ame.*

Celui qui naît avec une imagination vive, errante et sans but, et que les parents ne cherchent pas à modérer, a mille chances pour une de voir *la folle du logis* s'installer en souveraine dans son cerveau, et de subir toute sa vie ses déterminations irréfléchies et volatiles.

Lauvergne, *De l'Agonie et de la Mort.*

On dit et on répète que l'imagination est la folle du logis. C'est là une idée beaucoup trop exclusive, qu'on doit considérer moins comme une vérité que comme une saillie. Assurément, il faut se méfier des prestiges de l'imagination; il y a de funestes poisons dans sa coupe brillante : mais aussi, quel doux et salutaire breuvage quand la raison en tempère l'ardeur ! Distinguons donc, selon la rigueur logique, l'imagination sensée de l'imagination délirante. Corneille, Racine, Pope, Addison, Métastase, eurent la première ; Alfieri, Rousseau, Byron, Zacharie, Werner, furent les victimes de la seconde.

Réveillé-Parise, Physiologie et Hygiène des Hommes livrés aux travaux de l'esprit.

Puisque l'imagination peut devenir la folle du logis, le jugement devrait toujours en être le mentor.

Descuret, La Médecine des Passions.

Parce que dans son vol l'imagination s'est parfois égarée, devons-nous mépriser ses vues hardies, ses vives lumières ?

Réveillé-Parise, Études de l'Homme.

La véritable *imagination* doit être considérée comme un sens moral exquis, qui fait voir au delà de la portée ordinaire, qui donne une grande impulsion à l'intelligence, une sorte de pénétration intuitive, par cela même, le pressentiment de la vérité à venir, des choses accomplies et des choses possibles ; c'est, pour ainsi dire, une seconde *vue* qui, dans beaucoup de cas, peut être considérée comme le sens intime du vrai. *Imaginer*, c'est en effet voir les types non pas des objets à créer, car la vérité est de toute éternité, mais à découvrir les phénomènes de la nature.

Le même, ibid.

On dirait que l'imagination est la force du Créateur

prêtée pour un instant à la créature ; l'homme la reçoit, il ne la mesure pas, elle est en lui, elle n'est pas à lui.

Le même, *ibid.*

L'imagination a son domaine en dehors du monde réel ; de l'exercice régulier ou irrégulier de cette faculté capricieuse, dépendent le bonheur et le malheur de la vie humaine.

Feuchtersleben, *Hygiène de l'Ame.*

Puisque l'imagination n'est que le côté rêveur de la faculté de sentir, puisqu'elle est féminine de sa nature, elle ne doit jamais, si elle veut être utile, oublier son caractère essentiellement passif. C'est le feu de Vesta, dont la douce flamme, entretenue avec un soin jaloux, porte la lumière et la vie, mais qui, une fois déchaînée, dévore tout sur son passage.

Le même, *ibid.*

IMBÉCILES.

Les imbéciles, que l'on considère comme des demi-idiots, ne sont point entièrement privés de l'exercice des facultés morales et intellectuelles.

Calmeil, *Dictionnaire de Médecine.*

Ces êtres faibles se laissent imposer par le premier venu, et, par conviction, ou par pure crainte, deviennent comme des instruments dont il n'est que trop facile d'abuser.

Le même, *ibid.*

Plus le défaut d'intelligence de ces malheureux se rapproche de l'état de raison et constitue seulement la faiblesse d'esprit, plus l'application de cet état aux lois criminelles et civiles devient difficile.

Marc, *De la Folie dans ses rapports avec les Questions médico-judiciaires.*

Voy. Idiots.

IMITATION, IMITER.

L'instinct d'imitation est l'un des grands pivots sur lesquels roulent et se déploient les actes les plus importants de l'existence animée : ainsi, l'univers entier n'est que le spectacle de cet apprentissage mutuel, de cette imitation réciproque et non interrompue, qui règle et coordonne tous les mouvements de la vie.

Alibert, *Physiologie des Passions.*

L'imitation est véritablement le moule où se façonne l'espèce humaine.

Le même, *ibid.*

L'imitation est tellement un des phénomènes caractéristiques de l'homme, qu'elle est chez lui un mouvement machinal avant d'être un mouvement réfléchi.

Le même, *ibid.*

Les enfants sont spécialement portés à l'imitation ; c'est le propre des vieillards de ne plus se soumettre à sa puissance.

Le même, *ibid.*

L'empire de la mode n'est que l'empire de l'imitation.

Le même, *ibid.*

Si l'enfant imite instinctivement ce qu'il observe dans les mœurs et les habitudes de ceux qui l'entourent, c'est une obligation sacrée de ne jamais lui donner que la leçon du bon exemple.

Souvenirs d'un ancien médecin.

Combien il semble doux d'imiter ceux qu'on aime !
Brachet, Traité de l'Hystérie.

IMMORTALITÉ.

Au delà du tombeau, l'Éternel récompense ses créatures, et c'est précisément la mort qui les enfante à la vie ; elles renaissent sous des formes sublimes autant qu'inaltérables ; elles se rangent et se coordonnent dans une harmonie nouvelle ; elles se ressouviennent de leur imperfection antérieure. Tout s'opère ainsi par l'unique pouvoir de Celui qui tient dans ses mains les lois et les conditions de l'existence. Nous ne passons dans ce monde frivole que pour mériter l'immortalité.
Alibert, *Physiologie des Passions*.

Mourir est un mot vague qui n'est vrai que dans le sens populaire : pour le philosophe, rien ne meurt, tout est immortel. Mourir, c'est se diviser, c'est changer de forme : or, le *moi* est un, indivisible, et par conséquent impérissable. Le principe moral persiste donc après la mort, par sa nature même. Analogue, sous quelque rapport, à Dieu même, dont il retrace une image imparfaite, il est parce qu'il est, ou plutôt parce qu'il a été. Comme il possède l'existence en propre, il ne saurait la perdre une fois qu'il l'a reçue, et il faudrait un acte formel de la puissance de Dieu pour le détruire, comme il en a fallu un pour le créer.

Bérard, Rapports du physique et du moral.

Le dogme de l'immortalité, fondement solide de toute morale, est aussi le seul refuge et la véritable consolation de l'âme dans ses douleurs extrêmes, dans ses blessures désespérées.

Foissac, Hygiène philosophique de l'Ame.

S'il existe un Dieu, n'y a-t-il pas une immortalité ? Raisonneur positif, prouve maintenant, si tu l'oses !

Brachet, Traité de l'Hypochondrie.

IMPRÉVOYANCE.

On ne va jamais si loin que quand on ne sait où l'on va.

Beauchêne, Maximes, Réflexions et Pensées.

On aurait tort de comparer l'imprévoyant au myope ou au presbyte : c'est d'une épaisse cataracte que son esprit est couvert.

Souvenirs d'un ancien médecin.

INDISCRÉTION.

L'indiscrétion des hommes, ainsi que la table des livres, indique ce qu'ils renferment.

Beauchêne, Maximes, Réflexions et Pensées.

L'indiscret écoute beaucoup et parle encore davantage.

C'est un écho retentissant qui renvoie tous les sons, incapable d'en conserver aucun.

Lepelletier (de la Sarthe), *Physiologie médicale et philosophique.*

Qu'elle serait longue et affligeante l'énumération des malheurs causés par l'indiscrétion !

Souvenirs d'un ancien médecin.

Voy. Discrétion.

INDULGENCE.

Qui d'entre nous pourrait se vanter d'être en toutes choses identique avec lui-même ? Au physique, au moral, nous sommes tous composés de pièces diverses et dépareillées, d'où naît pour nous la nécessité d'une indulgence et d'une bonté mutuelles.

Pariset, *Éloge de Dupuytren.*

L'indulgence n'est que justice lorsqu'elle naît du besoin qu'on éprouve de la rencontrer dans ceux auxquels on l'accorde; elle devient une vertu chez celui qui se montre en même temps sévère pour ses propres imperfections.

Lepelletier (de la Sarthe), *Physiologie médicale et philosophique.*

La véritable indulgence n'est pas seulement un acte de force, c'est une preuve de bonté.

Souvenirs d'un ancien médecin.

Excès d'indulgence est toujours faiblesse ; manque d'indulgence est souvent dureté.

Le même, *ibid.*

Adoptons pour base de nos jugements cette maxime

éminemment chrétienne : *Sévérité pour nous, indulgence pour les autres.*

Descuret, *La Médecine des Passions.*

INDUSTRIE.

L'industrie est un compagnon qui a de grands défauts, de grands vices, si l'on veut, mais qui a de précieuses qualités et qui rend d'utiles services : il faut absolument se résigner à vivre ensemble. Tout ce qu'on peut faire, c'est de s'arranger avec lui de manière à profiter de ses qualités sans souffrir de ses vices.

A. Glénard, *Hygiène de Lyon.*

Les établissements industriels ne sont pas toujours insalubres parce qu'ils font certaines opérations, mais bien souvent par la manière dont ils les font.

Le même, *ibid.*

Refuser désormais toute autorisation pour des établissements susceptibles d'augmenter la dose d'insalubrité ou d'incommodité produite par ceux qui existent actuellement ; appliquer largement le principe des *autorisations temporaires*, voilà le moyen de préserver l'avenir.

Le même, *ibid.*

INGRATS, INGRATITUDE.

L'ingratitude est une apathie coupable de l'âme ; c'est une infirmité du cœur ou une altération défectueuse de notre système sensible ; c'est presque toujours le résultat de la vanité en révolte contre cette espèce de suprématie que le bienfaiteur exerce sur celui qu'il oblige.

Alibert, *Physiologie des Passions*.

Ce sont les ingrats qui, en se multipliant, ont rendu la générosité si rare sur la terre.

Le même, *ibid*.

Le code de notre législation n'inflige point de peine à l'ingrat ; mais son juge le plus sévère est dans son propre cœur : c'est là que ses remords prennent naissance. Il est aussi pour son orgueil un châtiment cruel et inévitable : c'est le souvenir de son bienfaiteur.

Le même, *ibid*.

Rien ne ressemble plus à l'amour paternel que l'attachement que voue un médecin sensible à l'homme qu'il a évidemment sauvé du trépas, et, pour que la similitude soit complète, rien ne ressemble plus à l'ingratitude des enfants que celle de quelques malades guéris envers leur bienfaiteur.

M.-A. Petit, *Essai sur la Médecine du Cœur*.

Après l'ingratitude envers ceux de qui on tient la vie, la plus grande est celle qui méconnaît les soins de celui qui la sauva.

Le même, *ibid*.

Quel homme n'a pas à se plaindre des ingrats ! mais toute personne raisonnable les a bientôt oubliés : l'ingratitude est plus digne de pitié ou de mépris que de colère.

R. Muret, *Lettres sur la pratique de la Médecine*.

Quand un bienfait est méconnu ou payé d'ingratitude,

celui qui a été obligé devient souvent l'ennemi de son bienfaiteur. Il semble que le bien reçu tourne en poison dans le cœur de l'ingrat, comme le rayon solaire dans les plantes vénéneuses qui le pervertissent en se l'assimilant.

L'abbé Bautain, docteur en médecine, *Philosophie morale*.

L'ingrat ne peut supporter la présence ni le souvenir de celui qui lui a rendu service ; car il y trouve une cause d'humiliation qui irrite son orgueil ou un reproche qui tourmente sa conscience.

Le même, *ibid*.

L'homme généreux reçoit en donnant, l'ingrat dérobe en recevant.

Beauchêne, *Maximes, Réflexions et Pensées*.

Se plaindre d'un ingrat, c'est presque le justifier.

Le même, *ibid*.

Il y a encore un certain plaisir à faire du bien aux ingrats ; car la conscience nous dit qu'une bonne œuvre n'est jamais perdue, qu'il est un Être qui paye généreusement toutes celles que le monde aura oubliées.

Richard (de Nancy), *Discours sur les Études et les Qualités du Médecin*.

INNOCENCE.

L'innocence est une fleur sans tache, et qui n'a rien perdu de son doux parfum.

Souvenirs d'un ancien médecin.

L'innocence, accusée par la calomnie, peut pâlir comme

le crime; mais l'une, en descendant dans son cœur, y trouve l'espérance, et l'autre, le remords.

Beauchêne, *Maximes, Réflexions et Pensées*.

INSTINCT.

L'instinct est l'expression spontanée de la nature de chaque être, il tend naturellement et irrésistiblement vers ce qui est nécessaire pour entretenir et développer la vie; il tend sans connaissance, sans direction libre, par la seule impulsion du besoin qui va droit au but.

L'abbé Bautain, docteur en médecine, *Philosophie morale*.

Entre l'instinct des animaux et la raison de l'homme, la distance est incommensurable, et cette distance suffit pour prouver que l'homme, chef-d'œuvre du Créateur, a des destinées immortelles à remplir.

Beauchêne, *Maximes, Réflexions et Pensées*.

L'homme, doué d'une raison si perfectionnée et quelquefois sublime, manque presque totalement d'instinct, dans l'état de civilisation surtout.

Virey, *Dictionnaire des Sciences médicales*, art. Instinct.

Chez l'animal, le corps maîtrisant toujours l'esprit, c'est l'instinct qui dirige principalement la vie jusqu'à son terme; mais l'homme se sert de l'intelligence pour dompter le corps dans ce que les inclinations instinctives peuvent avoir de contraire à ses vues.

Le même, *ibid*.

Tout ce que nous éprouvons, tout ce que nous pensons, tout ce que nous exécutons se rapporte à quatre penchants innés qu'on peut regarder comme les lois primordiales de l'économie animale : l'instinct de Conservation, l'instinct d'Imitation, l'instinct de Relation, l'instinct de Reproduction.

ALIBERT, *Physiologie des Passions.*

Il n'est pas difficile aux orthodoxes de faire voir la nécessité d'avoir recours à la grâce divine pour purger les impulsions vicieuses de nos instincts et pour nous fortifier dans la guerre presque continuelle que nous leur livrons pendant une grande partie de notre vie.

LORDAT, *De la Constitution de l'Homme.*

INSTRUCTION.

Une forte instruction religieuse est nécessaire dans l'intérêt de la santé, tout aussi bien que dans l'intérêt des bonnes mœurs.

POINTE, *Hygiène des Collèges.*

L'instruction seule, sans le contre-poids de l'éducation religieuse et morale, semble favorable au développement du suicide.

BRIERRE DE BOISMONT, *Du Suicide.*

La question de l'utilité ou du danger de l'instruction chez les masses aurait pu, depuis longtemps, se résoudre par une comparaison vulgaire : l'instruction n'est autre chose que l'arbre de la science du bien et du mal ; semée dans un bon terrain, c'est-à-dire dans des cœurs purs et religieux, elle y produira des fruits abondants ; répandue sur un mauvais sol, elle ne donnera que des ronces et des épines propres à blesser les passants.

Descuret, Théorie morale du Goût.

INTELLIGENCE.

L'intelligence humaine n'est pas plus le produit des organes qui la manifestent, que la lumière ne l'est des corps qui la réfléchissent.

Isidore Bourdon, Physiologie médicale.

C'est par des degrés insensibles et infinis que l'on s'élève de l'idiotie la plus complète jusqu'au plus parfait développement de l'intelligence.

Orfila, Médecine légale.

L'empire sur soi-même est le but de la volonté; la connaissance de soi-même est le but de l'intelligence.

Feuchtersleben, Hygiène de l'Ame.

L'intelligence conduit l'homme dans les bras de la religion; elle met dans son cœur une résignation parfaite à la loi suprême; de ce sentiment naît une sérénité calme, qui à son tour produit la santé.

Le même, ibid.

Vouloir développer avant le temps les facultés intellectuelles, c'est peut-être le vice d'éducation le plus funeste : plus l'intelligence de votre enfant portera des fruits précoces, plus ils seront amers.

Brachet, Traité de l'Hystérie.

L'intelligence n'est pas faite pour la terre, elle est faite pour Dieu; c'est en l'infini seul qu'elle peut trouver de vraies satisfactions.

BELOUINO, *Des Passions.*

Voy. les articles ANIMAUX, INSTINCT, RAISON.

INTEMPÉRANCE, INTEMPÉRANTS.

Que sont les intempérants aux yeux du physiologiste observateur? Des êtres qui se rassasient et qui s'acheminent vers l'ennui, en consumant le don de la sensibilité; leur cœur se vide et se dessèche à mesure qu'ils approchent du terme de leur carrière.

ALIBERT, *Physiologie des Passions.*

Partout l'homme livré à l'intempérance se présente comme un automate dévorant; on le rassasie pour le tromper, on l'enivre pour le séduire.

Le même, *ibid.*

Quels sont les fruits de l'intempérance? De courtes joies, de longues infirmités, d'amers et trop souvent inutiles regrets.

Souvenirs d'un ancien médecin.

Voy. les articles GOURMANDISE, IVROGNERIE, TEMPÉRANCE.

INTÉRÊTS MATÉRIELS.

Nous ne courbons plus nos genoux devant des images de bois ou de pierre, mais nous courbons nos âmes devant les intérêts matériels; nous déshéritons l'intelligence des sublimités de la poésie, de la religion, pour l'asservir au culte du veau d'or.

BELOUINO, *Des Passions.*

L'homme, en proclamant la terre son royaume, en s'en déclarant le souverain maître, était naturellement conduit à se vouer au culte des intérêts matériels, dont nous sommes loin de contester les merveilles. Mais cette doctrine, lorsqu'elle est ouvertement professée, est le plus terrible antagoniste des intérêts moraux.

BRIERRE DE BOISMONT, *Du Suicide.*

Surveiller nos intérêts matériels est sagesse; ne songer qu'à nos intérêts matériels est folie.

Souvenirs d'un ancien médecin.

Sacrifier les intérêts moraux de la vie à ses intérêts matériels, déplorable agiotage qui mène le joueur à une ruine infaillible, le jour où la mort vient réclamer le solde de la différence.

Ibid.

Voy. l'article PROGRÈS.

INTIMIDATION.

Sans doute, par l'intimidation, par l'action de la douche, quelques aliénés ont été guéris; mais combien d'autres sont devenus fous furieux et pour jamais inguérissables!

ÉMILE BÉGIN, *Courrier des Familles.*

On s'est beaucoup exagéré les effets de l'intimidation; il est des cas assez nombreux où elle est nécessaire, fait partie du traitement, et a plus d'une fois sauvé la vie et rendu la raison aux malades.

Brierre de Boismont, *Du Suicide*.

IRONIE.

L'ironie, c'est encore l'injure déguisée sous une forme plus ou moins polie ; son trait cruel blesse d'autant plus que la pointe en est plus finement acérée.

Souvenirs d'un ancien médecin.

Je doute fort qu'on puisse allier un excellent cœur à la mauvaise habitude de lancer l'ironie.

Ibid.

L'ironie ne blesse dangereusement que ceux qui ne savent pas y répondre.

Beauchêne, *Maximes, Réflexions et Pensées.*

Voy. Moquerie et Railleur.

IRRÉLIGION.

Née de l'orgueil et de l'ingratitude, l'irréligion dessèche le cœur des individus et prépare la ruine de la Société.

Souvenirs d'un ancien médecin.

L'irréligion est certainement une cause très fréquente de suicide : celui qui pense que l'homme meurt tout entier, qui ne croit pas à une autre vie, est nécessairement disposé à abandonner celle qui lui paraît une source de calamités.

Falret, *De l'Hypochondrie et du Suicide.*

IRRÉSOLUTION.

Le plus grand inconvénient de l'irrésolution est de faire tout à contre-temps.

BEAUCHÊNE, *Maximes, Réflexions et Pensées.*

L'irrésolution et l'indécision n'annoncent pas toujours un esprit faible ; elles dénotent parfois le modeste embarras du savoir.

Souvenirs d'un ancien médecin.

IVROGNERIE.

Ni la crainte des lois, ni l'opinion de nos maîtres ou de la société, ne peuvent dompter ce vice, lorsque l'habitude l'a rendu maître du *logis*. Il faut un miracle, une résurrection pour qu'un malade soit guéri de sa fureur, et ces cures sont réellement phénoménales.

LAUVERGNE, *De l'Agonie et de la Mort.*

A quoi servent les sommes énormes dépensées pour l'instruction des basses classes, si vous laissez à la merci de la multitude le choix des lumières à côté de la boisson qui les éteint ou les rend stériles ?

Le même, *ibid.*

Un gouvernement qui veut sa durée doit la fonder sur la moralité des citoyens ; à ce titre, il doit poursuivre de tous ses moyens les agents provocateurs de l'ivrognerie.

Le même, *ibid.*

Le vice façonne l'homme au servage ; l'ivrogne perd

son libre arbitre et sa volonté, une femme devient son maître.

Le même, *ibid.*

Il y a des professions et des états de l'âme, dans certaines classes infimes, qui poussent à l'ivresse comme au seul baume qui console et endort. En général, celui qui n'a d'autres recours contre une peine que l'ivrognerie manque de sens moral et de cette éducation qui fonde les espérances de bonheur sur les promesses d'une sainte mort.

Le même, *ibid.*

Celui qui s'abandonne aux excès du vin et des liqueurs fortes déroge à la dignité humaine ; il perd le jugement qui doit le guider dans les affaires sérieuses de la vie ; il se ravale au-dessous des plus vils animaux par une joie indécente et désordonnée, par des discours insensés, par des révélations inconvenantes ; il va jusqu'à offenser ses amis les plus chers, et à diriger ses outrages contre ce qu'il y a de plus saint et de plus religieux : ses fureurs tiennent de la frénésie ; il devient la risée de ses semblables.

ALIBERT, *Physiologie des Passions.*

JALOUX, JALOUSIE.

Incapable de s'élever au niveau des hommes supérieurs, le jaloux cherche constamment à les abaisser jusqu'au sien.

LEPELLETIER (de la Sarthe), *Physiologie méd. et philos.*

La jalousie s'attache aux grandes réputations pour en

ternir l'éclat, comme la rouille à l'acier dont elle détruit le poli.

Le même, *ibid.*

Le jaloux est un reptile dont l'obscurité fait toute la force; il pénètre dans les fissures que peut offrir la réputation d'autrui, pour les agrandir et y déposer avec sécurité son mortel venin.

Le même, *ibid.*

La jalousie, par les tourments affreux qu'elle fait naître, rend la vie insupportable à ceux qu'elle dévore.

Brierre de Boismont, *Du Suicide.*

Le jaloux et l'envieux ne sont guère plaints que de ceux qui ont éprouvé leurs horribles tourments, et qui ont eu le bonheur de s'en délivrer.

Descuret, *La Médecine des Passions.*

La jalousie est un sentiment douloureux qui tourmente le cœur et qui finirait par le guérir de l'amour, si le délire pouvait guérir la fièvre.

Beauchêne, *Maximes, Réflexions et Pensées.*

JÉSUS-CHRIST.

Toute la vie de Jésus-Christ ne fut qu'un continuel renoncement à soi-même, pour ne vivre que de la volonté de Dieu. Elle a été une mort permanente dont celle qu'il a subie sur la croix n'a été que le terme. Il a montré à l'homme, par son exemple, comment Dieu devait être aimé. C'est là le chemin qu'il a suivi pour opérer sa résurrection glorieuse; c'est ce même chemin que l'homme doit suivre pour ressusciter comme lui, pour posséder le bien absolu.

De La Roière, *Philosophie physiologique de l'Homme.*

L'incarnation n'a pas été seulement utile parce que l'homme y a trouvé un modèle de vie parfait ; mais les souffrances de l'Homme-Dieu servent à l'expiation des péchés de celui qui en réclame les mérites. Dieu s'est offert en holocauste pour l'homme.

Le même, *ibid.*

En même temps, le Seigneur a apporté de nouvelles grâces, de nouveaux moyens qui n'existaient pas avant sa venue. Par là, sa loi est devenue plus douce que sous Moïse, plus facile à observer ; elle offre à l'homme plus d'appuis pour s'y maintenir et des moyens plus efficaces pour y persévérer.

Le même, *ibid.*

JEU.

Le jeu endurcit le cœur et divinise le hasard.

Lauvergne, *De l'Agonie et de la Mort.*

Il n'y a guère pour le vieux joueur de guérison possible que dans la religion ; elle seule, en ouvrant son cœur à d'immortelles espérances, peut le consoler de la perte des illusions qu'il poursuivait.

Descuret, *La Médecine des Passions.*

Rouvrir une seule ou plusieurs maisons de jeu publiques, ce serait donner une nouvelle fièvre de jeux de hasard à notre pays ; ce serait faire lever de nouveaux joueurs, préparer pour les familles de nouveaux désespoirs et faire naître l'occasion de nouveaux suicides.

L. Véron, *Mémoires*.

JEÛNE.

Il s'en faut beaucoup que le jeûne soit aussi nuisible qu'on le croirait; car, sans intéresser la santé, il aide à la Religion, et, sans trop gêner la créature, il la soumet au Créateur.

Hecquet, *Traité des Dispenses du Carême*.

La Religion se trouve d'accord avec la science lorsqu'elle prescrit de jeûner aux époques des Quatre-Temps : il y a alors des troubles atmosphériques qui retentissent sur l'organisme et produisent souvent de l'embarras gastro-intestinal.

Vitteaut, *La Médecine dans ses rapports avec la Religion*.

Les déclamations de quelques voltairiens sur le jeûne que prescrit le catholicisme, ne sauraient effacer ces règles suprêmes de physiologie et d'hygiène, qui ont reçu la sanction de l'expérience et qui ont été respectées par tous les peuples civilisés.

Belouino, *Des Passions*.

Voyez Abstinence et Carême.

JEUNESSE, JEUNES GENS.

On a tort, dans le monde, de dire : *Il faut bien que*

jeunesse se passe; la jeunesse doit se passer dans l'innocence et la vertu ; elle le peut.

Dufieux, *Nature et Virginité.*

Il est essentiel de ne pas dissiper dès la jeunesse ce riche fonds de la vie dont la nature a doté l'homme à cet âge. Il est dans les décrets de la Providence que celui qui gaspille les fleurs ne récolte que des fruits amers.

Réveillé-Parise, *Études de l'Homme.*

Les jeunes gens sont portés à vouloir juger par eux-mêmes ce qu'on leur présente comme dangereux ; il en résulte que l'expérience des autres leur est rarement utile.

Beauchêne, *Maximes, Réflexions et Pensées.*

L'esprit frondeur sied mal à la jeunesse, qui a tant besoin d'indulgence ; il annonce moins en elle la justesse de l'esprit que l'absence de la bonté.

Descuret, *Théorie morale du Goût.*

Il faut que jeunesse se passe, dit un proverbe stupide. Non, jeunesse ne passe pas, le temps lui seul passe ; mais la jeunesse de l'homme demeure tout entière dans les habitudes acquises.

Vincent, *Des Habitudes dans l'Armée.*

JOIE.

Les joyeux guérissent toujours.

Ambroise Paré.

La joie rajeunit : l'homme gai ne pèse pas son âge.

Souvenirs d'un ancien médecin.

« De toutes les passions qui nous troublent, dit Bossuet, la plus pleine d'illusions, c'est la joie. » Parole sévère, mais vraie, si l'on entend parler de ces joies délirantes que le monde confond avec le bonheur dont elles ne sont que l'ombre. Pour ce qui est de la joie qui habite une âme pure, c'est elle que l'*Ecclésiastique* a en vue dans ce verset : « La joie du cœur est la vie de l'homme et un trésor inépuisable de sainteté ; la joie de l'homme rend sa vie plus longue. »

Ibid.

Voyez Gaieté.

JOUETS.

Pourquoi les jouets destinés au jeune âge n'offriraient-ils pas une suite de récréations instructives et d'utiles avertissements ?

Souvenirs d'un ancien médecin.

D'après les jouets que choisit, que préfère un enfant, j'apprécierais son caractère ; d'après les jouets que fabrique une nation, je déduirais son génie.

Émile Bégin, Le Courrier des Familles.

Le luxe des jouets est en harmonie avec le luxe général de la société. Nous y voyons un petit bien et un grand mal ; un petit bien, dans ce sens que le sentiment du beau se développe dès l'enfance ; un grand mal, au contraire, parce que le luxe blase.

Le même, ibid.

Le christianisme a voulu qu'à l'occasion de la naissance du Sauveur, des jouets fussent distribués aux enfants et des aumônes versées dans le sein des pauvres par ces mêmes enfants rendus heureux : c'est moraliser le plaisir.

Le même, ibid.

JOUISSANCE.

Trop souvent, une courte jouissance ne laisse après soi qu'un long déplaisir.

De La Chambre, Les Caractères des Passions.

L'homme est libre de se priver des jouissances permises, dans un but de perfection.

Belouino, Des Passions.

Voyez Plaisirs.

JUSTICE.

N'allez pas croire que la justice soit une vertu acquise ou factice; elle découle, il est vrai, le plus souvent d'un système réfléchi de nos relations sociales, mais elle n'en est pas moins un sentiment inné ; c'est parce qu'on la voit éclater spontanément dans le cœur des hommes qu'on a conçu le dessein d'en faire une vertu d'ordre public.

Alibert, Physiologie des Passions.

La justice est tellement un sentiment inné et primitif, qu'on en trouve des vestiges chez les peuples les plus ignorants et les plus barbares, chez ceux mêmes qui sont étrangers à toute civilisation : l'esprit humain porte les idées du juste et de l'injuste, comme l'arbre porte des fruits.

Le même, *ibid*.

L'homme a dans lui le sentiment du juste; l'iniquité lui pèse au cœur.

Dufieux, *Nature et Virginité*.

Le besoin du juste se manifeste dans l'homme par la direction qu'il se sent pressé d'imprimer à ses actes.

Le même, *ibid*.

Quand l'homme n'a pas le courage de la vertu, il cherche encore à s'en conserver les apparences. Ainsi, tout dans lui, jusqu'à ses fautes, rend témoignage du sentiment du juste qui est dans son cœur.

Le même, *ibid*.

Il est peut-être plus facile d'être généreux que juste.

Beauchêne, *Maximes, Réflexions et Pensées*.

On juge les choses avec son esprit, et les personnes avec son cœur.

Le même, *ibid*.

LAIT.

J'ai observé que les enfants sucent avec le lait leur tempérament aussi bien que leurs inclinations, et qu'à ces deux égards ils tiennent autant de leur nourrice que de leur mère.

Sylvius.

Qu'on n'oublie pas ce grand principe que le lait même est empreint des passions et des maladies de l'individu dont il sort, pour les communiquer à celui qu'il va nourrir.

<small>Réveillé-Parise, *Physiologie et Hygiène des hommes livrés aux travaux de l'esprit.*</small>

Le lait pris immédiatement au sein transmet les qualités physiques et morales de la nourrice.

<small>Théodore Perrin, *Considérations sur l'Allaitement maternel.*</small>

L'amour maternel élève la vitalité du lait ; il lui donne une force qui s'exprime chez l'enfant par la gaieté, la joie et l'animation.

<small>Le même, *ibid.*</small>

Fluide vivant, le lait est animé par l'âme maternelle elle-même, étant destiné à compléter au moral aussi bien qu'au physique, l'œuvre de celle qui le fournit.

<small>Seraine, *Les Préceptes du Mariage.*</small>

Voyez Allaitement et Nourrice.

LANGAGE, LANGUE.

L'homme, outre sa langue parlée, possède une langue animale qui est naturellement comprise par tous ceux de son espèce : ce sont ces cris instinctifs, cris qu'il connaît et comprend sans les avoir entendus d'avance ou les avoir appris. Là l'impression produite dépend de la qualité seule du son ; pour cette raison, cette langue est *universelle.*

<small>De La Roière, *Philosophie physiologique de l'Homme.*</small>

Dans la langue parlée, il y a autre chose que le son :

il y a l'idée, pour laquelle le son ne sert en quelque sorte que de véhicule.

Le même, *ibid*.

Le langage est la forme sensible de l'idée, c'est dans ce sens que Platon a défini la pensée *un discours que l'esprit se tient à lui-même*.

Théodore Perrin, *De la Surdi-mutité*.

L'Église, dans ses rapports avec Dieu, emploie deux langues, une morte et une vivante : le latin, qui ne change plus, pour conserver dans toute son intégrité la pureté du dogme ; le chant, qui est et sera toujours l'expression de l'âme, pour conserver la pureté des sentiments.

Le même, *De l'Influence des doctrines et de la civilisation sur la Musique*.

Voyez Parole.

LARMES.

Les larmes sont une harmonie du cœur qui trouve presque toujours un écho dans celui d'autrui.

Belouino, *Des Passions*.

Si le rire appartient seulement à l'homme, les larmes appartiennent à tout être qui a souffert, même à Dieu : le Sauveur n'a jamais ri ; on l'a vu pleurer.

Descuret, *Les Merveilles du Corps humain*.

Sans doute Dieu nous a donné une surabondance de larmes, parce qu'il savait combien nous avions à souffrir ; mais, en même temps, il a voulu qu'à nos pleurs succédât toujours un calme d'autant plus doux que nous aurions plus recours à lui pour les sécher.

Le même, *ibid.*

Il n'y a qu'un seul confident que vos larmes ne fatiguent jamais, et c'est le seul qui ait le pouvoir de vous consoler.

Foissac, *Hygiène philosophique de l'Ame.*

LETTRES, LITTÉRATURE.

Les belles-lettres, *litteræ humaniores*, comme on les appelait jadis, ne sont autre chose que l'étude morale de l'homme : elles l'envisagent par le côté spirituel de son être ; elles négligent en lui la partie matérielle, pour ne voir que ce qui est une émanation de la Divinité.

Amédée Bonnet, *De l'Éducation du Médecin.*

Comme toute puissance, les lettres peuvent produire des effets variés selon la direction qu'elles reçoivent ; il faut donc les soumettre à une discipline sévère pour qu'elles donnent seulement les fruits salutaires qui doivent germer dans leur sein.

Le même, *Influence des Lettres et des Sciences sur l'Éducation.*

Grâce à un choix sévère et à l'excellence de leur nature, les lettres sont une force puissante de moralisation. A leur plus haut degré d'élévation, elles excitent l'admiration pour les vertus qu'elles célèbrent et pour les nobles sentiments qu'elles expriment. Développant ainsi dans les consciences la beauté morale, elles sont tout à la fois un honneur pour l'esprit humain et une source de hauts enseignements.

Le même, *ibid.*

L'amour des lettres est la source de nos plus douces jouissances, même aux belles époques de notre vie; dans la vieillesse, c'est le seul amour qui ne trahisse et, pas nos espérances.

Beauchène, *Maximes, Réflexions et Pensées.*

La décadence des lettres vient peut-être de ce qu'ayant atteint le but, on veut le passer.

Le même, *ibid.*

Avouons-le franchement, la littérature moderne est fille de l'humeur noire; sa muse maladive et morose; c'est l'hypochondrie qui énerve et affadit le cœur : bientôt, pour juger nos poètes, il faudra des médecins au lieu de critiques.

Feuchtersleben, *Hygiène de l'Âme.*

Notre littérature vaudrait mieux si elle était plus morale et plus vraie : c'est le mensonge qui cause sa faiblesse.

Le même, *ibid.*

LIBERTÉ.

La liberté est la volonté dirigée par l'intelligence, discernant par la pensée avant de choisir ou de décider.

L'abbé Bautain, docteur en médecine, *Philosophie morale.*

La liberté morale est le pouvoir de vouloir conforméiment ou contrairement à la loi ; en d'autres termes, de choisir entre le bien et le mal.

Le même, *ibid*.

Le vice, c'est la défaite de l'âme et l'esclavage ; la vertu, c'est la victoire et la vraie liberté.

Descuret, *La Médecine des Passions*.

Le moyen de perdre toute espèce de liberté, c'est de se livrer à une poignée de brouillons imprévoyants ou de brouillons hypocrites et pervers.

Pariset, *Notes sur Cabanis*.

Abuser de la liberté, c'est faire l'éloge du despotisme.

Beauchêne, *Maximes, Réflexions et Pensées*.

Point de liberté publique sans subordination sociale.

Le même, *ibid*.

Liberté, égalité, deux mots perfides et trompeurs, qui ne tiennent jamais moins ce qu'ils promettent qu'aux plus beaux jours de leurs triomphes.

Le même, *ibid*.

LIBERTINAGE.

Le libertinage est à la fois le dérèglement du cœur et l'abus des organes génitaux.

Belouino, *Des Passions*.

Le *libertinage* peut être défini : l'abus des organes génitaux dans leur exercice naturel et la perversion de leur usage normal en usage contre nature. Par *abus*, on doit entendre non-seulement les excès nuisibles à la santé, mais tout rapport sexuel en dehors du mariage, ou qui, dans cet état, tendrait à arrêter la propagation de l'espèce.

Descuret, *La Médecine des Passions*.

Au point de vue de la famille et de la société, le libertinage entraîne une foule de calamités contre lesquelles la pratique sévère des lois morales et religieuses peut seule avoir une action efficace.

Devay, *Hygiène des Familles*.

La débauche souffle sur l'homme l'haleine de la mort. Au milieu des excès du libertinage, l'organisation humaine est attaquée jusque dans sa base.

Dufieux, *Nature et Virginité*.

Voyez l'art. Continence.

LIVRES, LECTURES.

La lecture des bons livres abrége le chemin de la science.

Baglivi.

La lecture des mauvais livres (j'ajoute : et des médiocres) ne fait qu'allonger sans fin le chemin de la science.

Munaret, *Impressions de Lecture*.

Les livres sont comme des amis consolateurs qui empêchent l'âme de trop s'appesantir sur des impressions chagrines.

Alibert, *Physiologie des Passions*.

Si un bon livre est un bon ami, un mauvais livre est

un ennemi d'autant plus dangereux que ses armes sont plus brillantes, mieux polies.

Descuret, *Théorie morale du Goût*.

Chercher dans les livres à rendre le vice aimable, ce n'est pas seulement une faute de goût, c'est un crime de lèse-humanité, une véritable tentative d'empoisonnement social.

Le même, *ibid*.

Il arrive un temps où l'on ne lit plus guère, on relit : c'est l'époque de la maturité, des récapitulations ; il faut à notre esprit une nourriture plus choisie. On dédaigne les nouveautés, et l'on revient avec délices aux anciens livres, à ceux qui ont eu la gloire de paraître les premiers, d'ouvrir les voies où tant d'autres ont cheminé plus tard, souvent moins bien ; et ces retours vers un passé glorieux sont le plus grand charme de la vie calme, de la solitude du cabinet, du spectacle dans un fauteuil.

Menière, *Études médicales sur les Poëtes latins*.

Un homme d'esprit a dit : *Legitur ad probandum*, et je trouve qu'il a cent fois raison. Un livre ne nous intéresse qu'en raison des arguments qu'il nous fournit à l'appui d'une thèse adoptée. Cette façon d'étudier serait dangereuse pour les jeunes gens ; mais, un peu plus tard, elle est sans inconvénients : il s'agit alors bien moins d'apprendre que de juger.

Le même, *ibid*.

Voyez Ouvrages.

LONGÉVITÉ.

Vivre peu à la fois est le plus sûr moyen de vivre longtemps.
>Isid. Bourdon, *Dictionn. class. d'Histoire naturelle*, art. Animal.

A mesure que les peuples se sont montrés plus chastes, ils ont présenté plus de vigueur et de longévité.
>Virey, *Dictionnaire des Sciences médicales.*

La longévité, suite du jeûne et de la tempérance, est un fait remarquable, acquis à l'hygiène et prouvé par l'expérience de tous les temps.
>Le P. Debreyne, trappiste, D^r en médecine, *Théologie morale.*

La longévité qui touche à un siècle est la récompense d'une vie calme, stoïque et irréprochable (1).
>Lauvergne, *De l'Agonie et de la Mort.*

Dans quelle profession trouverait-on une longévité pareille à celle des prêtres (2)?... Les trappistes et les chartreux prolongent aussi fort loin leur carrière. A l'abri des passions qui auraient pu les agiter dans le monde, la plupart de ces religieux ne meurent pas de maladies, à

---

(1) Pour fournir cette longue carrière, il suffit de suivre les conseils rappelés par M. Flourens dans son intéressant opuscule sur la *Longévité humaine*; la recette est toute simple : « Soyez sobre, vivez régulièrement, faites un exercice modéré ; évitez les secousses physiques et morales ; sachez être vieux quand vous le devenez, et, à moins d'accident, votre vie pourra se prolonger jusqu'à la centième année. »

(2) La vie moyenne de cent anachorètes pris dans tous les climats et en

proprement parler, ils s'éteignent paisiblement. Leur fin a pour eux la douceur de la retraite.

Descuret, *La Médecine des Passions*.

Parmi les savants, ce sont surtout les naturalistes qui ont eu la vieillesse la plus longue et la plus sereine : la nature, qui, pour se révéler, exige qu'on l'interroge avec un cœur d'enfant, rajeunit, en retour, ceux qui se consacrent à elle avec la candeur du jeune âge.

Feuchtersleben, *Hygiène de l'Ame*.

LOUANGE.

La louange est rarement de la monnaie au titre.

Beauchêne, *Maximes, Réflexions et Pensées*.

La louange n'embarrasse que celui qui la mérite.

Le même, *ibid*.

Dans le fond du cœur, le panégyriste et le héros sont rarement d'accord sur la mesure de la louange : l'un re-

---

différents siècles, a fourni une durée de 76 ans 3 mois ; celle de cent cinquante académiciens n'a été que de 69 ans 2 mois.

Le tableau suivant, dressé par M. Casper, donne le nombre de personnes sur cent ayant atteint leur soixante-dixième année.

Professions.	Nombre proportionnel.
Théologiens	42
Agriculteurs	40
Commerçants	33
Soldats	32
Commis	32
Avocats	29
Artistes	28
Professeurs	27
Médecins	24

grette ce qu'il croit donner de trop, l'autre ce qu'il croit mériter de plus.

Le même, *ibid.*

Louons rarement et toujours à propos : la louange est un poison perfide quand elle est autre chose qu'un encouragement à mieux faire.

Descuret, *La Médecine des Passions.*

Gardons-nous de répéter avec le célèbre Laplace : « *Je suis une éponge pour la louange et une toile cirée pour la critique.* »

Foissac, *Hygiène philosophique de l'Ame.*

Voyez Éloges.

LUTTE.

Le caractère qui distingue le passage des êtres à une position plus noble, c'est la lutte.

Dufieux, *Nature et Virginité.*

L'homme a été spécialement créé pour la lutte morale ; sans elle, il serait un animal plus parfait que les autres, peut-être ; mais il ne serait pas cet être raisonnable et digne qu'on appelle l'*homme sage*, et qui constitue à lui seul tout un règne.

Le même, *ibid.*

Tandis que la brute ne lutte que dans son corps, l'homme est appelé à lutter dans son corps et dans son âme ; il faut qu'il combatte les éléments, qu'il combatte la misère, qu'il combatte le vice : voilà sa vie !

Le même, *ibid.*

La lutte presque continuelle entre les besoins et les devoirs, entre les organes et l'intelligence, ou, si on l'aime mieux, entre la chair et l'esprit, cette lutte est toute la vie de l'homme, que l'Écriture appelle avec tant de raison un combat : combat contre la mollesse et la sensualité de notre corps ; combat contre l'orgueil de notre esprit, contre l'indépendance de notre volonté, contre notre égoïsme, enfin contre tous nos besoins dès qu'ils sont déréglés, dès qu'ils dégénèrent en passions.

DESCURET, *La Médecine des Passions.*

LUXE.

Tout en appauvrissant les riches, le luxe affaiblit l'énergie des peuples et communique aux individus une irritabilité maladive.

Souvenirs d'un ancien médecin.

Si le luxe enrichit le commerce, quel déficit n'amène-t-il pas dans la part du pauvre !

Ibid.

Le luxe flatte la vanité des riches, mais il tarit la source des vertus qui leur sont si nécessaires pour se faire pardonner leur richesse.

BEAUCHÈNE, *Maximes, Réflexions et Pensées.*

MAGNÉTISME.

Le magnétisme me semble être un agent naturel, physique et moral, dont l'homme ne devrait se servir que pour le soulagement de ses semblables.

DESCURET, *Les Merveilles du Corps humain.*

C'est un remède parfois héroïque, souvent dangereux, dont l'administration ne devrait être confiée qu'à des médecins honorant leur profession et, autant que possible, assistés d'un ou deux témoins, parents ou amis du malade. J'ai acquis la conviction que la présence des témoins est nécessaire : 1° sous le rapport des mœurs; 2° sous le rapport des secrets; 3° sous le rapport des intérêts commerciaux et de famille.

Le même, ibid.

Qu'est-ce que le magnétisme? Un peu de vérité gâtée par une multitude de déceptions; mine féconde que le charlatan exploite au préjudice de la crédulité et quelquefois de la morale.

Isid. Bourdon, Lettres sur la Physiologie.

MAINTIEN.

Le maintien est une sorte de langage qui emprunte sa dignité du caractère.

Beauchêne, Maximes, Réflexions et Pensées.

Avoir un maintien honnête, c'est témoigner des égards à ceux qui nous entourent.

Souvenirs d'un ancien médecin.

Le sans-gêne du maintien annonce le laisser-aller du respect.

Ibid.

MAITRES ET SERVITEURS.

Il n'y a de bons serviteurs que là où il y a de bons maîtres.

L'abbé Bautain, docteur en médecine, Philosophie morale.

La justice ne suffit pas entre les maîtres et les serviteurs ; il faut encore l'humanité, et plus que l'humanité, la charité.

Le même, *ibid.*

Le traitement charitable des serviteurs, s'il n'était le devoir des maîtres, serait encore leur intérêt bien entendu ; car l'amour excite l'amour, et l'on ne sert bien que celui qu'on aime.

Le même, *ibid.*

MAL.

La question du bien et du mal est complétement résolue dans la religion : indication des fautes, source des forces qui les font éviter, moyen d'en effacer la tache, tout s'y trouve réuni, depuis le point du départ du mal jusqu'à ses conséquences les plus éloignées.

AMÉDÉE BONNET, *Influence des Lettres et des Sciences sur l'Éducation.*

Le mal est le produit des actions libres de l'humanité : l'homme seul, en étant l'auteur, en est seul responsable.

BARBASTE, *De l'Homicide et de l'Anthropophagie.*

Tout homme doit être soldat du bien contre le mal.

L'abbé BAUTAIN, docteur en médecine, *Philosophie morale.*

Vouloir le mal, faire le mal, c'est s'en vouloir à soi-même, c'est se blesser au cœur.

SCIPION PINEL, *Physiologie de l'Homme aliéné.*

La sottise et l'ignorance font peut-être plus de mal que la méchanceté.

U. Trélat, *Du Régime.*

MALADES.

Changer de médecin est pour beaucoup de gens un acte de la plus grande indifférence. Ils ne songent pas que, ne s'attachant à personne, on ne s'attache point à eux, et qu'à l'heure du péril, ils chercheront en vain un ami dévoué, un homme qui joigne à l'expérience des choses l'expérience des personnes, qui sente leur danger autant qu'eux, qui s'en affecte, qui, pour les y dérober, ne trouve aucun sacrifice pénible, et surtout qui consente à se charger de la responsabilité de leur vie, au moment où ils sont menacés de la perdre.

M.-A. Petit, *Essai sur la Médecine du Cœur.*

La chambre du malade est le royaume du médecin.

Proverbe oriental.

Mes meilleurs malades sont les pauvres, parce que Dieu s'est chargé de me payer pour eux.

Boerhaave.

Il faut traiter les malades comme êtres sensibles plutôt que comme êtres intelligents ; c'est pourquoi la philosophie le cède-t-elle de beaucoup à la religion comme puissance affective.

Ribes, *Des Affections morales et des Passions.*

Lorsque nous sommes appelés auprès d'un malade, nous ne devons pas seulement connaître son tempérament et l'état de ses fonctions vitales, mais encore son caractère, ses mœurs, la régularité ou le désordre de ses fonctions morales.

M.-A. BONNET (de Lyon), *Des Passions.*

Il devient impossible de bien diriger une maladie lorsqu'on n'est pas secondé par le malade.

REVEILLÉ-PARISE, *Physiologie et Hygiène des hommes livrés aux travaux de l'esprit.*

Une vérité bien connue des médecins, c'est que la plupart des malades ressemblent à des esclaves qui demandent la liberté, sans avoir le courage de rien entreprendre pour l'obtenir.

Le même, *ibid.*

Ambroise Paré osait se réserver l'humble mérite de panser les malades, mais c'est à Dieu qu'il rapportait la gloire de la guérison. Tout le monde connaît sa maxime favorite : *Je le pansai, Dieu le guérit.*

PARISET, *Discours.*

L'ingratitude des malades est une chose vraiment remarquable, surtout parmi les personnes opulentes. Le proverbe qui dit : *Mal passé n'est que songe,* se vérifie tous les jours.

CADET GASSICOURT. *Dictionnaire des Sciences médicales,* art. HONORAIRES.

On a fait faire au malade un grand pas vers la guérison quand on a su ramener le calme dans son esprit et le sourire sur ses lèvres.

Souvenirs d'un ancien médecin.

La plupart des malades agissent envers le médecin

comme les malheureux envers la Divinité : ils l'appellent quand ils souffrent, l'aiment pendant qu'il les soulage, l'oublient dès qu'ils ne souffrent plus.

Ibid.

Les riches qui fréquentent les eaux dépensent encore plus pour se rendre malades que pour se guérir.

Isidore Bourdon, *Guide aux Eaux minérales.*

MALADIES.

La divine Sagesse n'envoie souvent les infirmités que pour faire rentrer l'homme en lui-même et mettre sa docilité à l'épreuve.

Callot, *Le Triomphe de la Médecine.*

Les maladies sont entrées dans le plan du Créateur, pour nous avertir que la mort frappe à notre porte de temps à autre; pour nous servir de *memento* de nos devoirs sur la terre.

Lauvergne, *De l'Agonie et de la Mort.*

Voulez-vous savoir les causes des maladies ? *coquos numera*, comptez les cuisiniers.

Boerhaave.

Le découragement, l'impatience, prolongent et aggravent les maladies chroniques, rendent plus dangereuses les maladies aiguës.

Landré-Beauvais, *Sémiotique.*

Dans presque toutes les maladies, la paix du cœur, la tranquillité d'esprit et la sérénité de l'âme sont de puissants moyens de guérison.

J.-B. Carrier, *Recherches statistiques sur les Aliénés.*

Les maladies chroniques sont en raison directe de la dépravation sociale, et les maladies aiguës en sens inverse.
Beauchêne, *Maximes, Réflexions et Pensées.*

Dans les maladies physiques, l'instinct porte souvent à rechercher ce qui est utile; dans les maladies mentales, il porte à rechercher ce qui est nuisible.
Leuret, *Indications à suivre dans le Traitement moral de la Folie.*

MALHEUR.

Aux yeux du chrétien, le malheur est un marchepied qui peut élever l'homme jusqu'au ciel.
Souvenirs d'un ancien médecin.

Tel malheur qui nous abat, quand nous courbons trop la tête devant lui, servirait à nous grandir si nous osions le regarder noblement en face.
Ibid.

Il n'existe pour le chrétien de malheur que dans le péché, et il peut l'éviter.
De La Roière, *Philosophie physiologique de l'Homme.*

Au delà d'une certaine mesure, le malheur rend timide, irritable, susceptible; aussi le cœur grossier de la prospérité ne peut souvent comprendre la soupçonneuse délicatesse de l'infortune.
Reveillé-Parise, *Études de l'Homme.*

L'école du malheur est une école de pitié.
Pariset, *Éloge de Chaussier.*

Les gens heureux ont un défaut dont ils ne se corrigent

jamais : c'est de croire que les malheureux le sont toujours par leur faute.

BEAUCHÊNE, *Maximes, Réflexions et Pensées*.

L'homme courbé sous le poids du malheur cherche plus souvent des consolations au pied des autels que celui qui se trouve au sein de l'opulence et de la prospérité.

GUISLAIN, *Traité sur les Phrénopathies*.

La mauvaise fortune n'est pas sans utilité : combien d'hommes ne sont devenus sages qu'à l'école du malheur !

FOISSAC, *Hygiène philosophique de l'Ame*.

MANGER.

C'est avoir soin de sa santé que de ne pas manger à satiété : si l'homme mange peu et boit peu, il n'est sujet à aucune maladie.

HIPPOCRATE, *Des Maladies ordinaires*.

Dès qu'on est arrivé à se nourrir, une plus grande satiété n'est jamais avantageuse.

HIPPOCRATE, *Aphorismes*, et CELSE, *De la Médecine*.

Celui qui mange plus qu'il ne faut est moins nourri qu'il ne faut.

SANCTORIUS, *Aphorismes*.

Si, par *manger beaucoup*, nous devons entendre *manger trop*, nous pouvons affirmer que les gens dont l'habitude est de manger beaucoup arrivent inévitablement à l'abrutissement de l'esprit et du cœur.

PAUL GAUBERT, *Hygiène de la Digestion*.

Manger de peu et peu, c'est le régime philosophique

par excellence, car les béatitudes gastronomiques se payent trop cher.

Reveillé-Parise, *Physiologie et Hygiène des Hommes livrés aux travaux de l'esprit*.

Ce qui plaît au goût, ce qui flatte la sensualité est parfois très dangereux à l'estomac. Le *quod sapit, nutrit*, est un chant de sirène dont il faut se méfier. La bonne cuisine a cela de dangereux, qu'elle fait trop manger; or, l'écueil est ici bien près de la volupté.

Le même, *ibid*.

Évitez toute distraction forte, importune, pendant le repas. Convive aimable et gai, soyez à votre aise; éloignez toute idée pénible : ce que l'on mange au sein de la joie, produit à coup sûr un sang pur, léger et nourrissant.

Le même, *ibid*.

MARIAGE.

Le mariage est un lien que l'espoir embellit, que le bonheur conserve, et que le malheur fortifie. Les époux convenablement assortis se payent réciproquement un tribut de condescendance; ils s'attirent par la sympathie et s'enchaînent par l'estime. L'accord de leurs âmes n'a besoin, pour se maintenir, ni d'illusion ni de mystère. L'amour conjugal est un amour sans fièvre, sans trouble, sans égarement; c'est une affection paisible et enchanteresse dont l'influence se prolonge dans un riant avenir. Elle a pour cortége l'amitié, l'estime, le dévouement, l'ab-

négation de soi-même, et mille autres vertus conservatrices.
Alibert, *Physiologie des Passions*.

Le mariage a pour but l'association complémentaire d'un homme et d'une femme, en vue de leur perfectionnement mutuel. Il nous fait acquérir, pour tout le reste de notre vie, un compagnon pour nous aider dans nos travaux, un ami sincère et dévoué pour participer à nos joies et consoler nos peines, un guide sûr pour nous aider à accomplir la volonté de Dieu et nous conduire vers lui.
Seraine, *Les Préceptes du Mariage*.

Nul moment n'est plus propre à la fusion des âmes des nouveaux époux que les premiers temps du mariage.
Le même, *ibid*.

Dans le mariage, idées, projets, espérances, succès ou revers, rien ne doit être caché. L'âme tout entière, esprit et cœur, sera mise en commun.
Le même, *ibid*.

Le bonheur des époux doit descendre du ciel; c'est Dieu qui consacre cette sainte et innocente intimité.
Alibert, *Physiologie des Passions*.

Le mariage est le seul lien qui satisfasse la morale, le cœur et la conscience, la fierté comme la délicatesse; il répond à toutes les exigences humaines, et comporte toutes les affections; lui seul peut assurer ici-bas quelque bonheur.
Serrurier, *Mesdames les Femmes*.

Oh! qu'il est honorable l'état du mariage, qu'il est

saint et sublime, puisque la femme, l'homme et Dieu semblent s'y unir dans la même pensée féconde !

Dufieux, *Nature et Virginité*.

Le peu d'appareil dont la loi accompagne la cérémonie du mariage civil pourrait lui donner l'air d'une prostitution légale, si l'on n'y ajoutait la majesté des cérémonies religieuses.

Beauchêne, *Maximes, Réflexions et Pensées*.

L'esprit religieux préside-t-il à vos contrats? Non, on ne se marie plus, on s'associe, et si l'on célèbre les fiançailles suivant la coutume ancienne, on cherche, par tous les moyens dilatoires, à en distraire ce qui en faisait une initiation sainte, une sorte d'épreuve analogue à celle d'un sacerdoce. On ne conserve en raccourci que la simple forme légale sanctionnée devant Dieu par une messe nocturne de convention. Quand on en a fini avec l'homme à écharpe de l'état civil, Dieu ne vient qu'en serre-file, et, à la rigueur, tout pourrait se consommer sans lui.

Lauvergne, *De l'Agonie et de la Mort*.

Les bons mariages sont les bases les plus solides de l'État, du repos et du bonheur général.

Hufeland, *L'Art de prolonger la Vie humaine*.

Il n'y a que le mariage qui donne à l'État des citoyens honnêtes, d'une bonne conduite, et accoutumés dès leur enfance à l'ordre et à l'observation des devoirs dus à la société.

Le même, *ibid*.

En état de mariage, on vit plus longtemps que dans le

célibat, excepté toutefois quand on vit en communauté, sous une règle religieuse, même sévère.

Émile Bégin, *Durée de la Vie humaine.*

Le mariage est une association sacrée dont la chaîne, toute dorée qu'elle est, impose de nombreux devoirs.

Souvenirs d'un ancien médecin.

Dans les mariages entre consanguins tous les esprits clairvoyants peuvent reconnaître une cause efficiente d'infirmités, de maladies constitutionnelles pour l'individu, et de dépérissement pour les races.

Devay, *Hygiène des Familles et Dangers des Mariages consanguins.*

La décence et la retenue sont la coquetterie du mariage.

Alibert, *Physiologie des Passions.*

MATÉRIALISME, MATÉRIALISTES.

Le matérialisme, en aboutissant au culte de la sensation, aboutit à la douleur morale, vide d'espérance ; c'est en dire assez sur ses effets physiologiques.

Devay, *Hygiène des Familles.*

Le matérialisme a ouvert les sources les plus profondes de l'impudicité et de l'orgueil.

Lauvergne, *Les Forçats.*

Celui qui se dit matérialiste renie la voix de sa conscience, il aliène son patrimoine moral.

Le même, *De l'Agonie et de la Mort.*

Le matérialisme est comme un voile jeté sur l'esprit de l'homme. Malheur à celui qui porte sur ses yeux ce funeste bandeau !

Vitteaut, *La Médecine dans ses rapports avec la Religion*.

MARTYRS.

La religion épure le sentiment du courage ; elle lui ôte tout ce qu'il peut avoir de vulgaire et de personnel ; elle imprime à l'âme humaine des élans qu'on ne saurait comparer avec aucune des émotions ordinaires de la vie.

C'est surtout chez les martyrs de la religion chrétienne qu'il faut admirer cette intrépidité passive, cette résignation absolue autant qu'immuable au sein des plus grandes calamités ; ces chants d'allégresse, ces joies saintes au milieu des épreuves les plus déchirantes ; ce calme imperturbable qui déconcerte une injuste fureur, ces victoires réitérées sur les passions les plus fougueuses qui tyrannisent notre existence, cette abnégation constante de toutes les jouissances, ces mortifications incompréhensibles, cet abandon total de la volonté, ce noble dédain des choses de la terre, qui nous élève jusqu'aux régions de l'infini, ces sacrifices de tous les moments au culte évangélique. Est-il en effet une puissance morale qui fasse éclater des sentiments plus purs et plus magnanimes ?

Alibert, *Physiologie des Passions*.

Le sang d'un martyr n'a jamais coulé en vain dans les temps de calamité publique.

Cayol, *Relation de la Blessure et de la Mort de Monseigneur l'Archevêque de Paris*.

MATIÈRE.

Les phénomènes de sentiment et d'intelligence sont des faits très réels, qui n'ont rien à démêler avec la matière, quoi qu'en ait dit Locke, et quoi qu'en disent ceux qui, moins réservés que lui, osent mettre en fait ce qu'il mettait en question.

Pariset, *Notes sur Cabanis*.

La philosophie qui *s'imagine* rendre raison de tout par les propriétés de la matière, n'est-elle pas beaucoup plus vide que celle des causes finales?

Le même, *ibid*.

Sans un Dieu, la matière demeurerait dans une mort absolue, éternelle, comme un immense cadavre.

Virey, *Dictionnaire des Sciences médicales*, art. Nature.

Le principe de l'intelligence doit être conçu comme indépendant de la matière: il n'est pas plus produit par la substance du cerveau que la lumière n'est développée par la substance de l'œil.

Foville, *Traité du Système nerveux cérébro-spinal*.

Rien dans les propriétés de la matière ne nous présente la moindre analogie avec les phénomènes de la pensée; c'en est assez pour que nous devions reconnaître qu'ils procèdent d'une autre source.

Le même, *ibid*.

L'étude de la matière nous trompe toujours aux dépens de notre bonheur, par la vaine et stérile satisfaction de notre orgueil.

Lauvergne, *Les Forçats.*

MÉDECINE.

Que d'avantages à se promettre de la médecine qui joindra la piété à la science !

Hecquet, *La Médecine théologique.*

Si la médecine est l'art de guérir, elle est aussi un peu l'art de plaindre les hommes.

Max Simon, *Déontologie médicale.*

Soyons vrais, la médecine occupe la sommité des sciences philosophiques par le but qu'elle se propose, le bonheur de l'humanité. Elle perd son véritable rang, quand elle abjure le sacerdoce pour se nommer profession ou métier.

Lauvergne, *De l'Agonie et de la Mort.*

La médecine naquit avec la douleur, c'est-à-dire en même temps que l'homme : un être souffrant, un cœur ému par la pitié, voilà le premier malade et le premier médecin.

Réveillé-Parise, *Physiologie et Hygiène des Hommes livrés aux travaux de l'esprit.*

C'est sans doute par reconnaissance que les premiers hommes attribuèrent à l'art de guérir une origine céleste, persuadés d'ailleurs qu'une science aussi sublime n'avait pu être inventée sur la terre.

Le même, *ibid.*

La médecine morale n'est-elle pas la partie de notre art la plus noble dans son but et ses moyens? N'est-ce pas elle qui en constitue réellement la dignité ?

Le même, *Études de l'Homme.*

Le cœur d'un malade est comme bien des instruments, il dépend de celui qui le touche. Manquer de cette *intelligence du cœur*, qui seule révèle les mystères de la vie intérieure, c'est ignorer la base de toute médecine morale.

Le même, *ibid.*

La médecine est un véritable sacerdoce ; c'est de plus une science qui touche à toutes les autres sciences ; elle exige donc impérieusement et la culture intellectuelle la plus étendue et les plus nobles sentiments.

Daremberg, *Traduction de Galien* (notes).

Toutes les choses qu'exige la sagesse se trouvent dans la médecine.

Hippocrate.

Vanter la médecine est sans doute un lieu commun ; mais un lieu plus commun encore est de l'abaisser et de la méconnaître.

Pariset, *Éloges.*

De toutes les études, celle de la médecine devrait être la moins suspectée de mener à l'incrédulité : une connaissance intime des merveilles de la nature élève l'âme à la plus sublime conviction de la Divinité.

Grégory, *Discours sur les Devoirs du Médecin.*

On ne peut refuser à la médecine l'avantage de concourir au retour d'une saine morale, en faisant l'histoire des maux qui résultent de son oubli.

Pinel, *Traité de l'Aliénation mentale.*

La médecine n'est qu'une des mille formes de la charité ; elle est la science apportant son concours au dévouement.

Amédée Bonnet, *De l'Éducation du Médecin.*

La médecine est évidemment de don divin. Octroyée par la Puissance suprême, pour le salut des hommes, elle doit se rappeler sa céleste origine, et si jamais on a pu dire : *noblesse oblige*, c'est à coup sûr à nous que s'applique ce mot d'antique prud'homie.

Menière, *Études médicales sur les Poëtes latins.*

La médecine est la science du rétablissement, comme le christianisme est la doctrine de la restitution.

Sales-Girons, *Principes métaphysiques des Sciences naturelles.*

La médecine morale est tout aussi bien une partie vivifiante de l'art de guérir qu'une question de dignité professionnelle.

Devay, *De la Médecine morale.*

MÉDECINS.

Ceux qui exercent la médecine suivant la lettre de l'Évangile et dans l'esprit de la charité chrétienne sont les meilleurs des hommes, puisqu'ils font de leur ministère un véritable sacerdoce.

Lauvergne, *De l'Agonie et de la Mort.*

On a accusé les médecins de matérialisme, c'est une

erreur : il n'y a qu'une mère penchée sur le berceau de son fils malade qui entende la voix de Dieu comme le médecin.

Le même, *ibid.*

Singulière fortune que celle de notre profession! Dans l'ancienne Égypte, les rois étaient choisis parmi les médecins devenus prêtres ; chez les Romains, les médecins furent esclaves ; aujourd'hui, ils sont patentés : cela doit être, parce que jamais le *moi* n'a eu une signification aussi matérielle, un son aussi métallique qu'à notre époque.

Réveillé-Parise, *Note sur Cabanis.*

Le caractère est l'étoffe dont se fait le vrai médecin.

Le même, *Galerie médicale.*

Le médecin doit être homme de science et honnête homme : la science lui fournit les matériaux ; les qualités morales en règlent l'emploi, et seules peuvent lui donner l'élévation de caractère et l'énergie dont il a souvent besoin dans l'exercice de son art.

Cruveilhier, *Des Devoirs et de la Moralité du Médecin.*

La vie du médecin est une vie de labeur, d'abnégation, de sacrifices ; esclave volontaire, vous êtes attaché à la glèbe du devoir le plus rigoureux ; vous ne vous appartenez plus, vous appartenez à l'humanité souffrante.

Le même, *ibid.*

Le médecin est le confident le plus intime des familles ; devant lui tombent tous les voiles de la vie privée ; c'est à lui qu'on révèle ces maux de l'âme, source si fréquente des maux du corps, et sur lesquels il sait répandre un baume consolateur.

Le même, *ibid*.

Comment le médecin inspirerait-il la confiance, s'il n'inspire pas l'estime? et comment l'estime sans la vertu, sans les bonnes mœurs?

Le même, *ibid*.

Ainsi que le bon prêtre qui va faisant le bien à toute heure, en tout lieu, le médecin répand partout l'espérance et les consolations. On le voit souvent payer les remèdes qu'il ordonne, faire à la fois l'aumône et la médecine. Plus près du pauvre, plus près du ciel, amour de la science, amour de l'humanité, telle est sa devise, et il y reste fidèle (1).

Réveillé-Parise, *Physiologie et Hygiène des Hommes livrés aux travaux de l'esprit*.

La probité sans la science ne fait pas le médecin, et la science sans la probité ne fait pas le vrai ou parfait médecin ; il faut donc l'une et l'autre pour le perfectionner et l'accomplir.

Callot, *Le Triomphe de la Médecine*

A mérite égal, il vaut mieux avoir pour médecin un ami qu'un étranger.

Celse, *De la Médecine*.

---

(1) On connaît cette simple et belle épitaphe : « Ci-gît le docteur Fothergill, qui dépensa deux cent mille guinées pour le service des malheureux,» et ce dernier vers de l'épitaphe mise sur le tombeau du chirurgien français Charles De Villiers :

Il ne fut jamais riche, et fit toujours du bien.

Le médecin qui sert les hommes n'est-il pas préférable au héros qui les tue?
Pariset, Éloges.

Je comprends, avec le cœur, que le premier homme qui vit souffrir son frère fut le premier médecin.
Munaret, Impressions de Lecture.

Aie la conscience pure, observe un bon régime, et tu pourras longtemps te passer de médecin (1).
Souvenirs d'un ancien médecin.

Un fait significatif de l'époque actuelle, c'est que le vrai caractère de la plus belle des professions se perd dans les grands foyers des lumières, et se personnifie dans le médecin de campagne.
Lauvergne, ibid.

Les médecins de campagne, à cheval nuit et jour pour le soulagement de leurs nombreux clients, sont des centaures modernes dont l'obscure renommée accuse d'ingratitude tous ceux qui sont témoins de leur mérite et de leur dévouement.
Menière, Études médicales sur les Poëtes latins.

---

(1) C'est ici le cas de citer la fameuse sentence de l'école de Salerne :

> Si tibi deficiant medici, medici tibi fiant
> Hæc tria : mens hilaris, requies moderata, diæta.

> S'il n'est nul médecin près de votre personne,
> Qui, dans l'occasion, puisse être consulté,
> En voici trois que l'on vous donne :
> Un fonds de belle humeur, un repos limité
> Et surtout la sobriété.

Un poëte anonyme a rendu la même idée avec plus de laconisme et de malice :

> Voici trois médecins qui ne se trompent pas :
> Gaîté, doux exercice et modestes repas.

DEVOIRS DU MÉDECIN.

Le premier, comme le plus essentiel des devoirs du médecin qui voit dans sa profession ce qu'elle est réellement, c'est-à-dire un véritable sacerdoce, c'est de ne jamais refuser les soins de son art bienfaisant à celui qui vient les réclamer. Non-seulement le pauvre et le riche ont un droit égal au soin du médecin, qui a compris la sublimité de sa mission ; mais, si bas que soit descendu le coupable dans l'abîme du vice ou du crime, si, dans les angoisses de la maladie, il fait appel à la charité du médecin, celui-ci devra sans hésiter lui prodiguer ses soins avec un entier dévouement.

— La vie du médecin, ainsi que le dit Hecquet, est une vie toute d'étude et de dévouement. Le principe qui lui commande de ne voir jamais dans l'homme qui souffre qu'un malade à soulager, lui commande également de répondre par un dévouement absolu à la confiance qu'on lui témoigne. Études, plaisirs, repos, tout doit être subordonné à cet intérêt suprême, tout doit lui être sacrifié. Sa réputation même, qui est son plus grand bien, il est des circonstances où le médecin doit généreusement la risquer, pour atteindre le but que sa mission lui assigne.

— En donnant à la femme qui souffre les soins de son art bienfaisant, le médecin doit se montrer plus sympathique, plus dévoué, plus délicat surtout que lorsqu'il s'agit des maladies de l'homme. Outre que la femme ressent beaucoup plus vivement que l'homme l'aiguillon de la douleur, et que, plus affectueuse et plus tendre, elle a besoin davantage d'être consolée dans ses tristesses, elle est douée d'une finesse de tact, d'une perspicacité de sentiment qui lui permettent de reconnaître, avec une certitude presque infaillible, la part du cœur dans les soins qui lui sont prodigués. C'est ici surtout qu'il est rigoureusement nécessaire, même dans l'intérêt de l'efficacité de l'art, que le médecin s'associe par le jeu d'une réelle sympathie aux souffrances qu'il se propose de soulager : il faut qu'il trouve à chaque instant dans son cœur cette éloquence douce, affectueuse, qui ne frappe pas seulement l'oreille par des paroles banales, mais qui touche, console, se sente dans l'âme.

En même temps qu'il ne parlera jamais à la femme qui souffre, que d'une voix douce et amie, qu'il redoublera vis-à-vis d'elle de prévenance et de sollicitude, le médecin devra constamment, dans ses relations avec elle, se montrer plein de réserve et de circonspection. Sa pudeur doit lui être une chose sacrée.

— L'indulgence dont le médecin doit constamment user à l'égard des malades moroses devient pour lui un devoir bien plus impérieux encore, lorsque c'est la maladie elle-même qui aigrit le caractère et produit cette sorte d'humorisme médical. Il ne lui est pas plus permis, dans ces cas, de s'offenser des exigences, des murmures injustes d'un pauvre patient, qui est la première victime de ses cruelles préoccupations, que du délire ou de la fièvre dont il pourrait être accidentellement atteint.

Cette disposition n'est plus un simple travers d'esprit, une excentricité volontaire, c'est le symptôme d'une affection morbide réelle, l'hypochondrie.

— Jusqu'à ses derniers moments l'homme souffre, l'agonie est une dernière lutte et non un dernier plaisir. Le médecin convaincu de cette triste réalité, réunira donc jusqu'à la fin tous ses efforts pour rendre plus facile à l'homme que son art n'aura pu sauver, ce pénible passage de la vie à la mort.

— C'est en vain que, renfermant le médecin dans le cercle de ses obligations professionnelles, on prétendrait que c'est à d'autres qu'à lui qu'il appartient de travailler à la réhabilitation morale de l'homme dans l'âme duquel s'est éteint le sentiment du devoir; homme, comment cette mission pourrait-elle lui être étrangère? Il ne saurait sans doute prétendre à se substituer au ministre de la religion, dont la parole bénie est le véhicule de la puissance mystérieuse de Dieu sur l'âme humaine; mais il peut préparer, il peut seconder heureusement cette salutaire influence.

S'il est du devoir du médecin, lorsqu'il ne peut sauver la vie, de faire tout ce qui est en son pouvoir pour adoucir les derniers moments de l'homme, comment lui serait-il permis de s'interposer entre le moribond et le prêtre? Ah! laissez le prêtre s'approcher de cette âme qui l'appelle; le Dieu, dont il est le ministre dévoué, met dans sa bouche des paroles ineffables qui endorment doucement l'homme dans la mort, lui découvrent la perspective d'une autre vie, et l'y préparent par une union intime avec Dieu, là est la véritable euthanasie. L'homme meurt inconsolé lorsque ses derniers regards ne s'appuient pas sur la croix de bois qui sauva le monde.

Max Simon, Déontologie médicale.

Dans les maladies pestilentielles, avant de se charger de donner des soins aux malades, les médecins doivent s'examiner eux-mêmes, afin de savoir s'ils sont capables de satisfaire à ce qu'exige cette entreprise. Ils considéreront le danger perpétuel dans lequel va se trouver leur vie, et si, après cet examen, ils voient à gagner, soit à vivre, soit à mourir, s'ils trouvent de la volupté dans cette idée sublime qu'ils vont se dévouer à Dieu, à la charité envers le prochain, à leur propre vocation, alors qu'ils agissent.

J. Frank, Pathologie interne.

En acceptant le titre de médecin, l'homme contracte deux dettes également sacrées : l'une envers l'humanité et dans le présent, l'autre envers la science et pour l'avenir. Au présent, il doit tout ce que Dieu lui a réparti de génie ou de bonne volonté, de patience et de courage ; à l'avenir, il doit le compte rendu de sa gestion médicale, car ceux qui viendront après lui profiteront de ses fautes comme de ses succès.

Munaret, Du Médecin de campagne.

CONSEILS AUX JEUNES MÉDECINS.

Un médecin doit préférer une sage lenteur, dans la manière d'exprimer ses idées, à l'extrême précipitation de la facilité; car celle-ci est l'apparence ordinaire de l'esprit et d'une brillante imagination, tandis que l'autre peint le sang-froid, la prudence et le jugement, qualités essentielles du médecin.

— Il faut que le médecin, s'il n'est pas impassible, sache cacher au moins tous les mouvements de son âme, et que ses traits, d'accord avec son langage, ne peignent jamais que l'espoir ou la certitude de la guérison.

— Abordez les malades avec un visage toujours égal; qu'ils ne puissent y lire que l'intérêt que vous prenez à leurs maux, et jamais leur danger; que cet intérêt soit même modéré suivant les circonstances : auprès d'eux, ne vous entretenez que d'eux-mêmes : vous ne sauriez avoir rien de mieux à leur dire.

— L'amour que nous nous portons nous entraîne trop souvent à parler de nos intérêts et de nous; mais ce qui n'est dans un homme du monde qu'une faiblesse excusable, est un tort réel dans un médecin. Destiné par état à écouter les maux d'autrui, il ne doit point substituer au tableau qu'on lui présente celui de ses propres souffrances, et vouloir occuper de lui ceux qui réclament pour eux son attention tout entière. Si l'aspect d'une douleur lui rappelle involontairement celle qui le déchire, le souvenir doit s'en perdre dans le cœur, sans venir affliger par son amertume celui qui ne demande que des consolations et des secours.

— L'intérêt avec lequel nous écoutons celui qui nous

rend dépositaire de sa confiance peut ajouter beaucoup à celle qu'a déjà inspirée le talent.

— Un médecin est-il appelé chez vingt malades à la fois, sa première pensée doit être pour le plus malheureux ou pour le plus aimé; car, après le cri que jette l'humanité désolée, ce que le cœur entend le mieux est la voix d'un ami; et quand on a obéi à de telles inspirations, on a bien quelques droits de faire excuser ses retards.

— Dans les maladies qui peuvent avoir une terminaison funeste, gardez-vous de présenter de trop grandes espérances.

— Ne prononcez jamais sans nécessité, en présence d'un malade, des mots qui puissent faire naître des idées de crainte ou de danger : l'âme la plus courageuse y trouve souvent le sujet d'un funeste présage.

— Ne plaisantez jamais sur le danger d'un malade ou sur l'importance qu'il attache à vos opérations : la plaisanterie, dans ces moments cruels, est trop près de l'insensibilité. Quelque esprit que vous puissiez y mettre, elle altérera la confiance. L'homme qui va souffrir a quelques droits à vos respects, et il vous pardonnerait à peine la plus douce gaieté, si elle ne servait pas à lui peindre la sécurité de votre âme et l'assurance du succès.

— Quelque désespérée que soit la situation d'un malade, ne l'abandonnez jamais avant d'avoir recueilli tous les signes qui annoncent l'approche évidente de la mort;

vous éviterez ainsi les reproches que mérite souvent celui qui a douté trop tôt des ressources de la nature. Surtout, ne vous éloignez pas tant que celui qui a réclamé vos soins conserve assez de connaissance pour sentir votre abandon : les lois de l'humanité, le respect que l'on doit aux mourants, la possibilité de ranimer quelquefois les faibles étincelles de la vie, tout vous en fait un devoir ; et quand tous vos soins seraient inutiles, la piété a encore besoin de votre dernier avis pour jeter sur un front décoloré le premier voile du tombeau.

— Quoique, pour supporter ses maux avec courage, l'homme n'ait pas trop de toutes ses espérances, le médecin consolateur doit rarement parler de celles que promet l'éternité... L'homme le moins pusillanime ne verrait que la certitude de son danger dans les plus sages exhortations, si elles sortaient de la bouche de celui qui vient de mesurer la durée de sa vie. Pour que les consolations religieuses soient un baume salutaire, il faut un autre ministre, il faut une voix qui sache faire entendre les paroles sacrées, et le médecin, qui n'a souvent que des illusions à donner, ne doit pas sortir de son devoir.

— Dans la plupart des maladies, et plus encore dans celles dont l'heureuse terminaison ne peut être amenée que par le temps et la persévérance dans les mêmes moyens, quoique les indications soient les mêmes, il convient quelquefois de changer de remèdes pour donner au courage une nouvelle impulsion, retremper une âme affaiblie et fortifier l'espérance.

— Celui que les circonstances ou ses talents ont environné de la confiance publique doit rarement parler de ses succès aux hommes moins heureux que lui. Le bonheur est un tort que l'on ne pardonne pas toujours dans une profession où, tous les droits étant égaux, on prend trop souvent un émule pour un rival, un rival pour un ennemi.

Consultations. — Les jeunes médecins se croient toujours offensés lorsqu'on veut unir à leurs avis le secours de quelque autre lumière, parce que, peu sûrs encore de leur expérience et de la considération dont ils jouissent, ils craignent toujours de voir s'éloigner d'eux une confiance incertaine. Mais s'ils savaient le prix que les hommes attachent à la vie, s'ils avaient senti quels tourments fait éprouver au cœur le danger d'un être que l'on chérit, non-seulement ils ne s'offenseraient plus de ces alarmes de la confiance, mais ils seraient les derniers à concevoir comment on peut abandonner la vie d'un père, d'un enfant ou d'un époux à l'incertitude des lumières, du jugement et de l'opinion d'un seul ; comment on ne rassemble pas toutes les lumières, tous les avis, toutes les espérances autour de celui qu'a frappé le danger.

Ne refusez donc jamais d'unir vos conseils à ceux des hommes sur qui paraît se diriger une partie de la confiance que l'on vous accorde : c'est une juste condescendance bien due à ceux qui vous ont honoré d'un premier choix. Quelque instruits que vous soyez, il y aurait plus que de la présomption à vous croire offensés. Les bornes de vos talents sont avant celles de l'art, et la responsabilité d'une vie est un fardeau assez pesant pour en partager le poids. L'homme de qui vous attendez le moins peut ouvrir un avis salutaire; le génie, d'ailleurs, ne voit souvent que les vérités placées à la hauteur à laquelle lui-même s'est élevé, tandis que les vérités moins importantes sont facilement aperçues par des vues plus bornées.

La différence d'opinion n'offenserait pas plus que celle du visage ou du caractère, si celui qui la manifeste le faisait toujours avec une franchise décente et sans affecter la prétention d'une orgueilleuse supériorité. C'est une vérité qu'il faut se rappeler dans ces assemblées où le danger d'une maladie grave invoque la réunion de plusieurs lumières. Ne cherchez jamais à briller aux dépens de celui qui le premier possède la confiance. Si sa conduite fut sage, approuvez-la hautement; s'il commit une erreur, soyez le premier à en chercher l'excuse, et ne jugez pas trop sévèrement une circonstance que vous n'avez pas vue, et qui peut-être vous eût également trompé; si enfin ses torts sont ceux de l'ignorance, taisez-vous, et que la sagesse de vos avis les répare. Dans tous les cas, expliquez-vous toujours avec simplicité, sans affecter une éloquence déplacée ou dangereuse quand on recherche la vérité ; et faites pardonner la différence de votre opinion par les égards que vous avez pour celle des autres, et par la modestie avec laquelle vous la mettez en opposition. On se rend sans effort à un avis que la raison seule présente, et on repousse avec opiniâtreté celui où l'on a cru reconnaître l'intention d'humilier ou de nuire,

Gardez-vous de contredire un bon avis dans la seule intention d'affecter une opinion qui vous soit propre, et sachez surtout respecter à propos celle des hommes qui ont vécu plus que vous ; car, quoique l'expérience se mesure moins par le nombre des années que par la bonne manière de voir et les qualités particulières de l'esprit ; quoique beaucoup de gens qui vantent leur expérience prennent pour elle l'habitude de faire la même chose, il n'en est pas moins vrai que le temps a ses secrets, et que celui dont les cheveux ont blanchi dans le sein des mêmes travaux peut souvent seul expliquer un mystère que le temps n'a dévoilé qu'à lui. Payez donc à son âge le tribut de respect que vous réclamerez un jour pour vous. Il doit coûter d'autant moins à l'amour-propre qu'il est commandé par la nature, et qu'un sentiment secret qui ne peut nous tromper, nous avertit nous-mêmes que les années ont mûri nos talents.

Secret. — Quelque peu soutenue que soit la confiance que l'on vous accorde, quelque oubli que l'on ait des secours que vous avez prodigués, ne laissez jamais échapper le secret dont on vous fit dépositaire. La noblesse de votre profession se distingue surtout en cela que vos soins peuvent être oubliés ou méconnus, sans que celui que ce défaut de reconnaissance accuse ait à trembler pour son secret en redoutant en vous l'indiscrétion d'un ennemi.

Honoraires. — S'il y avait plus de délicatesse et de véritable honnêteté parmi les hommes, je dirais aux médecins : « Ne réclamez jamais le tribut du plus légitime honoraire : c'est à la reconnaissance à vous l'offrir. » Mais le temps n'est plus où, riche de santé, celui qui l'avait obtenue apportait à son bienfaiteur, en essayant ses forces, une reconnaissance dont le Ciel avait eu le premier hommage. Aujourd'hui, les mois, les années s'écoulent, et la reconnaissance se tait : le médecin peut donc lui rappeler sa dette, puisque enfin il est aussi un esclave du besoin.

C'est dénaturer le caractère sacré d'une profession bienfaisante que d'exiger le prix de ses soins avant le succès qui en donne le droit : il vaut mieux avoir quelques ingrats de plus à compter que d'oublier ce que l'on doit à soi-même et à la noblesse de sa profession. D'un autre côté, ne souffrez pas que la reconnaissance s'accumule en longues dettes : ainsi que la mémoire, elle s'use par les années. Trop loin des moments qui la virent naître, elle n'est plus la dette du cœur, vous n'avez plus le droit d'en parler sans offense ; car l'on conserve bien rarement la confiance de ceux que l'on a fait rougir en leur rappelant un devoir.

M.-A. PETIT, *Essai sur la Médecine du Cœur.*

Voyez les articles HONORAIRES, PRUDENCE, SECRET.

MÉDIOCRITÉ.

Savoir se connaître et tirer parti de sa médiocrité, vaut mieux à l'usage qu'une supériorité mal employée.

BEAUCHÊNE, *Maximes, Réflexions et Pensées.*

Les gens médiocres sont tranchants, parce qu'ils ne savent rien faire de mieux.

Le même, *ibid.*

Porter un grand nom, occuper une grande place quand on est médiocre, c'est courir le risque de compromettre souvent l'un et l'autre.

Le même, *ibid.*

En fait de richesses, n'ayons pas plus d'ambition qu'Horace : souhaitons seulement une honnête médiocrité (*auream mediocritatem*), c'est-à-dire un revenu qui nous laisse *un peu d'or* pour faire du bien.

Souvenirs d'un ancien médecin.

MÉDITATION.

C'est par la perspective de la félicité que la nature invite l'homme à la méditation. Le recueillement du rêveur solitaire a un charme secret qui lui fait oublier les joies vulgaires du monde extérieur. On aime à se réfugier dans son âme ; on aime à se trouver face à face avec le principe impérissable qui nous anime : toutes ses révélations sont délectables.

ALIBERT, *Physiologie des Passions.*

La jeunesse est peu capable de méditation ; aussi, ses fautes sont-elles plus excusables que celles de l'âge mûr.

Souvenirs d'un ancien médecin.

Hippel l'a dit avec raison : la méditation profonde habitue l'âme à vivre en dehors de son enveloppe corporelle : elle la prépare à la vie future.

FEUCHTERSLEBEN, *Hygiène de l'Ame.*

MÉLANCOLIE.

La mélancolie est quelquefois le présage de grandes passions; mais, le plus souvent, elle annonce la convalescence de celles qui sont malheureuses.

Beauchêne, Maximes, Réflexions et Pensées.

La mélancolie de l'homme malheureux est comme la lampe solitaire qui veille près des tombeaux.

Le même, ibid.

Témoignons beaucoup d'intérêt aux personnes mélancoliques, nous contribuerons à ce qu'elles ne deviennent pas atrabilaires.

Souvenirs d'un ancien médecin.

La mauvaise humeur est comme un levain qui empêche l'esprit de moisir : un mouvement de dépit, produit par une cause accidentelle, suffit souvent pour chasser une humeur mélancolique, longtemps rebelle à tout remède.

Feuchtersleben, Hygiène de l'Ame.

Voy. Hypochondrie.

MÉMOIRE.

Exercez la mémoire sans l'aider convenablement par l'attention, le raisonnement et la réflexion, vous tracerez des caractères sur le sable : un léger souffle pourra les faire disparaître. Vous retiendrez seulement des idées, des noms, des mots sans enchaînement et sans liaison; c'est la mémoire des oiseaux parleurs, c'est également celle des hommes irréfléchis.

<small>Lepelletier (de la Sarthe), *Physiologie médicale et philosophique.*</small>

La mémoire est un vaste champ ; ce qu'on y met de trop altère souvent ce qui s'y trouve.

<small>Beauchêne, *Maximes, Réflexions et Pensées.*</small>

Les hommes ont la mémoire de l'esprit ; les femmes, la mémoire du cœur.

<small>Le même, *ibid.*</small>

MENSONGE, MENTEUR.

Il n'est rien de moral que la vérité, rien d'immoral que le mensonge ; l'une purifie, l'autre corrompt.

<small>Feuchtersleben, *Hygiène de l'Ame.*</small>

Le mensonge, lors même qu'il est officieux, a toujours quelque chose qui répugne à l'homme délicat.

<small>Beauchêne, *Maximes, Réflexions et Pensées.*</small>

Un menteur est l'ennemi de sa réputation.

<small>Le même, *ibid.*</small>

Le mensonge est illicite, même dans la plaisanterie et dans l'ironie, qui en tirent le plus souvent leur finesse et leur sel.

<small>L'abbé Bautain, docteur en médecine, *Philosophie morale.*</small>

Le mensonge officieux est toujours un mal en soi ; la nécessité ne peut que l'excuser.

<small>Le même, *ibid.*</small>

Le mensonge et la dissimulation sont une suite de la

crainte et des effets de la faiblesse ; car un homme ne falsifie ou ne cache la vérité qu'il faut dire, que parce qu'il n'a pas assez de force pour la soutenir. Mais aussi n'y a-t-il que les âmes basses qui tombent en ces vices-là ; celles qui sont nobles et courageuses ne les connaissent point.

De La Chambre, *Les Caractères des Passions.*

Les paroles mensongères sont la fausse monnaie du langage.

Souvenirs d'un ancien médecin.

MÉPRIS.

Le mépris est un supplément que nous ajoutons à l'insuffisance des lois pénales.

Alibert, *Physiologie des Passions.*

Le mépris est comme le fer brûlant dont on use pour noter d'infamie les criminels ; ses empreintes sont presque toujours ineffaçables.

Le même, *ibid.*

Le mépris vient humilier l'homme dans la partie la plus irritable de son être, qui est l'amour-propre.

Le même, *ibid.*

L'homme méprisé est en quelque sorte séquestré dans une atmosphère dont il supporte douloureusement toutes les fâcheuses influences ; il est à chaque instant déconcerté par le sentiment involontaire de sa propre humiliation.

Le même, *ibid.*

Le mépris des méchants est la gloire de l'homme de bien.

Souvenirs d'un ancien médecin.

Craindre le mépris. c'est l'avoir déjà mérité.
> BEAUCHÊNE, *Maximes, Réflexions et Pensées.*

MÈRE.

Une mère! c'est l'ange gardien qui nous couvre de son aile, et qui pleure avec nous quand il ne peut nous consoler.
> SERRURIER, *Mesdames les Femmes.*

Il y a des secrets qu'on ne dit qu'à sa mère.
> Le même, *ibid.*

Une mère tendre et ferme à la fois, qui sait tempérer l'amour par le devoir, est le salut et la gloire de la famille.
> L'abbé BAUTAIN, docteur en médecine, *Philosophie morale.*

C'est par le sang, l'exemple et la direction des mères que l'homme se forme.
> FOISSAC, *Hygiène physiologique de l'Ame.*

C'est à la santé de la mère qu'il faut demander celle de l'enfant, aussi bien au physique qu'au moral.
> SERAINE, *Les Préceptes du Mariage.*

MÉRITE.

On ne peut juger du mérite d'autrui qu'à proportion de celui qu'on a ; il faut donc en avoir et en avoir autant que l'individu dont on parle, attendu qu'il est ridicule et honteux d'être inférieur à l'homme dont on veut déterminer la place.

> FABRE-TERRENEUVE, *Essai sur les moyens d'exercer la médecine honorablement.*

Pense bien, parle peu, agis à propos, et je te déclare un homme de mérite.

> *Souvenirs d'un ancien Médecin.*

Le vrai mérite sait se respecter sans orgueil.

> DESCURET, *La Médecine des Passions.*

Plus nous parlons de notre mérite, moins on y croit.

> BEAUCHÊNE, *Maximes, Réflexions et Pensées.*

L'homme qui a un vrai mérite est naturellement communicatif ; il justifie le proverbe que celui qui donne est plus heureux que celui qui reçoit.

> PLEINDOUX aîné, *Lettre sur une Visite d'Hôpital.*

MIRACLES.

L'imagination ou la foi peut opérer des miracles, mais la raison n'a pas la même puissance.

> FEUCHTERSLEBEN, *Hygiène de l'Ame.*

Relativement aux miracles dont parle l'Écriture, ayant cherché à établir ma croyance sur des raisons purement humaines, j'ai reconnu que c'était une ruse du démon : le diable faisait avec moi une partie d'échecs, il me cédait un pion pour me prendre ma reine, et, tandis que je cherchais à élever l'édifice de ma raison, il travaillait à miner celui de ma foi.

> THOMAS BROWN, *La Religion du Médecin.*

Le Tout-Puissant opère et accorde les miracles aux mérites des saints et par leur intercession, surtout quand celui pour lequel ils s'intéressent soutient sa prière d'une foi vive, d'une humilité profonde et d'une parfaite soumission à sa volonté.

Callot, *Le Triomphe de la Médecine.*

Je suis loin d'être enthousiaste et crédule en fait de miracles ; mais je ne puis refuser mon adhésion aux phénomènes qui revêtent tous les caractères nécessaires pour commander la croyance à une action surnaturelle qui, en principe, est évidemment possible.

Charpignon, *Revue d'Anthropologie catholique.*

On ne conçoit pas que Dieu puisse démontrer à tous les yeux son intervention dans les choses humaines, autrement qu'en dérogeant aux lois qu'il a établies dans ce monde. Voilà pourquoi, à la vue d'un miracle bien constaté, on n'a pas besoin d'une grande intelligence pour reconnaître que le doigt de Dieu est là.

De Jessé (A.-L.-J. Bayle), *Histoire de N.-S. Jésus-Christ.*

Nous reconnaissons que de véritables et nombreux miracles ont eu lieu dans la religion chrétienne, dont le Tout-Puissant voulait prouver aux hommes la vérité.

De Haen, *Des Miracles.*

Disputer à Dieu le pouvoir de faire des miracles, c'est impiété ; lui reconnaître et adorer cette puissance, c'est piété et religion.

Le même, *ibid.*

Nous sommes à même, nous médecins, de constater souvent d'une manière évidente que Dieu change les lois ordinaires de la nature et en suit d'autres.

Le même, *ibid*.

La vertu des miracles commence où la médecine finit.

Bordeu, *Recherches sur l'Histoire de la Médecine*.

MISANTHROPIE.

La misanthropie est une espèce de haine de l'humanité, qui porte à fuir les hommes par mépris, par méfiance ou par crainte.

L'abbé Bautain, docteur en médecine, *Philosophie morale*.

Persuadé que rien de bon ne peut venir des hommes, le misanthrope les sent et les juge à travers cette prévention ; il y a là une espèce d'idée fixe qui dégénère facilement en folie ; on remarque, en effet, que tous ceux qui sont affectés de misanthropie ont quelque chose de faussé dans l'esprit et dans le cœur.

Le même, *ibid*.

La misanthropie qui part de l'orgueil produit l'endurcissement du cœur ; elle est aussi contraire aux progrès intellectuels qu'au perfectionnement moral de l'individu.

Le même, *ibid*.

La pièce de notre grand comique n'a du misanthrope que le nom. Aussi cette comédie, si admirable sous le rapport du style, nous semble pour la conception, bien au-dessous de l'*Avare* et du *Tartufe*, dont les originaux sont vivants, tandis que le *Misanthrope* n'est qu'un tableau de fantaisie.

Le même, *ibid.*

MISÈRE.

On comprend sous le nom de misère, dans le sens grammatical du mot, la privation forcée, par défaut de ressources, des choses nécessaires à la vie ; mais il peut se présenter une foule de circonstances dans lesquelles la privation ne dérive pas d'un défaut de ressources, mais de conditions d'organisation qui ne permettent pas une réparation suffisante de l'économie, c'est la misère des riches, la privation au milieu de l'abondance.

BOUCHARDAT, *Supplément à l'Annuaire de thérapeutique* (1861).

MODE.

Si l'opinion est la reine du monde, on peut dire que la mode en est le tyran, et même qu'elle choisit ses victimes parmi ses plus zélés sectateurs.

BEAUCHÊNE, *Maximes, Réflexions et Pensées.*

Le sage est aussi simple que propre dans son extérieur : il s'habille selon son rang, et ne se pare pas ; il ne suit pas précisément la mode, mais il évite de trop la choquer.

DESCURET, *La Médecine des Passions.*

La mode, à ce que l'on prétend, serait le seul tyran que les peuples ne renversent jamais. Je crois plus vrai de dire : La mode est une reine despotique souvent renversée, mais gouvernant toujours : semblable à Protée, elle reparaît sans cesse sous une forme nouvelle.

Souvenirs d'un ancien médecin.

Il y a faiblesse à suivre la mode quand elle est trop ridicule, il y a crime à la suivre quand elle est meurtrière.

Ibid.

MODÉRATION.

La modération est le premier comme le plus important précepte de l'hygiène : il faut se modérer dans le boire, se modérer dans le manger, se modérer dans le plaisir, se modérer en tout, se modérer toujours.

DUFIEUX, Nature et Virginité.

En toutes choses, la modération est la loi du progrès, la garantie de l'usage.

VINCENT, Des Habitudes dans l'Armée.

Cette modération incessante et générale, qu'est-ce autre chose que le sacrifice, qu'est-ce autre chose que le renoncement, la résistance aux sollicitations enchanteresses de nos insatiables appétits?

Le même, ibid.

La modération est toujours un effort, une vertu.

RÉVEILLÉ-PARISE, Études de l'Homme.

La modération est en quelque sorte le complément, le couronnement des vertus cardinales, puisqu'elle rappelle tout ensemble et la force qui se possède, et la prudence qui prévoit, et la tempérance qui conserve, et la justice qui distribue avec mesure.

Souvenirs d'un ancien médecin.

La modération seule promet le bonheur et l'assure.

Foissac, *Hygiène philosophique de l'Ame.*

La nature parfois nous mesure ses biens d'une main avare; mais le sage, prenant la modération pour compagne, se contente de quelques miettes et en fait son festin.

Le même, *ibid.*

MODESTIE.

La modestie est, en général, un mouvement prompt et délicat de notre âme, qui s'effectue en sens contraire de la vanité et de l'orgueil des hommes : c'est en quelque sorte la pudeur de l'esprit.

Alibert, *Physiologie des Passions.*

Être modeste, c'est savoir contenir le mouvement le plus impétueux de notre âme, qui est la vanité; c'est envisager avec douceur l'orgueil et la présomption de nos semblables; c'est leur attribuer une grande supériorité sur nous-mêmes; c'est faire des concessions continuelles à leurs prétentions; c'est s'assujettir à toutes les déférences qu'inspire la conviction complète où nous sommes de leurs qualités et de leur mérite; c'est professer en toute occasion notre insuffisance, soit par nos actions, soit par notre maintien; c'est surtout être sage dans nos opinions, autant que réservé dans nos discours.

Le même, *ibid.*

La modestie est un sentiment de l'âme, qui nous porte à nous regarder comme peu de chose en nous-mêmes, ou comparativement à nos semblables et à l'idéal que la raison et la foi nous présentent à imiter.

Belouino, Des Passions.

Avec la modestie, les hommes apprendraient à ne pas se croire si vite capables et savants, ils éviteraient bien des déceptions, bien des humiliations. Beaucoup ne seraient pas obligés de descendre du rang qu'ils ont pris; beaucoup aussi, s'ils savaient comme il convient de choisir la dernière place, parce que c'est la moins dangereuse, s'entendraient dire : « Montez plus haut. »

Le même, ibid.

La mélancolie est l'école de la modestie, et le mépris de soi-même est le premier degré de la connaissance de soi-même.

Zimmermann, De la Solitude.

Les hommes qui savent beaucoup ont d'excellentes raisons pour être modestes.

Réveillé-Parise, Études de l'Homme.

Unie au talent et au mérite, la modestie rehausse l'homme et le fait aimer de ses semblables, dont il ne choque point les prétentions.

L'abbé Bautain, docteur en médecine, *Philosophie morale.*

MŒURS.

Ce n'est pas seulement comme un honneur et une gloire

que les peuples ont envisagé l'honnêteté des mœurs, c'est aussi comme un devoir.
Dufieux, *Nature et Virginité*.

Dans les lois qu'ils ont données aux nations, les législateurs ont posé la pureté des mœurs comme une obligation, comme une nécessité sociale; ils l'ont sanctionnée par des peines, et les peuples ont reçu leurs décrets comme un écho de leur conscience.
Le même, *ibid*.

L'altération de nos mœurs se fera sentir d'autant plus longtemps que notre éducation est plus vicieuse. Nous prenons beaucoup de soin pour former l'esprit, et nous semblons ignorer que le cœur a, comme l'esprit, besoin d'éducation.
Esquirol, *Des Maladies mentales*.

La dépravation des esprits et des mœurs, qui se perpétue par les vices de notre éducation, par le dédain pour les croyances religieuses et par le défaut de morale publique, exerce son influence sur toutes les classes de la société.
Le même, *ibid*.

Les arts et les sciences se perfectionnent dans la même proportion que les mœurs se dépravent.
Beauchêne, *Maximes, Réflexions et Pensées*.

Écrire sur les mœurs sans avoir vécu dans la société et sans l'avoir étudiée, c'est rendre compte d'une pièce de théâtre sans l'avoir lue ni vu représenter.
Le même, *ibid*.

MONDE.

Le monde est un spectacle ; on entre, on regarde, on s'ennuie, et l'on sort ; heureux, quand c'est pour trouver un bon gîte !
Beauchêne, *Maximes, Réflexions et Pensées*.

Le monde n'est-il pas une grande loterie, où chacun vient recevoir son lot de la main du Dieu de toute justice ?
Souvenirs d'un ancien médecin.

On a dit : *Le monde est un système de choses invisibles, manifesté visiblement.* Cette parole de saint Paul est la plus belle analyse de la science, la méthode la plus sûre pour arriver à la vérité, en ce sens qu'elle sépare la puissance qui meut de l'objet qui est mû ; le caractère de la force, de la forme qu'elle imprime ; la cause, de l'effet. Cette proposition s'applique à tout : à l'homme sain comme à l'homme malade, à la prospérité des empires comme à leur décadence.
Théodore Perrin, *Vérité de la Doctrine hippocratique*.

La durée de l'économie de l'univers est indéterminée pour nous, Dieu seul peut la connaître. Affranchie des ravages du temps, établie sur des fondements impérissables, cette économie deviendrait éternelle si des motifs que notre intelligence ne doit point approfondir, n'engageaient le Créateur à détruire lui-même son ouvrage.
Lepelletier (de la Sarthe), *Physiol. médicale et philosophique*.

Ce n'est pas vivre selon la dignité de l'homme que de s'attacher aux choses périssables de ce monde.

Thomas Browne, *La Religion du Médecin.*

A cinquante ans, on commence à se lasser du monde ; à soixante, le monde se lasse de nous : il faut donc, quand on est parvenu à ce terme, savoir se suffire à soi-même.

Beauchêne, *Maximes, Réflexions et Pensées.*

MOQUERIE.

Considérée sous le rapport moral et dans le commerce ordinaire des hommes, la moquerie est un acte coupable par lequel on cherche à se donner un inférieur ; elle suppose l'absence de toute affection bienveillante.

Alibert, *Physiologie des Passions.*

Depuis que la moquerie, cette fille aînée de la vanité humaine, est devenue plus générale parmi les hommes civilisés, l'homme social a perdu sa force et sa dignité ; on a aboli le respect pour la morale sacrée, et l'on a profané ce qu'il y a de plus profond et de plus sérieux dans le cœur de l'homme.

Le même, *ibid.*

Voy. l'art. Raillerie.

MORALE.

Les biens les plus précieux de la vie ne s'obtiennent que par la pratique de la morale.

Cabanis, *Rapports du physique et du moral.*

Être né pour la société, c'est être né pour la morale,

l'une est la fin, l'autre, le moyen; l'une sans l'autre implique contradiction. La morale est aussi nécessaire à l'homme que l'air qu'il respire; quand il manque de morale, il meurt.

Pariset, Notes sur l'ouvrage précédent.

Il y a une morale à laquelle il faut chercher une sanction, une origine, un but; autant de sources fécondes, assurées par la religion, et qui prouvent qu'elle est une nécessité, et non une pure forme de la sensibilité, un élan de l'imagination, une variété de la poésie.

Brierre de Boismont, Des Hallucinations.

Un traité de morale me paraît devoir être défini : *pratique du vrai bonheur.*

Rast, Pensées.

La morale chrétienne bien entendue et bien pratiquée est la seule qui produise à la fois des hommes et des citoyens.

Daremberg, Bibliographie.

Si l'aliment est ce qui assure la vie des individus, la morale est ce qui assure la vie des nations.

Pariset, Discours.

Fondée tout entière sur l'effort, sur la lutte, sur le sacrifice, la morale chrétienne a pour mission, elle aussi, de concourir au perfectionnement physiologique de l'humanité; la pénitence est la réformation naturelle de l'homme.

Dufieux, Nature et Virginité.

La morale est une noble médecine, tout aussi difficile

mais moins obscure que l'autre : son hygiène est toute céleste ; elle prend ses remèdes parmi les vertus.

Isidore Bourdon, *Physiologie médicale.*

MOROSOPHIE, MOROSOPHES.

Dans les faits de morosophie, il s'agit toujours d'une maladie de l'*instinct*, laquelle a perverti l'*affectibilité* en la poussant sans cesse à des *désirs sanguinaires.*

Barbaste, *De l'Homicide et de l'Anthropophagie.*

Les morosophes ne sont pas des fous ; le seraient-ils, et même incurables, que ce ne serait pas une raison d'en débarrasser la société ; le contraire est plus compatible avec la justice et avec l'humanité. Pourquoi tuer des malades que l'on a l'espoir de guérir et de ramener à de bons sentiments ? Ces hommes-là constituent l'une de nos plaies sociales avec lesquelles il faut vivre : heureux si nous n'avions que des plaies de ce genre !

Le même, *ibid.*

S'il m'était permis de hasarder une opinion sur le genre de pénalité qui convient aux morosophes, voici comment je la concevrais : tous les cas de morosophie homicide peuvent être ramenés à trois groupes différents.

1° *Morosophie homicide* sans résultat, c'est-à-dire sans action criminelle : la raison triomphe du mauvais penchant. (Placer ces individus dans les hôpitaux ou dans les maisons de santé, pour les traiter d'un mal susceptible de guérison et sujet à récidive.)

2° *Morosophie homicide* avec meurtre et sans combat :

l'individu arrive directement au crime et s'y plonge avec une espèce de volupté. (Les tenir renfermés dans des maisons de force.)

3° *Morosophie homicide* suivie de meurtre, mais après une longue lutte : l'individu ne succombe qu'après avoir longtemps combattu son instinct pervers. (Réclusion dans une maison spéciale.)

Le même, *ibid.*

La maison qui convient aux morosophes doit être à la fois une maison de santé, de correction et de repentir. Il faut qu'elle sente plutôt l'hôpital que l'asile des criminels; mais il faut qu'elle soit privée de tout agrément, que la vie y soit dure, que chaque objet y soit un signe représentatif du crime et un indice de réprobation, afin que l'odieux en résulte à la longue et conduise au remords le cœur du coupable (1).

Le même, *ibid.*

MORT.

Il ne faut pas penser qu'il y ait une mort absolue dans la nature; elle n'est que relative à notre existence organisée : la mort n'est en effet que le long et ténébreux sommeil de la vie.

VIREY, *Dictionnaire des Sciences médicales*, art. NATURE.

---

(1) L'établissement désiré par M. Brierre de Boismont, étant sur le modèle de Bethlem, n'est nullement applicable aux morosophes; car à Bethlem la section spéciale consacrée aux fous criminels ne renferme que de hommes chez qui la folie est incontestable.

La mort n'est que le grand moyen de conservation de notre être.

Hufeland, *Incertitude des signes de la Mort.*

Deux grandes haltes ici-bas : le sommeil, qui ne nous fait pas cesser de vivre ; la mort, qui ne nous fait pas cesser d'être.

Souvenirs d'un ancien médecin.

La mort est l'engrais de la vie ; elle rapporte à chaque homme une récolte d'autant meilleure qu'il a mieux labouré et mieux semé pour l'avenir.

Ibid.

Il y a une mort de l'âme, de l'esprit et du corps, parce qu'il y a une vie de l'âme, de l'esprit et du corps. La mort de l'âme est causée par la cessation de son rapport avec Dieu.

L'abbé Bautain, docteur en médecine, *Philosophie morale.*

Qu'est-ce que la mort ? Pour le physiologiste, c'est la cessation complète de la chaleur propre et de toutes les fonctions dont l'ensemble constitue la vie de l'être organisé. Pour le philosophe chrétien, la vie consistant dans l'*union* de l'âme et du corps, la mort est tout naturellement leur *séparation* momentanée, comme le mot éternité sert à exprimer leur *réunion* au delà du temps.

Descuret, *Les Merveilles du Corps humain.*

Pour être comprise, la mort avec ses mystères exige une méditation réfléchie, soutenue par la foi ; alors elle brille dans le lointain comme un phare d'espérance et d'amour.

Lauvergne, *De l'Agonie et de la Mort.*

Quand on a vu mourir des hommes de toutes les classes, il est impossible de se refuser à la conviction que les approches de la mort commencent pour tous une manière neuve de penser et d'espérer. Cette seconde vue est plus ou moins pénétrante, selon les capacités morales départies à chacun ; mais il est consolant de dire que le plus humble voit souvent ce que le superbe n'aurait osé lui demander. Combien de fois l'image du pilote qui s'est prémuni contre le naufrage et qui en sort triomphant ne s'est-elle pas présentée à nous, lorsque, auprès de la couche d'un mourant, nous avons admiré la fin triomphante du juste !

Le même, *ibid.*

La mort a de terribles leçons, et si jamais on parvient à convaincre les hommes des enseignements de la sagesse, c'est sans contredit par le tableau des luttes qu'une âme bourrelée de remords livre aux démons de ses pensées, alors que pour elle tout va finir.

Le même, *ibid.*

Le propre d'une belle mort est de révéler à l'âme le mystère de la vie.

Le même, *ibid.*

Le véritable esprit du sacerdoce apprend avec la science de Dieu celle d'une mort édifiante.

Le même, *ibid.*

Si l'homme se traduit lui-même, jour par jour, dans ses mœurs, ses œuvres, ses actions, sa conduite, et laisse ainsi au monde un *fac-simile* de son être, la manière dont il termine ses jours est un acte suprême qui révèle souvent sa vie entière : c'est une étincelle dont l'éclat ou la pâleur jette un dernier reflet sur le passé.

Théodore Perrin, *De la Périodicité*.

Quelle mort plus terrible et plus redoutable que celle du pervers environné de transes, de convulsions et de l'horreur de l'avenir!

Virey, *Dictionnaire des Sciences médicales*.

Je n'ai jamais vu apprendre avec calme que le terme de leur vie était proche, que ceux dont l'âme était soutenue par une confiance entière dans les dogmes religieux.

Chomel, *Éléments de Pathologie générale*.

Lorsque l'homme meurt, son corps est rendu aux éléments, son principe de vie se réunit à celui de l'univers; et son âme retourne à Dieu qui l'a donnée et qui lui assure une durée immortelle.

J. Barthez, *Nouveaux Éléments de la Science de l'homme*.

MUSIQUE.

L'homme sensible aux accents de la musique ne saurait être perdu sans retour... Il arrivera un moment où l'emploi de la musique entrera comme un agent précieux dans le système éducateur employé envers les criminels, au profit de la société. Cette prévision découle de l'essence de la nature humaine.

Devay, *Hygiène des familles*.

Une musique exprimant la foi qui rassure, l'espérance qui calme, l'humilité qui abaisse et réprime les passions, la prière qui console ; une musique dont les sons doux et harmonieux font naître dans l'âme un amour pur et divin, dont les ondes sonores répandent une félicité céleste, exige une mesure lente, prolongée, qui ralentit les mouvements du cœur plutôt qu'elle ne les excite.

THÉODORE PERRIN, *De la Périodicité.*

Les impressions répétées de la musique ne produisent point sur les nerfs et le cerveau les effets ordinaires de l'habitude; au lieu d'émousser le sentiment, elles font prédominer la sensibilité, impriment à toute l'économie les traits qui constituent le tempérament nerveux. On conçoit, d'après ces effets, combien la musique peut être dangereuse lorsqu'elle devient une passion; et comment ne serait-elle pas dangereuse, la musique qui peut exprimer toutes les passions, peindre tous les tableaux, et porter dans le cœur de l'homme tous les sentiments propres à l'émouvoir? Son danger est d'autant plus grand que le sujet est plus nerveux, qu'il s'y adonne de meilleure heure et au préjudice des exercices du corps.

FALRET, *De l'Hypochondrie et du Suicide.*

La musique peut charmer les maux physiques; mais, à coup sûr, ce n'est qu'un remède fort douteux pour les vives douleurs de l'âme; quelquefois il les exaspère.

REVEILLÉ-PARISE, *Études de l'Homme.*

La musique impressionne l'homme de deux manières : par le rhythme, elle agit sur le principe de vie, l'émeut, le calme ou l'agite; par la mélodie, elle agit sur l'intelligence, et, sans convaincre, ébranle la raison.

THÉODORE PERRIN, *Influence des doctrines sur la Musique.*

La musique sacrée est née, comme toutes les vertus chrétiennes, de l'alliance mystérieuse de la vérité et de l'amour ; son style grave, sévère, grandiose, s'offre comme le type le plus élevé de l'art ; aussi a-t-elle un but plus noble que l'art lui-même ; elle agit sur l'homme comme un enseignement ; elle initie son cœur aux grandes vérités morales, donne des ailes à la prière et transporte l'âme dans les régions de l'infini.

Le même, ibid.

Dans la musique sacrée, la mélodie seule captive la pensée, l'âme seule fait entendre sa voix : aussi cette musique se distingue par l'extinction du rhythme qui rappelle l'élément vital ou instinctif. Il faut que le chant religieux, par la suavité de ses accords, fasse oublier tout ce qui nous rattache à la vie organique.

Le même, ibid.

Les anciens remarquaient que la musique guérit les affections du corps par l'entremise de l'âme, de la même manière que les médicaments guérissent les affections de l'âme par l'entremise du corps.

J.-L. Roger, Effets de la Musique.

Considérée seulement comme moyen de dissipation, la musique pourra toujours offrir quelque soulagement dans les affections où le malade paraît sans cesse occupé de son état.

Le même, ibid.

La musique qui convient spécialement aux aliénés, celle dont nous avons pu souvent apprécier les heureux effets, c'est la musique religieuse ; les accents doux et graves qui la caractérisent ne s'adressent point aux passions, mais elles sollicitent des émotions douces et consolantes.

J.-B. CARRIER, *Études statistiques sur les Aliénés.*

NATURE, NATURALISTES.

La nature ou univers est l'ensemble des êtres que Dieu a semés dans le temps et l'espace.

DESCURET, *La Médecine des Passions.*

La nature, qu'est-elle, sinon la pensée féconde, la pensée créatrice de Dieu, la pensée qui a tout fait, qui conserve tout et qui répand partout la vie ?

DUFIEUX, *Nature et Virginité.*

La nature n'est que l'instrument ou la main dont Dieu se sert : lui attribuer les œuvres du Créateur, c'est rendre hommage au principal instrument dont il s'est servi : alors que nos marteaux se lèvent et se vantent d'avoir construit nos maisons, que nos plumes réclament l'honneur dû à nos écrits !

THOMAS BROWNE, *La Religion du Médecin.*

Une connaissance médiocre de la nature jette les demi-savants dans l'athéisme ; une connaissance profonde de ce même sujet ramène le vrai savant à un théisme dont la démonstration est inébranlable.

LORDAT.

Étudier la nature et l'homme, c'est chercher la pensée de Dieu dans un livre écrit de la main de Dieu même.

RÉVEILLÉ-PARISE, *Études de l'Homme.*

Fait admirable et d'une mystérieuse profondeur! la beauté et la grandeur de la nature ne sauraient se déployer à nos regards sans qu'aussitôt notre esprit s'élargisse et s'élève.

FEUCHTERSLEBEN, Hygiène de l'Ame.

La nature, par ses lois immuables, enseigne la justice; elle est bienfaisante même quand elle anéantit. C'est en elle seule qu'on trouve la vérité, le repos, la santé.

Le même, ibid.

La nature agit sur tous nos organes; elle remplit l'imagination de nobles et fraîches images; les trésors de beauté qu'elle sème d'une main prodigue forment un spectacle magnifique dont la vue chasse de notre front les rides des soucis et de l'humeur noire, et dont la grandeur nous transporte jusque dans les régions divines où la loi suprême se manifeste avec une souveraine autorité à notre intelligence et à notre amour. Voilà les bienfaits de la nature! Avons-nous eu tort de l'invoquer comme le meilleur et le puissant médecin de l'âme?

Le même, ibid.

Nous jouissons mieux des beautés de la nature lorsqu'il fait beau dans notre âme.

Souvenirs d'un ancien médecin.

NOBLESSE.

Noblesse oblige, a-t-on dit toujours en France; personne ne devrait oublier cette maxime; chacun devrait soutenir l'honneur de son nom et ne pas déchoir de la vertu de ses ancêtres : c'est ainsi qu'un noble sang, transmis du père aux enfants, deviendrait une semence de vertus et de belles actions.

BELOUINO, *Des Passions.*

La vraie noblesse, comme la vertu, existe dans le cœur et dans le présent ; elle n'est plus rien quand elle est dans le souvenir et dans le passé.

Le même, *ibid.*

Noblesse de blason et noblesse de cœur, double couronne.

Souvenirs d'un ancien médecin.

OBÉIR, OBÉISSANCE.

Savoir obéir avec intelligence et liberté, c'est l'union, la force, le progrès, la sagesse ; c'est la légitimité du droit au commandement, le seul moyen de devenir vraiment maître à son tour.

JAUMES, *De l'Autorité en médecine.*

Oui, il vaut généralement mieux obéir que commander ; celui qui obéit aux ordres de ses chefs accomplit un devoir : c'est du mérite ; il ne court aucune responsabilité : c'est un avantage ; il recueille les fruits de sa docilité : c'est un profit.

Souvenirs d'un ancien médecin.

OISIVETÉ.

Aucun travail n'est déshonorant, l'oisiveté seule déshonore.

FOISSAC, *Hygiène philosophique de l'Ame.*

Si l'oisiveté fait perdre de la force au corps le plus robuste, elle n'est pas moins pernicieuse à la sagacité de l'esprit et à la vigueur du caractère.

Le même, *ibid.*

La rouille de l'oisiveté use plus que le frottement du travail.

Souvenirs d'un ancien médecin.

Oisiveté et richesse, fléau pour la famille; pauvreté et oisiveté, fléau pour l'État.

Ibid.

Deux mots peuvent résumer le malheur individuel qui s'attache à l'oisiveté, l'*ignorance* et le *vice* : l'ignorance, qui, en privant l'homme des jouissances de l'esprit, rétrécit la sphère de son existence ; le vice, qui, en souillant l'âme, crée dans le présent le remords, le désespoir, et compromet dans l'avenir jusqu'à la paix du tombeau.

VINCENT, *Des Habitudes dans l'armée.*

L'oisiveté est une grande cause de ruine pour la santé ; c'est une porte ouverte à la maladie et à la mort.

Le même, *ibid.*

L'oisiveté des classes riches est une cause de démoralisation pour l'individu, de décadence pour les familles et d'abaissement pour le pays.

AM. BONNET, *De l'Oisiveté de la Jeunesse dans les classes riches.*

Voy. l'art. PARESSE.

OPINIATRETÉ.

Opiniâtreté et sottise, vrais synonymes.

BEAUCHÊNE, *Maximes, Réflexions et Pensées.*

L'opiniâtreté n'est que l'énergie de la sottise (1).

Descuret, *La Médecine des Passions.*

OPINION.

L'opinion est la somme des jugements identiques d'après lesquels les hommes apprécient leurs semblables.

Alibert, *Physiologie des Passions.*

L'opinion asservit tout, parce qu'elle agit doucement et longtemps; elle est comme l'atmosphère qui nous environne et qui agit sur nous, sans que nous nous en doutions.

Beauchêne, *Maximes, Réflexions et Pensées.*

En politique, il ne faut pas toujours juger l'opinion par l'homme, ni l'homme par l'opinion.

Le même, *ibid.*

Pourquoi nous affligerions-nous de l'injuste opinion des hommes, puisque le penchant qu'ils ont à l'injustice s'applique au bien comme au mal?

M.-A. Petit, *Essai sur la Médecine du Cœur.*

Les nations pouvant être malades comme les individus, il y a tel moment de délire où l'opinion publique est la plus mauvaise des opinions.

Descuret, *Théorie morale du Goût.*

C'est folie de s'irriter contre celui qui ne partage pas notre opinion : trop souvent les opinions ne sont que

---

(1) Sur 100 individus affectés d'idiotie, le docteur Belhomme a constaté que 57 étaient remarquables par leur entêtement. (*Essai sur l'Idiotie.*)

des habitudes intellectuelles, fort difficiles à déraciner.
Souvenirs d'un ancien médecin.

ORDRE.

L'ordre est une équitable et judicieuse distribution, qui met les hommes à leur rang et les choses à leur place.
Souvenirs d'un ancien médecin.

L'ordre n'a pas seulement pour avantages de soulager la mémoire, de ménager le temps et de conserver les choses, il procure encore à l'âme une sorte de bien-être en reposant agréablement la vue et en conduisant l'homme à Dieu.
Ibid.

Au travail qui crée des ressources, joins l'esprit d'ordre qui les met à profit.
Ibid.

En contribuant à l'aisance d'un ménage, l'ordre rend le caractère des époux plus facile et leur esprit plus content.
Ibid.

Si, dès l'enfance, nous étions habitués à voir tout en ordre autour de nous, bien certainement, par une disposition harmonieuse de l'âme, cet ordre extérieur se réfléchirait au-dedans de nous-mêmes : dans une chambre bien tenue, l'âme éprouve une sorte de bien-être.
FEUCHTERSLEBEN, *Hygiène de l'Âme.*

L'ordre est un excellent remède d'ennuis et de chagrins, comme il est un admirable économe de temps et de travail.
REVEILLÉ-PARISE, *Études de l'Homme.*

L'amour de la régularité, l'ordre lui-même ne se transforment que trop souvent en une véritable passion, dont le moindre inconvénient est de rendre ridicule et insupportable celui qui en est l'esclave : tant il est vrai que nos meilleures facultés deviennent une source de maux quand la sagesse ne sait pas en diriger l'emploi.

Descuret, *La Médecine des Passions.*

La source de l'ordre social descend en droite ligne de Dieu.

Barbaste, *De l'Homicide et de l'Anthropophagie.*

L'ordre dont jouissent les hommes ici-bas, comme fruit de leurs vertus, n'est jamais qu'une ombre légère de l'ordre éternel qui règne dans les cieux.

Le même, *ibid.*

Voy. l'article Propreté.

ORGANE.

De Bonald a défini l'homme *une intelligence servie par des organes.* C'est là le beau idéal de la nature humaine. Que de fois l'homme n'est-il qu'une intelligence *asservie* à des organes !

Gintrac, *Cours de Pathologie interne.*

ORGUEIL.

L'orgueil, cette trop grande estime de soi, est la racine de nos passions et la cause première de notre dégradation originelle.

Descuret, *La Médecine des Passions.*

L'orgueil rompt toutes les relations vraies de l'homme

avec les autres êtres. Il les rompt avec Dieu, en le lui faisant méconnaître comme la source de tout bien ; avec les hommes, en diminuant l'amour qu'on doit leur porter ; avec les êtres matériels, en tendant à les faire considérer par l'orgueilleux comme n'étant créés que pour lui, à l'exclusion des autres.

De La Roière; *Philosophie physiologique de l'Homme.*

L'orgueil, voilà le plus ancien, le plus grand des vices, c'est le vice d'Adam, le vice de tant de savants, de tant de philosophes, de tant d'époques. C'est, pour me servir de l'expression de ce penseur de notre temps, qui a tenté de remuer l'indifférence des âmes, et qui brillerait d'une gloire si éclatante s'il eût su dominer son orgueilleuse raison, *c'est le père du mensonge;* c'est la source de toutes les erreurs, de tous les schismes, de toutes les utopies, de tous les faux systèmes, de tous les crimes, de tous les malheurs qui ont débordé sur l'humanité.

Vitteaut, *La Médecine dans ses rapports avec la Religion.*

Nous ne craignons pas d'être démenti en disant que la folie du siècle est l'orgueil.

Brierre de Boismont, *Du Suicide.*

Les femmes sont moins orgueilleuses que les hommes ; c'est la vanité qui fait le fond de leur caractère ; elles n'ont pas l'énergie suffisante pour monter jusqu'à l'orgueil.

Belouino, *Des Passions.*

Quelle ingratitude que de nous enorgueillir de la santé, de la beauté ou de l'intelligence que Dieu nous a données en partage! chacun de ces priviléges ne devrait-il pas nous-inspirer une humble reconnaissance envers Celui qui pouvait nous infliger une constitution maladive, quelque infirmité, la laideur ou l'idiotisme?

Souvenirs d'un ancien médecin.

Voy. Vanité.

OUVRAGES.

« Si jamais tu voulais composer un ouvrage durable,
» retiens bien ces conseils, fruit de l'expérience des siè-
» cles : Après avoir étudié longtemps les productions de
» la nature et de l'art le plus en harmonie avec le genre
» de ton talent, mets-toi à l'œuvre, si ton œuvre doit être
» utile à tes semblables ; puis, arrête-toi quelquefois pour
» te demander : Ma pensée est-elle rendue avec clarté ?
» suis-je dans le vrai ? ces pages que je viens de tracer
» offrent-elles un tableau fidèle du temps, des lieux, des
» mœurs, des caractères que je veux reproduire ? Ne pré-
» sentent-elles à l'admiration des hommes que de bons
» exemples ? Ne feront-elles jamais baisser les yeux de la
» vertu ? »

Descuret, Théorie morale du Goût.

Les bons ouvrages sont les seuls susceptibles d'être corrigés.

Beauchêne, Maximes, Réflexions et Pensées.

Un ouvrage remarquable, qui a quelque côté faible, est plus facile à critiquer qu'un ouvrage médiocre : les taches légères s'aperçoivent mieux sur les riches étoffes.

Le même, ibid.

PARDONNER.

Soyons supérieurs aux injures et aux outrages, en les dédaignant, ou, mieux encore, en les pardonnant, ainsi que nous le prescrit une religion toute d'amour.

Descuret, *La Médecine des Passions.*

Comment Lycurgue se vengea-t-il du méchant qui lui avait crevé un œil? Il l'instruisit, et en fit un citoyen vertueux. Chrétiens, tâchons au moins d'imiter le législateur de Sparte.

Le même, *ibid.*

Pardonner, c'est grandir dans notre propre estime, et mériter que Dieu nous pardonne.

Souvenirs d'un ancien médecin.

Refuser de pardonner, c'est vouloir signer sa propre condamnation : notre Père qui est dans les cieux ne pardonnera tout qu'à ceux de ses enfants qui auront tout pardonné.

Ibid.

Le chrétien qui refuse de pardonner n'est plus chrétien que de nom : il a fait un premier pas vers l'apostasie.

Ibid.

Celui qui pardonne et n'oublie pas, n'est généreux qu'à demi.

Beauchêne, *Maximes, Réflexions et Pensées.*

On a dit : on pardonne tout quand on aime; on aurait dû ajouter : plus on a pardonné, plus on aime, et plus on aimera.

Le même, *ibid.*

Le ressentiment est une passion qu'il est glorieux de

déposer au pied d'un autre tribunal que le nôtre ; et s'il appartient à la justice de punir, il n'appartient qu'à l'homme de pardonner.

ALIBERT, *Physiologie des Passions.*

PARESSE, OISIVETÉ.

Le vice fondamental de l'homme, c'est la paresse, c'est une renonciation à soi-même, une maladie, une mort volontaire. Le réveil de l'énergie individuelle est la condition de la santé et de la vie.

FEUCHTERSLEBEN, *Maximes et Pensées.*

La paresse est à la fois une infraction à la loi de la nature, un préjudice causé à la société humaine tout entière, une révolte contre l'ordre providentiel de nos destinées et un attentat envers nous-mêmes.

VINCENT, *Des Habitudes dans l'armée.*

L'oisiveté nuit à la durée de la vie. L'expérience nous prouve que jamais oisif n'atteignit à un âge très avancé ; qu'au contraire, ceux qui ont vécu le plus longtemps sont ceux qui ont mené une vie très active.

HUFELAND, *L'Art de prolonger la Vie humaine.*

L'oisiveté prive chaque jour la société de ressources qui lui sont indispensables. De là, un déficit dans la production générale ; de là, le malaise, les vices, les mauvais desseins ; de là, les conflits, le désordre public, l'anarchie, les crimes.

BARBASTE, *De l'Homicide et de l'Anthropophagie.*

Il appartenait à la morale d'Épicure de prêcher la volupté de la paresse ; le christianisme l'a justement frappée de réprobation comme l'ennemie de la société, la rouille de l'intelligence et la source de tous les vices.

DESCURET, *La Médecine des Passions.*

Voy. l'article OISIVETÉ.

PARLER, PARLEURS.

Les grands parleurs sont à la société ce que les gourmands sont dans un repas; ils dévorent eux seuls un mets dont chacun aurait voulu goûter.

BEAUCHÊNE, *Maximes, Réflexions et Pensées.*

Celui qui s'empresse de parler, invite les autres à se taire, mais non à l'écouter.

Le même, *ibid.*

Ceux qui parlent beaucoup pensent peu : s'ils pensaient davantage, ils parleraient moins.

Le même, *ibid.*

Nous parlons de nous avec complaisance ; nous écoutons à peine ceux qui parlent d'eux.

Le même, *ibid.*

Le besoin de parler naît avec nous : les enfants font des monologues, les petites filles causent avec leurs poupées ; une dame d'Alais prenait une crise nerveuse quand on voulait trop s'opposer à sa loquacité continuelle.

BARBASTE, *De l'Homicide et de l'Anthropophagie.*

Bien écouter, parler peu et à propos, ni trop haut ni trop bas, purement et gracieusement autant que possible, modestement et charitablement toujours, excellente recette pour

plaire aux personnes qui parlent avec modération, à celles qui parlent trop et à celles qui ne parlent pas.
Souvenirs d'un ancien médecin.

Les grands de la terre parlent haut, quoique certains d'être écoutés.
Isidore Bourdon, Illustres Médecins, art. Dupuytren.

Voy. les articles Écouter et Silence.

PAROLE.

La parole est un effet de l'âme manifesté, rendu sensible, qui renferme en lui deux choses distinctes, le son matériel et l'idée. Notre oreille est impressionnée par le son matériel, et notre âme par l'idée qui y est unie.
De La Roière, Philosophie physiologique.

Il y a évidemment dans la parole union d'une chose matérielle et d'une chose immatérielle. Ce mystère, nous l'avons constamment sous les yeux sans pouvoir le comprendre, comme tant d'autres mystères auxquels l'évidence nous force à croire sans que nous les comprenions davantage.
Le même, ibid.

Sorti des mains du Créateur avec le plein exercice de ses facultés physiques, intellectuelles et morales, et par conséquent doué de la parole qui en est inséparable, Adam appela chaque chose par son nom... L'homme créé sans parole n'eût donc parlé jamais, parce qu'il n'aurait eu personne pour lui apprendre à parler.
Brachet, Physiologie de l'Homme.

Sans la parole on ne peut penser, comme sans la pensée on ne peut parler : cercle fatal duquel l'humanité ne serait jamais sortie, si, dans l'origine, une Intelligence supérieure ne lui eût donné tout à la fois la parole et la pensée.
Vitteaut, *La Médecine dans ses rapports avec la Religion.*

La parole, dont l'origine est divine, coexiste avec la pensée : elle en est le rayonnement, le vêtement lumineux.
Descuret, *Les Merveilles du Corps humain.*

L'homme seul emploie la parole pour exprimer ses idées; il est aussi le seul qui puisse en faire l'instrument de sa raison.
Sainte-Marie, *Des Effets de la Musique* (notes).

La parole humaine prend un caractère sacré, un sens profond, quand elle est la pure expression du vrai ; sans le vrai, elle est un vain son, une cymbale retentissante, et, si elle va contre le vrai, elle est un désordre et une dépravation.
L'abbé Bautain, docteur en médecine, *Philosophie morale.*

Par la parole, nous satisfaisons un sentiment de trop-plein qui nous incommode. On dirait que, lorsque l'organe, siége de la fonction, est pénétré de l'idée élaborée, il entre dans un orgasme qui en commande l'explosion. Les enfants font des monologues balbutiés en même temps qu'ils pensent; les petites filles causent avec leurs poupées. Les adultes, dont l'imagination est habituellement exaltée, sont sujets à parler, à gesticuler seuls. Le sens intime est alors comme une de ces outres dans lesquelles Éole renfermait les vents, et qui se vide à la moindre piqûre.

Lordat, *De la Constitution de l'Homme.*

L'emploi de la parole entraîne une grande responsabilité pour l'être raisonnable : il doit se servir avec respect, avec prudence, de ce don divin, et ne point le profaner par un usage immodéré ou déréglé.

Le même, *ibid.*

Un organisme usé par le chagrin, et la maladie sa conséquence inévitable, se soutient, se fortifie par le *pain de la parole.* Le médecin, comme l'apôtre, doit savoir distribuer cette nourriture de l'esprit aux cœurs souffrants.

Reveillé-Parise, *Études de l'Homme.*

PASSIONS.

Les passions sont de vraies folies, mais des folies passagères ; elles s'emparent des facultés intellectuelles, les absorbent si énergiquement que l'homme n'est plus capable de penser à autre chose qu'à l'objet de sa passion.

Esquirol, *Des Maladies mentales.*

Dans leur premier degré, les passions *demandent;* au second, elles *exigent;* au troisième, elles *contraignent.*

Descuret, *La Médecine des Passions.*

Dans l'ordre providentiel, l'âme est faite pour commander, le corps pour obéir ; par l'effet de la passion, l'âme détrônée n'est plus que l'esclave de son esclave.

Le même, *ibid.*

Les passions, toutes essentiellement mauvaises, ne sont autre chose que des besoins déréglés, non moins nuisibles à l'individu qu'à la société, et qui renversent la hiérarchie divine établie entre l'âme et le corps.

Le même, ibid.

On a prétendu admettre des *passions permises* et des *passions défendues*; on a aussi qualifié certaines passions, *grandes*, *nobles*, *généreuses*; c'est une erreur. D'abord le mal ne peut jamais être permis; puis, à proprement parler, il n'y a pas de petite passion; le désir de l'objet le plus insignifiant peut grandir et s'exalter au point d'altérer la santé et de troubler la raison, en même temps qu'il dégradera l'âme en la séparant du souverain bien.

Le même, ibid.

Toutes les passions mauvaises auxquelles l'Évangile livre un combat à mort, sont des causes de détériorations physiques.

Devay, Hygiène des Familles.

Les bonnes lois, qui impriment aux mœurs des peuples une sage direction; l'éducation basée sur la morale et la religion, qui les conduit dans les sentiers de la vertu en flétrissant le vice, en inspirant l'horreur du crime, tels sont les moyens les plus efficaces pour guérir les passions développées sous l'influence de l'habitude acquise, comme pour modérer et adoucir celles qui résultent d'un mode vicieux de première organisation.

Martin jeune (de Montpellier), De l'Habitude.

Lorsqu'on étudie les passions avec soin, on reconnaît que, le plus ordinairement, leur pouvoir tyrannique ne s'établit pas d'emblée sur nous. C'est par le défaut de surveillance de la famille et des maîtres, et, plus tard, par des concessions successives qu'elles atteignent ce point culminant. Dès qu'on s'habitue à leur céder, la pente devient de plus en plus facile, et la chute a lieu presque sans avertissement. On ne saurait assez le répéter, le salut est au commencement; jamais alors la conscience ne fait défaut; ses cris sont pleins d'énergie; ils ne s'affaiblissent qu'avec le temps.

Brierre de Boismont, *Du Suicide*.

Dans la lutte contre les passions, l'habitude du combat rend la victoire plus facile en donnant à la raison plus de force; mais il faut toujours regarder comme pénible le moment où l'homme fait effort pour arrêter la volonté passionnée, en lui opposant la volonté raisonnable.

Hallé.

Considérées sous un point de vue purement médical, les passions peuvent être prises, par le médecin philosophe, pour de véritables maladies; et ce n'est pas sans raison que les Grecs avaient désigné les unes et les autres sous une expression commune.

M.-A. Bonnet (de Lyon), *Des Passions*.

Comme les maladies, les passions échappent à la volonté, lorsqu'elles sont portées à un très haut degré, et il est incontestable qu'il est un moment où nous ne pouvons plus les arrêter, et où la loi même ne nous rend que peu responsables des actes qu'elles nous font faire.

Le même, *ibid*.

A toutes les époques de la science, les physiologistes ont considéré les passions comme de véritables maladies. Dans toute passion, en effet, l'harmonie des actes vitaux a cessé d'exister. Il y a plus : que la passion soit le mobile des plus belles actions, ou des plus coupables égarements, elle ne peut avoir lieu sans une sorte d'aliénation temporaire, préjudiciable à l'organisme.

REVEILLÉ-PARISE, *Physiologie et Hygiène des hommes livrés aux travaux de l'esprit*.

Plier au moindre choc des passions, c'est donner une preuve éclatante de la faiblesse de son esprit et de la petitesse de son caractère.

VIREY, *Dictionnaire des Sciences médicales*, art. PASSIONS.

On ne transige pas avec ses passions, il faut les dompter ou être asservi par elles.

BEAUCHÊNE, *Maximes, Réflexions et Pensées*.

Toutes les grandes passions du cœur humain qui n'écoutent plus la voix de la raison se suffisent à elles-mêmes, et, comme entraînées par un sentiment de pudeur, ne recherchent que l'isolement et la solitude.

L. VÉRON, *Éloges de Regnard*.

Heureux celui qui peut se rendre maître de ses passions et les assujettir au joug de la raison ! En vain un malade observerait le meilleur régime ; en vain le médecin le plus habile se donnerait tout entier à la guérison de son malade, si celui-ci se livrait à quelque passion vicieuse, s'il

s'abandonnait à ses excès, il n'en faudrait pas davantage pour empêcher tous les effets des autres moyens curatifs, pour rendre dangereuse et même mortelle une maladie qui par son caractère propre ne l'aurait pas été.
Tissot, *Influence des Passions dans les maladies.*

Dans l'état actuel de certaines sociétés, les passions ne sont qu'un accès continuel qui en agite les membres ; au lieu d'être comme un souffle léger, propre à leur imprimer un mouvement modéré, elles ont acquis un tel degré d'activité en se choquant, qu'elles ne forment plus qu'une tempête affreuse, ou plutôt elles sont devenues un feu dévorant qui consume l'espèce humaine.
Roussel, *Système physique et moral de la Femme.*

Quels ravages ne font pas les passions dans l'organisation humaine ! Elles ne se bornent pas à altérer en nous les sources de la santé et de la vie; par une sorte de privilège terrible, elles se propagent de proche en proche par la contagion de l'exemple, et souillent les générations non-seulement d'une famille, mais d'une nation entière.
H. Gouraud, *Analyse des Merveilles du Corps humain.*

N'est-il pas bien vrai que, pour ramener à la santé les individus comme les générations, il faudrait les ramener à la vertu, et que la suppression des passions dans ce qu'elles ont d'illégitime et d'excessif serait la suppression de la plupart des maladies et des folies ?
Le même, *ibid.*

Les passions portées à un très haut degré absorbent

l'activité entière du *moi*, et forcent son assentiment, même contre la volonté.

Bérard, *Rapports du physique et du moral.*

L'épuisement nerveux est une maladie propre à tous ceux qui usent de bonne heure les forces de la vie dans le gaspillage des passions de toute espèce; l'amour, le vin, le jeu, affaiblissent la cohésion du cerveau, maigrissent le corps et allanguissent les facultés de l'intelligence.

Lauvergne, *De l'Agonie et de la Mort.*

L'intérêt de la société exige que force soit donnée aux lois, à la religion et aux institutions de la jeunesse, pour borner autant que possible dans le développement de leur germe les mauvaises passions et les fatales tendances.

Le même, *ibid.*

Le nombre des passions immorales et liberticides s'accroît tous les jours. Les vices d'éducation et surtout le scepticisme en matière de religion en sont la cause. Si mes paroles peuvent paraître malsonnantes, et si l'on est tenté de les renier, j'en appelle au budget de plus en plus croissant que la France paye, comme par coupes réglées, aux prisons, aux galères et aux échafauds.

Le même, *ibid.*

Les passions ont d'autant plus de mal en elles, que la volonté a plus de part à leur formation et contribue davantage à les développer, à les exalter; dans toute passion il y a de l'involontaire et du volontaire, et la culpabilité dépend de la proportion de ces deux éléments.

L'abbé Bautain, docteur en médecine, *Philosophie morale.*

La passion a deux racines: l'une dans le moi qui l'éprouve, l'autre dans le non-moi qui la cause.

Le même, *ibid.*

PATIENCE.

La patience, c'est le courage qui sait souffrir et attendre.
Descuret, *La Médecine des Passions.*

Il s'est grossièrement trompé celui qui a cru pouvoir appeler la patience *la force des faibles* : car il faut être bien fort pour être toujours modéré, toujours patient.
Le même, *ibid.*

La patience appartient plus au caractère qu'à la réflexion.
Beauchêne, *Maximes, Réflexions et Pensées.*

La patience a ses lauriers comme le courage, et les succès qu'on en obtient valent bien tout ce qu'on peut y mettre de temps, de labeur et de savoir.
Reveillé-Parise, *Études de l'Homme.*

La patience est l'appui de la faiblesse ; l'impatience est la ruine de la force.
Feuchtersleben, *Maximes et Pensées.*

Patience, sœur de l'espoir, seule, tu es forte dans le faible ; seule, tu es la révélation la plus parfaite, la plus délicate de l'âme humaine, en tant qu'elle est capable d'écarter du corps les maladies.
Le même, *ibid.*

PATRIE, PATRIOTISME.

La patrie représente Dieu sur la terre, par ses bienfaits, par son autorité, par son amour; elle a donc des droits suprêmes à notre gratitude. Elle est revêtue d'un caractère de sainteté que nous devons respecter toujours.

Belouino, Des Passions.

La patrie a quelque chose de sacré qui commande le respect de ses enfants; se tourner contre elle, la menacer ou lui faire violence, paraît aussi monstrueux, aussi dénaturé, que de lever la main sur sa mère.

L'abbé Bautain, docteur en médecine, Philosophie morale.

Comme toute vertu, le patriotisme est d'autant plus pur qu'il est plus animé par le sentiment du devoir, et qu'en aimant et servant sa patrie, l'homme a mieux conscience de ce qu'elle a fait pour lui et de ce qu'il doit faire pour elle.

Le même, ibid.

Il est une autre patrie : là seulement nous trouverons le bonheur, cette plante étrangère à la terre, qui ne croît qu'aux champs des cieux et ne fleurit que sous les regards de l'Éternel.

Beauchêne, Maximes, Réflexions et Pensées.

PAUVRES, PAUVRETÉ.

La pauvreté, objet de scandale pour l'ignorant et pour l'homme sans croyance, apparaît au chrétien comme une source féconde de vertus et de mérite pour les hommes.

Belouino, Le Livre des Pauvres.

Il y a toujours eu des pauvres, et il y en aura toujours. Si les fortunes étaient partagées, savez-vous ce que le revenu de la France entière donnerait à chacun? environ 75 centimes par jour. Ne serait-ce pas encore là la pauvreté? La vraie fortune de l'homme, c'est son travail, son activité, son intelligence.

Le même, *ibid.*

Avant la religion chrétienne, les pauvres n'avaient dans leur misère aucun but qui pût les encourager, aucun motif surhumain qui les aidât à supporter leur douleur. Ils savent aujourd'hui que leur pauvreté est un trésor pour la vie future, une semence féconde pour la moisson de l'éternité.

Le même, *ibid.*

Oh! que le pauvre qui reste vertueux doit avoir de mérite aux yeux de Dieu!

Le même, *Des Passions.*

Un plaisant a dit quelque part : « puisque les riches prétendent tous avoir leurs pauvres, pourquoi les pauvres n'ont-ils pas tous leurs riches? » — Pour deux raisons : la première, parce que l'on compte cent pauvres contre un riche; la seconde, parce qu'il n'y a pas encore assez de bons riches, et qu'il y a beaucoup trop de mauvais pauvres (1).

Souvenirs d'un ancien médecin.

---

(1) Au sujet des pauvres et d'une loi sur la mendicité, Napoléon Ier disait : « J'attache une grande importance et une grande idée de gloire à détruire la mendicité. Les fonds ne manquent pas ; le nœud de cette affaire est tout entier dans la stricte séparation du *pauvre* qui commande le respect d'avec le *mendiant* qui doit exciter la colère. »

La pauvreté traîne à sa suite un cortége de maux que la fortune et les soins bien entendus savent réduire ou atténuer.

Ménière, *Études médicales sur les poëtes latins*

PÉCHÉ.

Le péché est tout ce qu'il y a de plus antisocial.

De La Roïère, *Philosophie physiologique de l'homme.*

A mesure que nous nous affaiblissons par l'âge, nous nous fortifions dans le mal, et le nombre de nos jours multiplie nos péchés. Une faute commise à seize ans a plus de gravité à quarante, quoique accompagnée des mêmes circonstances, en ce que la maturité de notre jugement nous ôte tout droit de nous excuser.

Thomas Browne, *La Religion du médecin.*

Le temps imprime au péché un plus haut degré de malice, il le centuple, et, comme les chiffres en arithmétique, le dernier a plus de valeur que tous ceux qui précèdent.

Le même, *ibid.*

La pathologie nous montre dans la nature une image sensible du péché originel, image frappante non-seulement de l'existence d'une faute primitive, mais aussi de la possibilité de sa transmission. S'il est étrange que le péché du premier homme ait pesé sur ses descendants, est-il moins étrange que certaines maladies deviennent comme un héritage que transmettent les familles aux générations qui les suivent?

Dufieux, *Nature et Virginité.*

Adam ne devint le père des hommes qu'après son péché; tous ont dû subir l'influence de ce péché : il est impossible qu'une cause altérée produise des effets sans altération.

De La Roière, *Ibib.*

Le péché originel est un vice héréditaire qui porte sur la substance même de l'âme et qui renferme virtuellement les affections morbides morales des ascendants.

Vitteaut, *La Médecine dans ses rapports avec la Religion.*

L'homme pèche par pensée, par désir, par sentiment, par parole et par action; mais il n'est justiciable devant la loi que des deux dernières : quant aux trois premiers actes, c'est devant Dieu, devant la conscience et au tribunal de la pénitence que leurs délits doivent être portés.

Barbaste, *De l'Homicide et de l'Anthropophagie.*

PENCHANTS.

Le penchant sert de matière à la volonté : s'il est dominé par elle, il se change en *caractère;* s'il la domine, il se change en *passion.*

Feuchtersleben, *Hygiène de l'Ame.*

Le penchant est une passion à l'état rudimentaire, que les circonstances et surtout la satisfaction irritent et développent; la raison est appelée à en surveiller l'accroissement, à en maîtriser l'action. Voilà pourquoi l'enfance a besoin de leçons et la jeunesse, de frein.

Dufieux, *Nature et Virginité.*

Non-seulement la physiologie démontre que les penchants sont placés sous la domination de la volonté, et que l'homme possède la puissance de les vaincre, mais elle établit que c'est pour lui un devoir de résister à ses passions mauvaises.

Le même, ibid.

Diriger les bons penchants de l'enfance, redresser ses penchants vicieux, culture morale à laquelle les parents ne sauraient se livrer trop tôt.

Souvenirs d'un ancien médecin.

L'éducation, les institutions sociales, dirigent les penchants primitifs de l'homme ; la morale lui offre les moyens de les régler ; mais la religion seule peut lui donner la force de les combattre et de les vaincre quand ils sont vicieux.

BEAUCHÊNE, *Maximes, Réflexions et Pensées*.

La morale fait un devoir à tout homme honnête de résister aux penchants qui l'entraînent vers le mal.

BARBASTE, *De l'Homicide et de l'Anthropophagie.*

C'est de la religion que l'on retire les plus puissants moyens répressifs pour les mauvais penchants.

Le même, ibid.

PÉNITENCE.

La pénitence, l'étymologie l'indique, est le cœur étreint par le repentir (*pœnitentia tenet*).

Souvenirs d'un ancien médecin.

Née dans le cœur et partie du cœur, la pénitence offre au coupable une seconde planche de salut.

Ibid.

La pénitence est la réformation naturelle de l'homme.

Dufieux, Nature et Virginité.

Les souffrances de l'âme ne sont souvent qu'une pénitence subie, c'est-à-dire les suites inévitables d'un état intérieur contraire à la nature.

Feuchtersleben, Hygiène de l'Ame.

PENSÉE, PENSER.

Il faut que la pensée se purifie pour que le corps se dépouille de la souillure qu'il a contractée.

Desruelles.

La pensée ne s'ente pas sur la simple force vitale, elle ne peut se greffer que sur une âme intelligente.

Lordat, De l'Intelligence des Bêtes.

Pour bien penser, il faut s'instruire longtemps, toujours, toute la vie; les vastes, les grandes études rectifient le jugement.

Fabre-Terreneuve, Essai sur les moyens d'exercer la Médecine honorablement.

La pensée est presque devenue une manufacture, et le travail scientifique et littéraire s'exploite aussi avantageusement que toute autre industrie. Dans un tel état de choses, l'erreur ayant les mêmes droits de paraître que la vérité, le vrai et le faux, le bien et le mal, l'utile et le nuisible roulant pêle-mêle au milieu de la société, la liberté d'écrire et d'imprimer devient une cause de troubles, de désordres et d'immoralité.

L'abbé Bautain, docteur en médecine, Philosophie morale.

La pensée n'est autre chose que l'âme sentant, connaissant, voulant.

  Vitteaut, *La Médecine dans ses rapports avec la Religion.*

Si du mouvement et un fluide suffisaient pour penser, qui penserait mieux qu'un moulin à vent?

  Pidoux, *De la Nécessité du Spiritualisme pour régénérer la science médicale.*

Soit éveillé, soit plongé dans le sommeil, l'homme est là où est sa pensée dominante, et sa pensée reste presque toujours fixée à l'objet de son affection ou de ses craintes.

  Descuret, *Les Merveilles du Corps humain.*

Les pensées viennent souvent sans qu'on y pense, et s'en vont de même si l'on n'y prend garde.

  Beauchêne, *Maximes, Réflexions et Pensées.*

Les pensées, comme les diamants, coûtent souvent moins de peine à trouver qu'à polir.

  Le même, *ibid.*

Telle est la bizarrerie des pensées de l'homme, que celui qui dirait tout haut ce qu'il pense tout bas, serait regardé comme un fou.

  Le même, *ibid.*

Trop de mots pour exprimer une pensée remarquable, c'est une pièce d'or changée en monnaie de billon.

  Le même, *ibid.*

PERSÉVÉRANCE.

La persévérance est une sorte de constance, par laquelle l'âme s'affermit contre les difficultés que la longueur du temps lui apporte.

De La Chambre, *Les Caractères des Passions.*

La persévérance dans une résolution doit avoir des bornes ; dès que l'on s'aperçoit que l'on fait fausse route, il faut savoir revenir sur ses pas : l'opiniâtreté n'est que l'énergie de la sottise.

Descuret, *La Médecine des Passions.*

Voyez Constance.

PERSUASION.

L'heureuse persuasion est, plus qu'on ne le pense, un moyen de succès : par elle, les doutes s'éclaircissent, les craintes s'effacent, l'espérance naît, la coupe offre un breuvage moins amer, on sourit à la main qui le donne, et la voix qui en promet les bienfaits pénètre au fond du cœur, comme si elle descendait des cieux.

M.-A. Petit, *Essai sur la Médecine du cœur.*

Les hommes agiraient avec bien plus de sécurité, si la conviction pénétrait dans leur esprit en même temps que la persuasion dans leur cœur.

Souvenirs d'un ancien médecin.

PEUPLE.

Aucun souverain ne peut jamais devenir réellement absolu, ni aucun peuple réellement souverain.

De La Roière, *Philosophie physiologique de l'homme.*

La souveraineté ne peut résider dans tous agissant sur

un ; mais elle doit résider dans un agissant sur tous : le peuple ne peut être que sujet, et il le sera toujours, malgré ses prétentions et malgré ceux qui les ont fait naître ou les entretiennent.

Le même, *ibid.*

Le génie d'un peuple tient essentiellement aux doctrines qu'il professe.

THÉODORE PERRIN, *Influence des Doctrines sur la Musique.*

L'idée sublime que la vie est un temps d'épreuves et de combats s'efface de plus en plus dans les rangs inférieurs de la société, ceux dont l'ensemble consolide la base de la pyramide sociale. Les vertus du peuple sont la plus forte garantie de la force d'un empire, et ces vertus sont l'amour du travail et l'abnégation de soi que l'Évangile a prêchés.

LAUVERGNE, *Les Forçats.*

PEUR.

La peur, aussi bien que le courage, a son utilité dans les institutions de la Providence. On triomphe du malheur par le courage, on s'en préserve par la peur.

ALIBERT, *Physiologie des Passions.*

La peur est, surtout dans le premier âge, un sentiment conservateur : elle est en quelque sorte le bouclier de l'enfance, comme le courage doit être le bouclier de l'homme devenu adulte.

DESCURET, *La Médecine des Passions.*

Comme la plupart des passions, la peur est éminemnemment contagieuse, surtout quand elle agit sur les masses.

Le même, *ibid.*

On ne peut se défendre d'une profonde affliction quand on songe qu'il y a au moins un tiers de l'espèce humaine moissonné par les effets terribles de la peur.

ALIBERT, *Physiologie des Passions.*

La peur, ce moteur de tant d'actions lâches et criminelles, cet espoir de tous les factieux, joue un rôle considérable dans la production de la folie.

BRIERRE DE BOISMONT, *Du Suicide.*

La peur n'est pas toute d'origine mentale : les hommes qui ont peur ne raisonnent pas ; ils ne sont pas tout à fait maîtres de leurs actions.

BARBASTE, *De l'Homicide et de l'Anthropophagie.*

La peur, qui tient au besoin de la conservation, doit faire excuser les actes qu'elle provoque : il serait difficile d'y reconnaître une origine criminelle.

MARC, *De la Folie dans ses rapports avec les Questions médico-judiciaires.*

La peur abrége les jours de l'homme ; elle est un élément de l'hypochondrie ; aussi l'hypochondriaque meurt-il de la peur de mourir.

FEUCHTERSLEBEN, *Hygiène de l'Ame.*

PHILOSOPHES, PHILOSOPHIE.

Si la sagesse est le plus grand des biens, la philosophie,

à son tour, est la science et la pratique des vertus que la sagesse enseigne.

Foissac, *Hygiène philosophique de l'Ame.*

Il n'y a rien de vrai en philosophie, s'il est faux en théologie.

Sauvages, *Nosologie.*

Les vrais philosophes sont ceux qui améliorent les hommes ; et la preuve que les hommes façonnés par nos philosophes n'étaient pas améliorés, c'est cette suite d'horreurs qui, pendant un quart de siècle, ont fait le malheur de l'Europe et l'opprobre de notre espèce.

Pariset, *Notes sur Cabanis.*

Il est à remarquer combien ont été vaines et impuissantes les révoltes des philosophes contre la Divinité. Oui, les philosophes ont ébranlé les croyances, la morale, les prérogatives de la royauté et les pouvoirs du sacerdoce, et Dieu est resté toujours le même ; et les nouvelles générations, en venant au monde, ont apporté avec elles l'idée congénitale de sa gloire et de son immensité.

Lauvergne, *De l'Agonie et de la Mort.*

Le premier qui appela Dieu son père fut le plus éclairé des philosophes.

Beauchêne, *Maximes, Réflexions et Pensées.*

La philosophie est la médecine de l'âme, les satiriques sont des docteurs qui tranchent dans le vif.

Menière, *Études médicales sur les poëtes latins.*

La philosophie ne fait jamais rien que le christianisme ne soit à même de faire beaucoup mieux.

Barbaste, *De l'Homicide et de l'Anthropophagie*.

Toute réconcilation entre la religion et la philosophie doit être faite au pied du Calvaire.

Le même, *ibid.*

Pour entrer complétement dans son ère religieuse, la philosophie semble ne plus attendre que l'apparition d'un génie immense comme celui de Leibnitz et orthodoxe comme celui de Bossuet.

Le même, *ibid.*

PHRÉNOLOGIE.

On peut croire en même temps à la phrénologie, à Dieu et à l'âme. Pour mon compte, je voudrais que mon esprit se fermât aux lumières de la science, si la science devait me rendre matérialiste : on a calomnié la phrénologie.

Marchal de Calvi, *Du Sentiment et de l'Intelligence chez les Femmes*.

S'il y a quelque chose de vrai dans la phrénologie, ce doit être que c'est la faculté qui développe l'organe, et non pas l'organe qui règle et influence la faculté. Nous voulons en tout et toujours la suprématie de l'intelligence et l'inviolabilité du libre arbitre.

Belouino, *Des Passions*.

Tant que la phrénologie a semblé prendre pour but l'étendue des connaissances physiologiques, elle a dû avoir pour partisans tous ceux qui s'occupent d'agrandir la sphère de l'étude de l'homme, de son organisation matérielle, etc.; mais, lorsqu'elle a envahi le domaine de la philosophie morale, de la croyance générale des peuples; lorsqu'elle a voulu briser le lien qui unit le corps au principe immatériel, créer et localiser des organes se mouvant les uns par les autres et les uns malgré les autres, en raison de la prédominance de tel ou tel, et livrant l'homme à l'impétuosité de leur force sans qu'aucune puissance matérielle en change la marche et la fin, c'est alors qu'il est devenu impossible de ne pas s'armer du courage que le devoir inspire pour combattre des erreurs si préjudiciables à la morale et si funestes à la société.

Serrurier, *Phrénologie morale.*

PHYSIOLOGIE.

La science physiologique est, pour ainsi dire, la préface de la science divine. Beaucoup mieux peut-être que la métaphysique abstraite, l'étude de la physiologie enseigne Dieu à l'homme, et peut-être aussi sa destinée.

Reveillé-Parise, *Études de l'Homme.*

L'homme est né pour la vertu; devant cet axiome, il est impossible de nier que sa physiologie ne doive reposer tout entière sur l'effort, la lutte et le sacrifice.

Dufieux, *Nature et Virginité.*

Il en est du vrai physiologiste comme de l'astronome : jamais parmi eux on ne voit d'athée. Est-il possible d'assister soit au spectacle sublime des astres s'entre-attirant incessamment sans désordre, soit au jeu synergique des organes, sans apercevoir cette main puissante qui communique temporairement la vie à la matière, comme à l'univers sa coordination et sa durée?

Isidore Bourdon, *Lettres sur la Physiologie*.

PIÉTÉ.

Le désir de tout faire pour Dieu et en vue de Dieu, réalisé par les œuvres et confirmé par l'habitude, constitue la *piété*, la plus excellente des vertus, parce qu'elle comprend tous les sentiments de religion et de charité, et la plus utile à l'homme, puisqu'elle le rapproche de Dieu et tend à l'y unir par l'amour.

L'abbé Bautain, docteur en médecine, *Philosophie morale*.

La piété véritable a, comme l'or, sa pierre de touche, c'est la charité. Tout arbre qui ne produit pas est mauvais, toute piété qui ne sert pas au prochain est une piété vaine et fausse.

Belouino, *La Femme*.

PITIÉ.

Aucune affection ne fait couler de plus douces larmes que la pitié.

Virey, *Dictionnaire des Sciences médicales*, art. Passions.

Le but de la pitié est de soulager celui qui souffre ; la pitié factice s'arrête à l'émotion agréable que donne l'apitoyement, et ne va pas au but.

L'abbé Bautain, docteur en médecine, *Philosophie morale*.

La pitié est un sentiment si énergique qu'il est des circonstances où elle nous poursuit longtemps après que nous lui avons résisté. Il y a en nous comme une voix secrète qui nous reproche la dureté de notre âme; nous retournons alors, par une pente irrésistible, vers l'être malheureux que nous avions délaissé, et nous nous plaisons à réparer les suites d'un injuste abandon.

ALIBERT, Physiologie des Passions.

PLAISANTERIE.

Rien de plus sérieux que la plaisanterie placée mal à propos.

BEAUCHÊNE, Maximes, Réflexions et Pensées.

La plaisanterie veut être maniée avec une exquise délicatesse; tâchons qu'elle ne dégénère pas en ironie.

Souvenirs d'un ancien médecin.

PLAISIRS.

Il est certain que l'espèce de culte que beaucoup de personnes riches ont pour leur existence matérielle, leur recherche exclusive des jouissances sensuelles, leur dévotion à l'oisiveté, aux plaisirs énervants, toute cette religion de la chair qui corrompt et pervertit les plus nobles facultés, ôtent également à l'organisme toute sa vigueur et sa force de réaction.

RÉVEILLÉ-PARISE, Études de l'Homme.

En fait de plaisir, quand on est modéré, il n'y a rien de si aisé que d'avoir le superflu.

Le même, *ibid.*

Le plaisir est l'ennemi du bonheur.

BEAUCHÊNE, *Maximes, Réflexions et Pensées.*

Folie de courir après les plaisirs du monde! Ils n'offrent pour la plupart que de courts enivrements et de longs déboires (1).

Souvenirs d'un ancien médecin.

Pour être goûtés, les plaisirs doivent être un délassement; c'est le travail qui leur donne tout leur arome.

BELOUINO, *La Femme.*

Les plaisirs du siècle sont insipides pour celui à qui la grâce a parlé.

J. BAYLE, *Lettre à M. Pellegrin.*

Que les plaisirs du monde sont frivoles, qu'ils sont peu proportionnés aux désirs insatiables de mon cœur!

Le même, *ibid.*

POLITESSE.

Ce qu'on nomme *politesse*, dans la société, n'est autre chose que le mode obligé d'expression de tous les sentiments de la bienveillance. La politesse est le partage de la haute civilisation et le plus fort lien de la sociabilité. Malheureusement, elle n'est quelquefois que l'imitation

---

(1) La science, disait Amédée Bonnet à ceux que le plaisir détourne du sanctuaire, est une vierge jalouse qui ne veut point d'autre culte.

d'un sentiment purement factice et qu'on n'éprouve pas.

ALIBERT, *Physiologie des Passions.*

La politesse est une habitude et un ensemble d'égards pour autrui, dont témoignent le langage, la physionomie et toute notre façon d'être.

Le docteur VÉRON, *Mémoires.*

La politesse, si bien définie l'*amabilité apprise*, devra s'attacher à mettre une douce harmonie entre le regard, l'attitude, les gestes et le son de la voix : simple devoir de société, la politesse devient un devoir sacré, un besoin du cœur, quand il s'agit de témoigner à des parents l'amour et le respect que l'on a pour eux.

DESCURET, *Les Merveilles du Corps humain.*

La politesse est une sorte de dorure qui cache souvent ce qui est faux en lui donnant de l'éclat.

BEAUCHÊNE, *Maximes, Réflexions et Pensées.*

Dans la société, la politesse est un passeport dont la vertu même a besoin et dont le vice s'autorise.

Le même, *ibid.*

POLITIQUE.

En fait de politique, les hommes se rangent plutôt du côté de leurs intérêts, les femmes du côté de leurs sentiments.

Souvenirs d'un ancien médecin.

L'attachement à ses malades joint à l'art de les persuader, voilà, en première ligne, la politique du médecin.

Ibid.

POLYGAMIE.

La polygamie compromet le sort de l'humanité ; elle enlève au cœur ses plus pures et ses plus ineffables jouissances ; le bonheur quitte celui qui se blase au sein d'un odieux partage ; l'homme qu'enflamme un violent amour ne peut entendre que la même voix.

ALIBERT, *Physiologie des Passions.*

La polygamie est contraire à l'ordre physique, à l'ordre moral et aux intérêts de la société.

DEVAY, *Hygiène des Familles.*

L'institution du mariage polygame, reposant sur la déconsidération du sexe féminin asservi par le plus fort, sape la population en sapant la famille.

Le même, *ibid.*

Chez le musulman polygame, l'amour n'est qu'un sensualisme grossier : les affections paternelles, maternelles et filiales s'élèvent un peu au-dessus de l'instinct des brutes, et voilà tout. Quand ces affections font effort pour se développer dans les cœurs, l'égoïsme les tue.

BELOUINO, *La Femme.*

PRÉJUGÉS.

Préjugé, opinion préconçue, jugement d'aveugle.

Souvenirs d'un ancien médecin.

Le sage ne foule pas aux pieds certains préjugés, il passe pardessus.

Ibid.

Il est des préjugés qui sont utiles à la vertu, comme certaines maladies à la santé.

Beauchêne, *Maximes, Réflexions et Pensées*.

PRÊTRE.

Le prêtre est l'homme du dévouement et de la charité ; il résume en sa personne toutes les abnégations et tous les sacrifices ; il est l'apôtre de la vérité, et, par conséquent, de la société, de la civilisation et de la liberté ; car tous ces biens nous sont venus avec la vérité.

Le P. Debreyne, trappiste, D^r en médecine, *Théologie morale*.

Il faut que le prêtre suive le progrès et le mouvement scientifique de son siècle ; c'est désormais un besoin social et une nécessité de l'époque qu'il saura comprendre.

Le même, *ibid*.

Si Benoît XIV et plusieurs conciles interdisent l'exercice de la médecine aux prêtres qui connaissent à fond l'art de guérir, quels anathèmes ne doivent-ils pas lancer contre tout ecclésiastique assez téméraire pour oser pratiquer la médecine sans la savoir.

Le même, *ibid*.

Le prêtre doit vivre ici-bas comme Jésus-Christ y a vécu, plein de l'esprit de Dieu, et vide de l'esprit du monde.

L'abbé Bautain, docteur en médecine, *Philosophie morale*.

Ce n'est pas le grand nombre, c'est le choix des prêtres qui importe à la Religion.

Beauchêne, *Maximes, Réflexions et Pensées.*

PRIÈRE.

La prière, cette grande voix de l'homme vers Dieu; cette voix qui s'élève involontairement de l'âme dans toutes les émotions de crainte et de désir, n'est pas commandée moins impérieusement par la raison que par l'instinct.

Amédée Bonnet, *Influence des Lettres et des Sciences sur l'Éducation.*

Prier est le seul moyen d'obtenir quand on ne peut prendre. Or, Dieu est placé trop haut pour que l'homme puisse y mettre la main ; il ne lui reste pour parvenir à ses fins que la prière.

De La Roière, *Philosophie physiologique de l'Homme.*

La prière, animée par la foi, l'espérance et l'amour, faite en présence de Dieu avec un cœur soumis et humble, calme toutes les douleurs, morales et physiques, ou les fait aimer. Elle seule donne à l'homme tout ce qui lui manque. Rien ne fait défaut à celui qui prie bien.

Le même, *ibid.*

La prière se fondant sur l'affection et sur l'espérance porte en elle-même la consolation et le courage.

Collineau. *De l'Entendement humain.*

Ceux qui sont heureux doivent prier Dieu qu'il les conserve dans cet état, si rare ici-bas; ceux qui sont malheureux doivent le prier d'épancher sur eux quelques-unes de ses consolations.

Belouino, *Le Livre du pauvre.*

Oh! non, ne délaissez pas la prière ; c'est le lien qui rattache la terre au ciel ; c'est le baume qui guérit ; c'est la voix qui console.

Le même, *ibid.*

La prière n'est pas seulement l'encens du cœur, c'est aussi le baume céleste qui eu guérit les plaies.

Souvenirs d'un ancien médecin.

PRINCIPE VITAL, FORCE VITALE.

J'appelle *principe vital* de l'homme, la cause qui produit tous les phénomènes de la vie dans le corps humain.

J. Barthez, *Nouveaux Éléments de la Science de l'Homme.*

Différente de l'âme, qui a pour caractères essentiels la conscience et la volonté, la force vitale est *une*, comme elle, malgré la grande variété des phénomènes qui lui appartiennent dans les diverses parties du corps qu'elle vivifie.

A.-P.-J. Bayle, *Éléments de Pathologie médicale.*

La force vitale a des procédés aveugles et nécessaires, quoique empreints d'une profonde sagesse ; l'âme, au contraire, est intelligente et libre par elle-même.

Le même, *ibid.*

PROBITÉ.

Probité n'est que devoir.
Souvenirs d'un ancien médecin.

Probité sans Religion, petite vertu trop sujette aux chutes.
Ibid.

Ce n'est pas sans raison que les anciens, dans leur définition du médecin, comme de l'orateur, plaçaient la probité avant le talent.
Le professeur Grisolle, *Éloge de Chomel.*

PROFESSION, CARRIÈRE.

Une profession est un lien d'assujettissement à une multiplicité de devoirs : elle fait supposer dans l'individu des vertus spéciales en surcroît des vertus communes à tous les gens de bien.

Fabre-Terreneuve, *Essai sur les moyens d'exercer la Médecine honorablement.*

Plus les professions sont matérielles et grossières, plus l'âme s'endort et reste dans un repos léthargique : on dirait que l'homme s'abrutit au contact de la matière.
Belouino, *Des Passions.*

La dignité des professions n'est pas seulement en rapport avec le degré d'intelligence qu'elles exigent et les avantages qu'elles procurent à la société, elle dépend aussi de la naissance de ceux qui les exercent. Par leur empressement à y entrer, les fils de famille contribueraient à accroître l'estime dans laquelle ces professions sont tenues par le public, et en même temps qu'ils pourraient en élever le niveau intellectuel, ils en agrandiraient aussi la condition sociale.

<small>Amédée Bonnet, *De l'Oisiveté de la Jeunesse dans les classes riches*.</small>

Le péril entoure de toute part le jeune homme qui néglige de suivre une carrière utile : il est bien à redouter, le repos qui ne porte aucun fruit !

<small>Le même, *ibid*.</small>

L'habitude d'un travail régulier, suivi, peut seul conserver la vigueur et la fécondité de l'intelligence ; et c'est parce qu'il y a si peu d'hommes qui sachent se l'imposer librement, comme Alfieri, Buffon, Lavoisier, que la contrainte professionnelle est en général nécessaire.

<small>Le même, *ibid*.</small>

Ne devrait-on pas honorer une profession en raison même de la fatigue, des périls et du dégoût qui l'accompagnent ?

<small>Foissac, *Hygiène philosophique de l'Ame*.</small>

PROGRÈS.

L'homme ne peut faire des progrès que dans la vérité, car le progrès n'est autre chose que la vérité de mieux en mieux connue par lui et devenant la règle de ses actes. Hors de là est la mort, où tout progrès devient nécessairement impossible.

<small>De La Roière, *Philosophie physiologique de l'Homme*.</small>

Une condition essentielle pour que le progrès matériel soit un progrès, c'est que les besoins matériels soient toujours subordonnés aux besoins moraux ; sans cela, cette action plus grande et ces moyens de conservation plus étendus, au lieu d'être des progrès, ne sont que des reculs ; au lieu d'amener le bonheur de l'homme, ils lui sont contraires, et déterminent des satiétés fatigantes et douloureuses, des privations cruelles.

Le même, ibid.

Le progrès moral n'a pour principe et pour fin que la vérité morale, la satisfaction des besoins moraux ; mais il amène nécessairement une meilleure satisfaction des besoins matériels, ce que le progrès matériel seul ne peut faire. Il importe donc essentiellement à l'homme et à la société de faire des progrès moraux, si l'un et l'autre veulent vivre.

Le même, ibid.

Ne pas admirer ce que les temps ont produit de bon, c'est refuser un juste encens au progrès des véritables lumières.

BEAUCHÊNE, Maximes, Réflexions et Pensées.

PROMESSE.

L'honneur et la crainte sont deux garants de nos promesses ; lequel est le plus sûr ? je n'ose le dire.

BEAUCHÊNE, Maximes, Réflexions et Pensées.

Il y a autant de noblesse à obliger sans promesse, que de bassesse à promettre sans obliger.

Le même, ibid.

PROPRETÉ.

Que d'avantages ne retire-t-on pas de la propreté! Outre que cette compagne de l'ordre est indispensable pour entretenir la santé et la finesse du tact, elle ménage les objets, diminue les dépenses, et donne à l'esprit plus de sérénité en reposant agréablement la vue. Il y a d'ailleurs dans la propreté quelque chose d'honnête et de distingué qui annonce le respect de soi-même.

Descuret, Les Merveilles du Corps humain.

Il est des natures ignobles pour qui la propreté n'est pas un besoin, et qui ne la croient pas un devoir.

Souvenirs d'un ancien médecin.

Une vertu féminine dont dépend souvent le sort des familles, c'est la propreté, symbole de la pureté de l'âme, propreté non par soubresaut, mais continuelle et irréprochable.

Desrivières, Discours.

Voyez Vieillards.

PROSÉLYTISME.

L'esprit de prosélytisme, que plusieurs ont condamné, tout en le pratiquant, doit exister chez tout homme qui sent dans sa conscience qu'il a à communiquer des vérités utiles: C'est l'indifférence qu'il faut condamner; elle constitue l'isolement de l'homme au milieu de ses semblables et sa parfaite inutilité.

De La Roière, Philosophie physiologique de l'Homme.

Au lieu de condamner le prosélytisme en lui-même, il faut le louer; car il est établi pour produire la diffusion du bien et le perfectionnement de l'homme et de la société. Il ne peut être condamnable que par le principe qui le meut, les moyens employés et la fin qu'on veut obtenir : si l'on est mû par la haine, au lieu de l'être par l'amour; si, pour réussir, on emploie la violence, la fraude ou le mensonge; et si l'on n'a pour fin que son bien seul ou celui des siens, et non celui de tous, ou, ce qui est pis encore, si l'on veut leur inoculer le mal dont on souffre.

Le même, ibid.

PROSPÉRITÉ.

La prospérité est pour bien des âmes un écueil fécond en naufrages.

Souvenirs d'un ancien médecin.

La prospérité et l'adversité sont souvent pour l'âme une épreuve également redoutable.

BEAUCHÊNE, Maximes, Réflexions et Pensées.

L'or s'éprouve par le feu, et l'homme par la prospérité.

Le même, ibid.

Les longues prospérités amènent souvent de grands maux : elles rendent la félicité insipide par l'habitude d'en jouir, et le malheur insupportable par sa nouveauté.

Le même, ibid.

PRUDENCE.

La prudence est l'une des vertus les plus propres à former l'entendement et à lui procurer toutes les qualités essentielles à sa perfection. C'est elle qui tient en bride l'imagination et l'empêche de tomber dans ces écarts qui font voir plus de vivacité que de raisonnement. C'est elle qui étouffe dès leur naissance ces monstres que les passions enfantent. Satires effrénées et injurieuses, libelles diffamatoires, réflexions irréligieuses, livres impurs et licencieux, en un mot tout ce qui tend au vice ou au désordre est condamné à son tribunal.

Le Camus, *Médecine de l'Esprit.*

C'est la prudence qui prescrit la fin aux autres vertus morales et qui se prescrit les limites dans lesquelles elle doit se renfermer; car, si elle évite la précipitation, elle craint la lenteur; si elle fuit la nouveauté, elle appréhende la prévention. Elle ne marche qu'avec circonspection et précaution. C'est le seul moyen de mériter l'estime des gens raisonnables et de s'attirer la confiance même des plus pervers.

Le même, *ibid.*

Intermédiaire en quelque sorte aux passions et à l'intelligence, la prudence est inspirée par l'instinct, réglée par le jugement, perfectionnée par la raison. Ses caractères justifient l'expression d'un ancien philosophe qui la nommait le *gouvernail de l'âme.*

Lepelletier (de la Sarthe), *Physiologie médicale et philosophique.*

L'exercice de la prudence suppose les leçons de l'expérience. De là vient que, dans la mythologie des anciens, on la représente comme une divinité à deux visages, dont l'un se retourne vers le passé, et l'autre se dirige vers l'avenir.

Alibert, *Physiologie des Passions.*

La prudence est la vertu la plus immédiatement applicable au bonheur de la vie.

Le même, *ibid.*

Ce n'est pas être prudent que mettre toute sa confiance dans la prudence.

Beauchêne, *Maximes, Réflexions et Pensées.*

PUDEUR.

La pudeur est une honte instinctive qui s'empare de l'âme en présence de ce qui porte atteinte à ses susceptibilités naturelles. Elle est une manifestation de l'amour de soi révolté par ce qui peut offenser la dignité de l'âme ou la chasteté du corps. C'est un sentiment qu'on trouve, pour ainsi dire, à la superficie du cœur, dont il semble une exhalation : ainsi la fleur a son parfum, et les fruits leur efflorescence veloutée.

Belouino, *Des Passions.*

La pudeur est l'encadrement enchanteur de la beauté, la couleur de l'innocence; rien n'égale la suavité des teintes et les mystérieux attraits dont elle pare le visage des vierges; lumière sacrée de la vertu, elle met en elle d'ineffables douceurs et les colore de reflets angéliques.

Attribut de la jeunesse et surtout du sexe féminin, elle existe instinctivement dans toute âme qui n'a pas encore contact du monde, et chez laquelle l'éducation n'a pas étouffé la nature.

Le même, *ibid.*

Pour avancer que la pudeur n'est pas dans la nature, il faut ignorer bien profondément ses œuvres, ses desseins et son but.

Le même, *ibid.*

Il importe à la jeunesse d'être bien dirigée par le sentiment de la honte du mal ou de la *pudeur*.

Virey, *Dictionnaire des Sciences médicales*, art. Passion.

Une belle femme sans pudeur est une rose sans parfum.

Beauchêne, *Maximes, Réflexions et Pensées.*

PURETÉ.

Si l'humilité est la gardienne des vertus, la pureté en est la nourrice.

Souvenirs d'un ancien médecin.

Pureté, chasteté, virginité, trois vertus sœurs, trois sœurs célestes formant la couronne d'une seule Mère subi le entre toutes les femmes.

Le même, *ibid.*

Voyez les art. Chasteté, Pudeur, Virginité.

PURGATOIRE.

A la sortie de ce monde, combien peu d'âmes dignes

d'aller immédiatement se reposer dans le sein de Dieu ! preuve suffisante de la réalité du purgatoire.

Souvenirs d'un ancien médecin.

Que les pères de l'Église ont raison de nous représenter le purgatoire comme une sorte d'enfer, avec l'espérance de plus et l'éternité de moins !

Le même, *ibid.*

Bizarre outrecuidance des réformateurs du XVIe siècle ! ils ont proclamé l'éternité des peines de l'enfer, et ils ont *réformé* la foi, si consolante, aux peines passagères du purgatoire !

Le même, *ibid.*

RAILLEURS, RAILLER.

On peut dire que les railleurs sont atteints d'une sorte de débilité morale, qui est, pour ainsi dire, de niveau avec la défectuosité de leurs organes physiques.

ALIBERT, *Physiologie des Passions.*

Observez l'homme qui a du penchant à railler les autres ; à coup sûr, il est aussi présomptueux que malin : rire d'autrui, c'est vanter sa propre excellence.

Le même, *ibid.*

Railler celui à qui le respect défend de répondre, c'est lâcheté.

BEAUCHÊNE, *Maximes, Réflexions et Pensées.*

RAISON.

La raison, c'est l'accord de la conscience et de la volonté.
Scipion Pinel, Physiologie de l'Homme aliéné.

La raison est une lutte contre l'animalité.
Dufieux, Nature et Virginité.

La raison est comme un rayon divin qui se répand sur l'homme et le revêt de majesté ; elle ne lui a pas été donnée pour être la compagne du vice.
Le même, ibid.

La raison, ce principe sublime et divin que l'homme a seul en partage, a la plus grande influence, non-seulement sur son caractère en général, mais encore sur la perfection et la durée de sa vie.
Hufeland, L'Art de prolonger la vie humaine.

Loin d'être un <i>trouble-fête,</i> comme l'assure Montaigne, la raison neutralise souvent le venin que la folie a jeté dans la coupe.
Réveillé-Parise, Études de l'Homme.

Guide et sœur de la vertu, la raison n'enseigne à l'homme à connaître les lois de la nature que pour qu'il sache accomplir les volontés de son Auteur.
Pariset, Discours.

Les premiers avocats du monde sont le sentiment et la raison.
Le même, Éloge d'Esquirol.

Rien de plus insupportable que l'homme qui n'a jamais

tort, si ce n'est celui qui veut toujours avoir raison.

Beauchêne, *Maximes, Réflexions et Pensées.*

L'esprit éblouit; la raison éclaire.

Le même, *ibid.*

RATIONALISME, RATIONALISTES.

Il y a dans cette doctrine la source de toutes les aberrations et de tous les crimes.

Vitteaut, *La Médecine dans ses rapports avec la Religion.*

Pour être rationnel, le rationaliste aurait dû dire : Je ne crois qu'à ma raison et n'obéis qu'à ma volonté.

Le même, *ibid.*

RECONNAISSANCE.

Sentiment mixte, la reconnaissance est le souvenir d'un bienfait, accompagné du désir de s'acquitter. De ce que les sourds-muets ont dit que la reconnaissance était *la mémoire du cœur*, il ne faudrait pas conclure que les ingrats manquent de mémoire : cette faculté de l'intelligence fait au contraire leur plus grand supplice.

Alibert, *Physiologie des Passions.*

Si la reconnaissance n'était souvent altérée par l'orgueil et la vanité, elle serait la plus douce de nos impulsions naturelles.

Le même, *ibid.*

La reconnaissance est une belle fille qui devient muette en grandissant.

M.-A. Petit, *Essai sur la Médecine du Cœur.*

Chacun de nous doit payer sa dette de reconnaissance à Dieu, par l'hommage de son être et l'adoration de son cœur : à ses bienfaiteurs particuliers, par l'affection et le dévouement ; à la société, par le concours de ses facultés physiques et morales au bonheur de tous, et par la pratique de la charité.

Belouino, *Des Passions.*

La mémoire du cœur est l'une des qualités que la femme possède à un haut degré. Si elle n'oublie jamais les affronts infligés à son amour-propre, elle manque rarement d'acquitter les dettes de reconnaissance qu'elle a contractées : l'ingratitude est moins son défaut que le nôtre.

Serrurier, *Mesdames les Femmes.*

La reconnaissance est la pierre de touche des belles âmes.

L'abbé Bautain, docteur en médecine, *Philosophie morale.*

La reconnaissance n'acquitte pas d'un grand bienfait, elle n'en peut payer que les intérêts.

Beauchêne, *Maximes, Réflexions et Pensées.*

On peut compter sur la reconnaissance de ceux à qui l'on n'a rendu que de petits services.

Le même, *ibid.*

RÉFLEXION.

C'est la faculté de se replier sur les connaissances acquises, pour les apprécier ce qu'elles valent et en faire ensuite la matière du raisonnement, acte secondaire qui nous dirige pour faire un emploi convenable des acquisitions de notre esprit. La nature nous donne la réflexion pour rectifier nos penchants, pour mûrir nos actions, pour éclairer nos déterminations.

ALIBERT, *Physiologie des Passions.*

La réflexion est à l'esprit ce que l'exercice est au corps, elle le développe et le fortifie.

BEAUCHÊNE, *Maximes, Réflexions et Pensées.*

La réflexion est, en elle-même, une occupation véritablement humaine, bienfaisante et salutaire, qui répond à notre double destinée.

FEUCHTERSLEBEN, *Hygiène de l'Ame.*

REGARD.

Toujours d'accord avec la religion, l'hygiène morale conseille aux jeunes gens d'éviter l'imprudence du regard : presque toujours c'est par les yeux que la volupté commence ses attaques.

DESCURET, *Les Merveilles du Corps humain.*

La modestie, la franchise et la chasteté du regard sont l'indice d'une âme honnête ; elles annoncent aussi une bonne éducation.

Le même, *ibid.*

RÉGIME.

Quoique les aliments aient été établis pour la nutrition et la réfection du corps, si on les prend trop abondants, de mauvaise qualité ou d'une manière irrégulière, ils peuvent engendrer une foule de maladies; aussi le proverbe ne ment pas quand il dit : *la bouche tue plus d'hommes que l'épée*. On est donc fondé à croire que, si le nombre de ceux qui atteignent un âge convenable est si petit, et si l'on meurt avant la vieillesse, les écarts de régime en sont la principale cause.

Daniel Sennert, *Institutions médicales.*

Bon régime, brevet de longévité pour qui le suit.
Souvenirs d'un ancien médecin.

RELIGION.

L'affaiblissement des principes religieux est presque toujours la conséquence et l'indice de quelque honteuse passion.

Descuret, *La Médecine des Passions.*

Imaginez une douleur pour laquelle la religion n'ait pas trouvé un remède, un chagrin pour lequel elle n'ait pas de consolation, un élan du cœur pour lequel elle n'ait pas un espoir. Il n'est pas de misère humaine, pas d'infortune, pas de crime, qui ne puissent se réfugier dans son sein.

Belouino, *Le Livre des Pauvres.*

La religion chrétienne, en exaltant la dignité humaine, a régénéré l'éducation de l'homme en général et en particulier.

Devay, *Hygiène des Familles.*

Seul fondement inébranlable de la société humaine, unique base sur laquelle repose la stabilité des empires et le bonheur des peuples, la religion ne borne pas sa toute-puissance à doter l'homme des vertus en ce monde et de la félicité dans l'autre ; elle exerce encore une grande influence sur sa santé, par la nature même des devoirs qu'elle impose et des pratiques auxquelles elle assujettit.

Pointe, *Hygiène des Collèges*.

La religion inspire la vertu ; ce fait incontestable démontre qu'elle contribue à la santé ; car, point de santé sans le vrai contentement de l'âme, et point de vrai contentement de l'âme sans la vertu.

Le même, *ibid*.

La religion catholique a deux leviers par excellence, qui ont sauvé de nombreuses victimes, ces deux leviers sont la confession et le cloître.

Brierre de Boismont, *Du Suicide*.

La philosophie et la religion sont la ressource des malheureux. La première est toujours insuffisante ; la seconde fait retrouver un calme et un bonheur plus grands que ceux qu'on avait perdus.

Rast, *Pensées*.

La force de la religion chrétienne est toute dans l'unité insaisissable de Dieu, vers laquelle l'âme fatiguée du doute se tourne, de la naissance à la tombe pour les uns, de l'agonie à la mort pour les autres.

Lauvergne, *Les Forçats*.

La religion dégage le cœur des désirs vains, rend tranquille dans le malheur, humble devant Dieu, hardi devant les hommes, plein de confiance dans la Providence.

ZIMMERMANN, *De la Solitude.*

La religion contribue à prolonger la vie, par les forces qu'elle donne pour combattre les passions.

HUFELAND, *L'Art de prolonger la Vie humaine.*

La religion établit et consolide le monde moral, comme la gravitation fonde et soutient le monde physique.

L'abbé BAUTAIN, docteur en médecine, *Philosophie morale.*

La religion est à la fois la base et la perfection de la morale.

BEAUCHÊNE, *Maximes, Réflexions et Pensées.*

Vivre sans religion, c'est naviguer sur une mer orageuse sans pilote et sans boussole.

Le même, *ibid.*

La religion est le chemin abrégé pour arriver aux vérités qu'enseigne la philosophie.

FOISSAC, *Hygiène philosophique de l'Ame.*

La religion ne trace pas le chemin de la félicité tel que le recherche et le rêve notre faiblesse; elle apprend que les larmes, la pauvreté, la persécution et toutes les afflictions de la vie sont des préparations au bonheur et à la grâce.

Le même, *ibid.*

Non, sans la religion, l'homme ne pouvait pas être juste : c'est elle qui nous fait payer à Dieu le tribut que nous lui devons : la religion est le fondement de la justice.

PAUL ZACCHIAS, *Questions médico-légales.*

REMORDS.

Le remords est le cri accusateur de la conscience blessée.
Descuret, La Médecine des Passions.

Le remords, ce sentiment cruel, est l'heureuse et nécessaire conséquence du sentiment de bonheur qui fait la morale : on ne saurait lui échapper ; il est l'avertissement du vice, la vengeance du crime ; il tenaille le cœur jusqu'à ce que la volonté répare les méfaits de la vanité, de la colère et des autres passions ; il meurtrit de ses affreux serrements le pervers ; c'est un trait vivant et vengeur qu'il porte au cœur, et dont la douleur est plus déchirante quand il se trouve seul devant lui-même.
Scipion Pinel, Physiologie de l'Homme aliéné.

Le remords a été donné en souffrance physique, afin qu'il fût éloquent chez tous les hommes. L'intelligence peut faire le repentir ; mais, par le brisement du cœur, le remords est un repentir permanent, involontaire, inévitable. L'intelligence est trop ingénieuse à s'excuser dans ses faiblesses ; le cœur ne sait que souffrir : il a l'instinct sublime et la fidélité de la vertu.
Le même, ibid.

Tout passe, tout s'efface dans le cœur de l'homme, excepté le remords.
Beauchêne, Maximes, Réflexions et Pensées.

On ne saurait se faire une idée du grand nombre d'observations de folie où le remords se dresse comme un spectre !

BRIERRE DE BOISMONT, *Du Suicide*.

REPENTIR.

Le repentir est la peine que Dieu attache à l'inconstance de l'esprit humain, quand il agit contre son bonheur terrestre, et surtout contre ses intérêts éternels.

BELOUINO, *Des Passions*.

Le repentir qui fait d'inutiles efforts de bonheur, de vaines tentatives, d'imprudents essais, ne peut que rapprocher l'homme de son but véritable : c'est une voix d'en haut qui parle à son cœur, un avertissement dont il faut remercier le Ciel comme d'un bienfait.

Le même, *ibid*.

Heureux l'homme quand ses repentirs ne sont pas des remords ; quand ils ne sont que de vains regrets appliqués à des illusions perdues, à des espoirs trompés !

Le même, *ibid*.

Heureux le coupable qui prête attention au cri salutaire de sa conscience ! tout n'est pas perdu pour lui : la douleur morale peut encore le ramener au bonheur en le ramenant à la vertu par le repentir (1).

DESCURET, *La Médecine des Passions*.

---

(1) *Repentir* (dérivé de *rursus* et de *pœna*) désigne la *peine*, le regret *réitéré* d'avoir commis une action mauvaise ou imprudente ; le *remords* (de *rursus* et de *mordeo, morsum*) est la *morsure* du cœur ; la *contrition* en est le broiement (*contero*).

REPOS.

Pour que le repos soit bienfaisant, il faut en avoir besoin.
FEUCHTERSLEBEN, *Hygiène de l'Ame.*

Le temps est une grâce, l'homme doit payer sa vie par le travail. Nicole étant venu annoncer au grand Arnauld que, fatigué des luttes incessantes soutenues contre tant d'adversaires, il désirait enfin se reposer. « Hé quoi ! reprit vivement Arnauld, n'aurez-vous pas pour vous reposer l'éternité tout entière ? »
FOISSAC, *Hygiène philosophique de l'Ame.*

Point de repos au soldat chrétien marchant à la conquête de l'éternel repos.
Souvenirs d'un ancien médecin.

REPROCHES.

Les seuls reproches dont on profite sont ceux que l'on se fait à soi-même.
BEAUCHÊNE, *Maximes, Réflexions et Pensées.*

Les reproches seraient bien autrement profitables si, les présentant sous forme de conseils, on s'adressait au cœur en même temps qu'à l'esprit du coupable.
Souvenirs d'un ancien médecin.

Il est une muette sévérité, souvent plus éloquente que les reproches.
Le même, *ibid.*

RÉPUTATION, RENOMMÉE.

Mieux vaut pour le bonheur une honorable réputation qu'une grande célébrité.
Souvenirs d'un ancien médecin.

Il ne faut pas confondre la considération avec la réputation : celle-ci est souvent factice et usurpée.
Beauchêne, Maximes, Réflexions et Pensées.

Trop souvent le hasard commence les réputations, l'intrigue les achève.
Le même, ibid.

La réputation est comme un grand arbre couvert de fleurs, mais qui ne porte pas toujours du fruit.
Le même, ibid.

Je suis de l'avis du P. Griffet, jésuite, qu'il faut bien distinguer les réputations *fondées* de celles qui sont *fabriquées*.
Desgenettes.

La renommée et le succès s'acquièrent ordinairement au prix de tant de douleurs et de traverses, que l'homme regrette souvent de les avoir poursuivis.
Foissac, Hygiène philosophique de l'Ame.

Il y a quelque chose au-dessus de la réputation, c'est le devoir.
Leuret, Indications à suivre dans le traitement moral de la Folie.

RESPECT, RESPECT HUMAIN.

Dans l'ordre social, le respect est l'aveu exprimé ou

tacite de la prééminence que nous accordons à un autre individu sur nous-mêmes ; c'est un hommage rendu à une supériorité quelconque ; on le doit à la vertu, au rang, à la naissance, à l'expérience, à la dignité paternelle.

Alibert, *Physiologie des Passions.*

Un des résultats les plus intéressants de la civilisation européenne, est de nous avoir inspiré du respect pour les femmes et d'avoir fait ployer la force sous le doux empire des grâces.

Le même, *ibid.*

Bien que le respect soit un sentiment grave et sérieux qui prescrit à l'âme une sorte de réserve, il n'est pas sans quelque douceur quand il part d'une grande estime et quand c'est l'amitié qui se l'impose.

Le même, *ibid.*

Le sentiment du respect est dû à nos parents, qui sont pour nous des bienfaiteurs et les représentants de l'autorité de Dieu ; à la vieillesse, à cause de son expérience, de sa faiblesse et des travaux qu'elle a accomplis. Nous devons du respect aux femmes, parce qu'il est le seul rempart qui les protége... Nous le leur devons, parce que Dieu nous l'a prescrit, parce qu'avec le bienfait de la vie elle nous donnent les premiers aliments de nos corps et les premières croyances de nos âmes.

Belouino, *Des Passions.*

Il est des hommes pervertis et méprisables qui n'ont de respect pour rien ; ils méritent qu'on les repousse de partout, comme des profanateurs et des impies.

Le même, *ibid.*

Le respect de la loi implique le respect du pouvoir chargé de l'exécuter, et qui en est le délégué.

L'abbé Bautain, docteur en médecine, *Philosophie morale.*

Né d'une mauvaise honte qui nous fait dissimuler notre foi, le respect humain est un premier pas vers l'apostasie et, par conséquent, une lâcheté.

Descuret, *La Médecine des Passions.*

RÉSURRECTION.

L'homme est aussi pour nous la *plante mystique de la résurrection.*

Devay, *Induction physiologique touchant la Fin de l'homme et sa Résurrection.*

On appelle *isomères* les corps qui peuvent changer tour à tour de formes, d'aspect et de propriété, *sans cesser d'être eux-mêmes.* Un fait semblable prépare mon esprit à concevoir la possibilité des promesses évangéliques touchant la fin de l'homme et sa résurrection.

Le même, *ibid.*

La parole de Dieu, qui ne trompe jamais, peut seule nous assurer de la résurrection ; et lorsqu'on pense à la manière dont la chose se fera, il faut avoir recours à la Toute-Puissance qui opère des merveilles.

Nieuwentyt, *L'Existence de Dieu démontrée par les merveilles de la Nature.*

Vous qui niez la résurrection, dites-nous si les parties

qui composent votre corps visible n'étaient pas aussi écartées l'une de l'autre sur la terre, il y a environ cinq mille ans, qu'elles le seront quelques années après votre mort ou à la fin du monde?

Le même, *ibid.*

Le dogme de la résurrection de la chair peut bien confondre la raison, mais il ne saurait la choquer : l'union de l'âme et du corps constituant l'épreuve qu'on appelle la vie, n'est-il pas juste que, solidaires durant la lutte, ces deux athlètes le soient encore après la défaite ou la victoire?

Souvenirs d'un ancien médecin.

RÉVÉLATION.

S'appuyant sur des faits qui ont frappé les sens d'un grand nombre de témoins, justifiés pour moi par la critique historique, la révélation reçoit le même genre de garantie que toutes les autres vérités.

F. BÉRARD, *Doctrine des Rapports du physique et du moral.*

Le philosophe chrétien pourrait admettre deux sortes de révélations religieuses : celle de la nature, et celle de Dieu même, qui est plus directe, plus immédiate, plus positive que la première, et qui s'appuie également sur le témoignage des sens.

Le même, *ibid.*

Non, la raison ne saurait remplacer la foi, la charité et les promesses de la révélation.

LAUVERGNE, *De l'Agonie et de la Mort.*

La révélation est l'expression de la plus pure et de la plus haute raison philosophique, c'est le critérium de la vérité religieuse.

<small>Vitteaut, *La Médecine dans ses rapports avec la Religion.*</small>

RÉVOLUTION.

Les doctrines révolutionnaires sont au corps social ce que les poisons sont au corps de l'homme, un moyen de destruction rapide.

<small>Beauchêne, *Maximes, Réflexions et Pensées.*</small>

Le principe qui commence les révolutions ne les achève jamais, il leur survit toujours.

<small>Le même, *ibid.*</small>

On termine une révolution en rendant heureux ceux qui veulent qu'elle continue.

<small>Le même, *ibid.*</small>

Les révolutions qui se sont accomplies sous nos yeux ont encore donné à l'homme une grande et importante leçon : placer son bonheur, ses espérances sur des biens aléatoires, c'est s'exposer à de cruels mécomptes ; selon une expression de saint Augustin, c'est *répandre son âme sur le sable* : un coup de vent emporte tout. Heureux celui qui a prévu la tempête, ou qui, dans le naufrage, abandonne aux flots, comme Zénon, sa cargaison de pourpre de Tyr, mais en sauvant la sagesse !

<small>Foissac, *Hygiène philosophique de l'Ame.*</small>

Voyez Irréligion et Richesses.

RICHES, RICHESSES.

Les riches sont portés à croire qu'ils sont supérieurs aux autres hommes, et l'on fait ce qu'il faut pour leur persuader qu'ils n'ont pas tort.

Beauchêne, Maximes, Réflexions et Pensées.

Les richesses donnent de l'orgueil quand on n'a pas à se glorifier d'autre chose.

Le même, ibid.

Les pauvres sont malheureux parce qu'ils croient que le bonheur est dans la richesse, et les riches, parce qu'ils ne savent pas l'y trouver.

Le même, ibid.

La poursuite immodérée des richesses n'est pas moins fatale aux États qu'aux simples particuliers.

Foissac, Hygiène philosophique de l'Ame.

Les richesses ne préservent ni de la maladie, ni de la douleur, ni de la vieillesse. Si la mort est l'espoir du pauvre, elle est la terreur du riche.

Le même, ibid.

Il n'appartient qu'à des sophistes de prétendre que la fortune n'est pas avantageuse à qui sait en faire un bon usage.

Le même, ibid.

L'honnête homme possède les richesses sans en être possédé.

Le même, ibid.

RIDICULE.

Le ridicule est une sorte de difformité morale facile à apercevoir, difficile à corriger.

BEAUCHÊNE, *Maximes, Réflexions et Pensées.*

Si vous reprochez à votre ami ses défauts ou ses vices, vous courez risque de rompre avec lui; si vous l'avertissez de ses ridicules, soyez certains qu'il ne vous le pardonnera pas.

Le même, *ibid.*

RIRE ET SOURIRE.

Le rire, qui n'est que l'épanouissement du cœur, revêt deux caractères, l'un de joie bienveillante, l'autre de satisfaction maligne, moqueuse; et, il faut bien l'avouer, ce dernier caractère est le plus fréquent.

DESCURET, *Les Merveilles du Corps humain.*

Il y a des manières de rire si affectées ou si bruyantes, qu'elles arrêtent la gaieté : le rire doit être franc et modéré, surtout en bonne compagnie.

Le même, *ibid.*

Quant au sourire, tantôt il trahit une moquerie pleine de finesse, tantôt un dédain plus ou moins contenu par le savoir-vivre; plus souvent encore il annonce une douce satisfaction, une joie franche ou mélangée de tristesse; il est surtout la touchante expression de la tendresse maternelle.

Le même, *ibid.*

Méfiez-vous des gens qui ont constamment le sourire sur les lèvres, aussi bien que de ceux qui ont la bouche de travers, et dont le rire a quelque chose de forcé : la grâce du sourire, est la mesure de la bonté du cœur et de la noblesse des sentiments. Pour Lavater, le plus beau des sourires est celui de la charité qui cache ses bienfaits.

Le même, *La Médecine des Passions.*

Il n'est pas de plus doux sourire que celui qui éclaire un visage mouillé de larmes.

FEUCHTERSLEBEN, *Hygiène de l'Ame.*

ROMANS.

Les romans ont tous les défauts du théâtre, moins la mise en scène ; ils en ont de plus grands, en ce qu'ils disent au lecteur tout ce qu'on n'oserait dire à l'auditeur.

BELOUINO, *Des Passions.*

C'est à la lecture de ces productions que nous devons cette foule innombrable de prétendus artistes, de femmes incomprises, de jeunes gens misanthropes et fatigués de la vie. C'est grâce à ces livres que tant de femmes jouent de funestes rôles dans les intrigues qui compromettent à la fois leur honneur, leur repos et la paix de leur ménage. Ce sont les romans qui poussent tant de malheureux au suicide, tant de coupables au bagne et à l'échafaud.

Le même, *ibid.*

Il est des livres qui ont flétri plus d'organisations, qui

ont amené plus de morts précoces que les excès de débauche les plus outrés : ce sont les productions bizarres et bâtardes de l'esprit humain, où tout est exagéré, invraisemblable ou faux ; où des épisodes dramatiques, terribles, bouleversent la sensibilité et les fonctions nerveuses des jeunes gens, irritent et exaltent prodigieusement leurs passions.

Devay, Hygiène des Familles.

En faisant vibrer les fibres les plus sales du cœur humain, le roman moderne a cela d'antisocial qu'il pervertit tour à tour l'instinct, l'intelligence et le sentiment.

Lauvergne, Les Forçats.

Un des effets les plus nuisibles de la lecture des romans, c'est de nous faire perdre de vue la véritable mesure avec laquelle nous devons les juger. En ne nous offrant que des modèles de constance et de fermeté, cette sorte de livres nous familiarise trop avec l'idée d'une perfection peu compatible avec la faiblesse humaine ; de sorte que, chacun s'attendant à voir cette idée se réaliser en sa faveur, se regarde comme l'objet d'un malheur particulier lorsqu'il vient à être détrompé.

Roussel. Système physique et moral de la Femme.

La lecture des romans est surtout dangereuse pour les femmes, parce que, en leur présentant l'homme sous une forme et des traits exagérés, elle les prépare à des dégoûts inévitables et à un vide qu'elles ne doivent pas raisonnablement espérer de remplir.

Le même, ibid.

Nous devons, et c'est une des prérogatives de la médecine morale, nous élever avec force contre cette tendance de la littérature moderne à s'emparer du mauvais côté du cœur humain pour l'exploiter dans ces romans, ces drames, où les infirmités les plus humiliantes de la nature sont dévoilées sans retenue.

Andral, Cours de Pathologie interne.

Cette littérature de roman, vive, alerte, audacieuse, et qui ne connaît aucune entrave, n'a-t-elle pas ses dangers pour la société ? La pudeur et la décence n'ont-elles rien à redouter de ces personnages nus et débraillés qu'on fait poser chaque jour sous les yeux de plusieurs millions de lecteurs ? Certes, tous les romanciers ne sont pas passibles de ces reproches ; mais la plupart d'entre eux, par le choix de leurs types, tirés des tabagies, des bagnes ou du personnel de la *Gazette des Tribunaux*, se font, pour ainsi dire, les apologistes involontaires du vice, du libertinage et du crime.

Barbaste, De l'Homicide et de l'Anthropophagie.

Si votre fille lit des romans à quinze ans, elle aura des attaques de nerfs à vingt ans.

Tissot.

Il faut sévèrement interdire aux jeunes gens ces romans immoraux, ces livres obscènes qui pervertissent le cœur et l'imagination, exaltent les sens, et conduisent souvent à une énervation, prélude de l'hypochondrie et des autres maladies les plus graves.

Brachet, Traité de l'Hypochondrie.

« Jamais fille chaste n'a lu de romans... Celle qui, malgré son titre, osera lire celui-ci, est une fille perdue,» s'écrie, dans sa Préface de la *Nouvelle Héloïse*, Rousseau, juge sévère de Jean-Jacques.

Henri Roger, *Revue Scientifique.*

RUSE.

La ruse est l'obliquité de la finesse.

Souvenirs d'un ancien médecin.

Comment la ruse tiendrait-elle longtemps contre la sincérité ? l'une est faiblesse, l'autre est force.

Ibid.

Les ruses du malade échouent contre la finesse du médecin.

Ibid.

Autant les ruses sont condamnables dans la vie ordinaire, autant elles sont dignes d'être approuvées quand elles ont pour but le redressement de la raison.

Leuret, *Indications à suivre dans le traitement moral de la Folie.*

SACREMENTS.

Quand nous n'attribuerions pas aux sacrements des vertus miraculeuses proprement dites, nous penserions qu'ils favorisent le perfectionnement de la double nature humaine; que, dans certaines circonstances, ils réagissent favorablement sur l'organisme entier, par l'impression salutaire et profonde qu'ils opèrent primitivement sur l'âme.

Devay, *Hygiène des Familles.*

Si les derniers sacrements sont d'une nécessité absolue, chose dont je ne doute point, ne pourrait-on pas les administrer de manière qu'ils ne devinssent pas pour certains mourants un objet de terreur? N'y aurait-il pas un moyen simple à prendre, qui concilierait tout à la fois et les intérêts de la médecine et ceux de la religion? Je désirerais que le curé allât voir son paroissien aussitôt qu'il le sait malade, que sur-le-champ il le confessât, et que, sans attendre au lendemain, il lui donnât le viatique et l'extrême-onction.

Rodolphe Muret, *Lettres sur la pratique de la Médecine*.

Jamais les sacrements, administrés avec intelligence, ne produisent d'effets fâcheux sur les malades. La plupart, au contraire, éprouvent, après les avoir reçus, un bien-être de l'âme, une satisfaction douce, dont le corps reçoit l'influence.

Belouino, *Des Passions*.

Venez, ministre d'une religion bienfaisante, empreinte du sceau éternel de la Divinité, venez retremper l'âme du moribond en dispensant sur lui un rayon de la lumière céleste.

Campardon, *Du Courage dans les Maladies*.

SACRILÉGE (LOI DU).

La loi du sacrilége est tombée; malheureusement, rien ne l'a remplacée; par conséquent, nulle ferme croyance ne s'est rattachée, comme un nœud indissoluble, au chaînon brisé de la religion et de la foi.

Lauvergne, *Les Forçats*.

SANTÉ.

La santé est le trésor le plus facile à perdre, et cependant le plus mal gardé.

Beauchêne, *Maximes, Réflexions et Pensées*.

Négliger de s'occuper de sa santé, c'est mal fait ; s'en occuper trop, c'est bien pis.

Le même, *ibid*.

Si la santé est la pierre angulaire du bonheur, elle est aussi celle de la gloire.

Réveillé-Parise, *Physiologie et Hygiène des Hommes livrés aux travaux de l'esprit*.

La santé est la condition essentielle, la source active de nos jouissances, et même, d'après Socrate, le principe de la sagesse et de la vertu ; c'est le premier des biens, celui qui les remplace tous et sans lequel les autres ne sont rien ; la sacrifier est un crime de lèse-nature.

Le même, *ibid*.

La santé est une plante délicate qui a besoin de culture, mais à laquelle le soleil, la lumière, l'air pur, sont indispensables.

Le même, *ibid*.

La santé imite rarement la fortune, elle ne se donne guère à des gens qui en font un mauvais usage, mais elle reste volontiers avec celui qui en sent le prix ; elle exige peu et donne beaucoup. Je suis persuadé que si la plupart des penseurs employaient à la conserver la dixième partie des soins qu'ils apportent au plus mince de leurs ouvrages, très rarement auraient-ils le chagrin de l'avoir perdue.

Le même, *ibid*.

L'art précieux de conserver sa santé ne conduit pas indubitablement à la sagesse ; mais il constitue des individus réglés, tempérants, modérés, maîtres d'eux-mêmes ; s'il ne forme pas directement à la vertu par la volonté, il en rapproche insensiblement par les habitudes.

Le même, *Études de l'Homme*.

La santé réside dans l'équilibre normal de l'excitement et de l'excitabilité organiques.

Le même, *ibid*.

N'oublions pas que si la santé publique est le résultat d'une civilisation plus parfaite, elle en est encore le signe infaillible ; tandis qu'un peuple maladif est nécessairement un peuple qui a de mauvaises lois.

Pariset, *Discours*.

La ruine de la santé est la conséquence de la négation de Dieu et du culte de la matière.

Vitteaut, *La Médecine dans ses rapports avec la Religion*.

La santé parfaite n'existe pas, parce que le principe de la vie n'est pas dans son état normal primitif, et qu'il n'a pas été, d'une manière générale et parfaite, scientifiquement rendu à cet état.

Le même, *ibid*.

Si vous ne rendez l'homme meilleur, ne songez pas à conserver sa santé.

Feuchtersleben, *Hygiène de l'Ame*.

SCANDALE.

Le scandale n'est que trop souvent l'éclat de l'infamie.
Souvenirs d'un ancien médecin.

Le scandale fait tache et s'étend au loin.
Ibid.

Le scandale est la renommée des méchants.
BEAUCHÊNE, Maximes, Réflexions et Pensées.

SCIENCE, SAVOIR.

Science sans conscience n'est que ruine de l'âme,
RABELAIS.

Un savoir vaste et profond, voilà le véritable maître de l'humilité.
GRÉGORY, Discours sur les Devoirs du Médecin.

A nos yeux, la science n'est qu'une chose vaine, qu'une aberration de l'orgueil humain, qu'un chétif édifice d'hypothèses, quand elle n'enfonce pas ses racines dans les vérités religieuses.
BELOUINO, Des Passions.

Aimez la science d'un amour pur et sincère, car cet amour vous donnera à lui seul tout ce qui fait une vie heureuse, des goûts simples, des habitudes régulières, l'indépendance dans votre jugement et votre conduite, et le désintéressement dans l'exercice de votre profession ; il vous donnera enfin cette joie intérieure et cette estime des hommes de bien, qui sont la plus douce récompense des âmes honnêtes et généreuses.

ROYER-COLLARD, *Discours pour la rentrée de l'École de Médecine.*

La science est le premier devoir du médecin. Lorsqu'il s'agit de la vie des hommes, l'ignorance est un crime : or, la science ne se devine pas, elle s'acquiert par un travail persévérant.

CRUVEILHIER, *Des Devoirs et de la Moralité du Médecin.*

La destinée de la science est d'avancer sans cesse et de ne s'achever jamais.

RÉVEILLÉ-PARISE, *Galerie médicale.*

Cache ton savoir est parfois une règle aussi importante que celle qui recommande de cacher son bonheur.

Le même, *Études de l'Homme.*

La science est moins digne de louange que la vertu, parce qu'elle est moins nécessaire.

PARISET, *Discours.*

Notre temps présent, qui a été jadis de l'avenir, deviendra à son tour du passé ; et il arrivera une époque où notre science paraîtra petite. Nos volumes, tout grossis par la science contemporaine, se réduiront à quelques lignes durables qui iront former le fond des livres nouveaux.

LITTRÉ, *Notice sur Ampère.*

Quatre choses sont nécessaires pour réussir dans le monde : le *savoir*, le *savoir-dire*, le *savoir-faire* et le *savoir-vivre*. On est considéré par le savoir, on entraîne par le savoir-dire, on arrive par le savoir-faire, on se fait aimer par le savoir-vivre.

Souvenirs d'un ancien médecin.

Quels que soient nos facultés, notre talent, notre génie, dans n'importe quel genre, nous ne devons pas nous faire illusion : la science humaine est impuissante à elle seule à nous sauver.

Vittbaut, *La Médecine dans ses rapports avec la Religion.*

Savoir étant posséder la première comme la dernière raison de toutes choses, l'Éternel seul, principe et fin de tous les êtres, en a l'intelligence, autrement dit, Dieu *sait :* Dieu et science sont synonymes.

Desrivières, *Discours.*

SECRET.

Un médecin n'est en droit de révéler que ce qu'il sait d'édifiant et jamais ce qu'il peut avoir appris de scandaleux ; il doit, s'il le faut, être martyr d'un secret confié, il en est responsable à l'ombre même qui réside dans le tombeau.

Tissot, *De l'Influence des Passions dans les maladies.*

Non, aucune considération humaine ne pourrait nous arracher un secret qui nous aurait été confié dans l'exercice de notre profession ; plus forte que les promesses et les menaces, notre conscience de médecin protesterait contre toute violence et répondrait par ces énergiques paroles : « Nous ne le devons pas ! »

Cruveilhier, *Des Devoirs et de la Moralité du Médecin.*

Il y a peu d'hommes qui emportent leur secret dans la tombe, à moins qu'ils ne succombent de bonne heure sous cette compression.

Lordat, *De l'Intelligence des Bêtes.*

SENS.

Les sens nous avertissent de ce qui se passe autour de nous ; mais leur action finit avec celle des corps qui les frappe. Le Créateur, afin de multiplier ses merveilles dans l'homme, a voulu suppléer à ce défaut des sens en nous donnant le pouvoir de nous représenter les choses qui sont passées, celles qui doivent arriver et celles qui sont absentes. Les philosophes ont appelé la première de ces facultés *mémoire*, et l'autre *imagination*.

Nieuwentyt, *L'Existence de Dieu démontrée par les merveilles de la Nature.*

Si tout nous venait des sens, si rien ne nous arrivait que par les sens, comme on l'a si souvent répété depuis Aristote, la plupart des animaux devraient avoir une intelligence bien supérieure à celle de l'homme, parce qu'ils ont des sens bien plus exquis et bien plus parfaits. Cependant, quelle différence ! « Qu'on détruise les sens dans l'homme, dit Buffon, il perdra la connaissance des qualités du corps ; l'âme n'en subsistera pas moins, les fonctions intérieures subsisteront, et la pensée se manifestera toujours au dedans de nous-mêmes. »

Brachet, *Physiologie de l'Homme.*

Ce sont d'excellents serviteurs que nos sens ; mais, il faut l'avouer, de fort mauvais maîtres ! Dans notre constitution individuelle, ils ne se montrent que trop disposés à s'emparer du pouvoir, et à l'exercer d'une manière tyrannique.

Descuret, *Les Merveilles du corps humain.*

N'oublions pas que si nos sens sont des *porte-idées*, ils sont aussi des *porte-passions* dont on ne saurait trop se défier.

Le même, *ibid.*

SENS INTIME.

Le principe de l'intelligence de l'homme n'est pas soumis aux lois de la vieillesse, comme la force vitale.

Lordat, *Preuve de l'Insénescence du Sens intime.*

Si jamais les législateurs oubliaient la réalité de l'*insénescence* du sens intime de l'homme, la médecine légale serait là pour la leur rappeler.

Le même, *ibid.*

SENS MORAL.

Le sens moral est ce sentiment inné du vrai, du bien et du juste, qui inspire à l'homme, dans l'usage de ses facultés physiques et morales, les grandes et nobles déterminations, et l'entraîne à réaliser ses destinées terrestres dans la mesure du devoir et souvent même du sacrifice.

Vincent, *Des Habitudes dans l'Armée.*

Il faut qu'on le sache bien, la vraie, l'unique source du bonheur, est dans l'existence du sens moral; c'est donc à le conserver que doivent tendre tous nos efforts.

Le même, *ibid.*

SENSATIONS, SENTIR.

Si l'homme éprouve au dedans de lui une foule de sensations dont il ne peut se rendre compte, c'est qu'il est trop borné pour se comprendre lui-même.

BEAUCHÊNE, *Maximes, Réflexions et Pensées.*

Comme les sensations deviennent erreurs en traversant une idée fixe !

SCIPION PINEL, *Physiologie de l'Homme aliéné.*

La sensation qui nous affecte le plus est celle qui ne nous a jamais frappés.

BICHAT, *Recherches sur la Vie et la Mort.*

Les êtres inférieurs à l'homme ne pensent pas ce qu'ils sentent ; les intelligences pures pensent et ne sentent pas. Dans l'homme seul, il existe entre le corps et l'âme un rapport qui s'exprime par le sentiment intellectuel.

FEUCHTERSLEBEN, *Hygiène de l'Ame.*

SENSIBILITÉ.

La sensibilité comprend l'imagination et le sentiment ; sachons tourner l'imagination vers ce qui est beau et agréable ; alimentons le sentiment au moyen de ce qui est grand et serein ; cultivons l'une et l'autre en cultivant l'art.

FEUCHTERSLEBEN, *Hygiène de l'Ame.*

De tous les peuples modernes, il n'en est aucun chez lequel la sensibilité générale, trait d'union du monde des faits et du monde des idées, soit plus développé que chez les Français.

Brierre de Boismont, *Du Suicide.*

Le remède à une sensibilité trop vive est de contraindre l'esprit et le corps à des occupations exactes, chaque jour prescrites et mesurées.

Réveillé-Parise, *Études de l'Homme.*

On dit que l'exercice de la médecine, et surtout l'exercice de la chirurgie, endurcit le cœur. Oui, il émousse cette sensibilité des nerfs qui trouble les sens; mais il laisse intact et pure cette sensibilité de l'âme, cette sensibilité virile qui compatit à la douleur, qui l'abrége, qui la console, qui relève le courage abattu et laisse à l'homme de l'art assez de sang-froid pour remédier à un accident imprévu.

Cruveilhier, *Des Devoirs et de la Moralité du Médecin.*

SENSUALISME, SENSUALITÉ.

On flétrit du nom de sensualisme ce matérialisme voluptueux qui prétend faire des sens les dominateurs de l'âme.

Souvenirs d'un ancien médecin.

Le sensualisme, en abaissant le caractère, en affaiblissant les ressorts de l'âme qui nous portent à la vertu, détruit en même temps les forces qui tendent à nous guérir.

Théodore Perrin, *Rapport sur l'Établissement des Jeunes Incurables de Lyon.*

Malheur à l'homme qui s'approprie avec immodération tout ce qui flatte sa sensualité !

ALIBERT, *Physiologie des Passions.*

Voyez INTEMPÉRANCE.

SILENCE.

Dans tous les temps, le silence discret et la tempérance dans le discours ont été regardés comme un signe de sagesse. Celui qui aspire et travaille sérieusement à son perfectionnement moral s'efforce de mettre une garde sur ses lèvres et un frein à sa langue.

L'abbé BAUTAIN, docteur en médecine, *Philosophie morale.*

En renfermant notre langue dans une double prison formée par les dents et par les lèvres, le Créateur ne semble-t-il pas nous indiquer le soin que nous devons mettre à la retenir, à savoir à propos garder le silence, pour ne laisser échapper ni mensonge, ni parole obscène, ni jurement, ni indiscrétion, surtout ni médisance, ni calomnie, source de tant de haines, de procès et de crimes?

DESCURET, *Les Merveilles du Corps humain.*

En gardant toujours le silence à propos, on s'initie au rare talent de savoir écouter : il y a tout profit.

Souvenirs d'un ancien médecin.

Dans les monastères et dans les maisons de détention, une des plus grandes mortifications de la vie, c'est le silence.

LORDAT, *De l'Intelligence des Bêtes.*

Le silence est une marque de stupidité chez quelques-uns, d'esprit chez quelques autres : le silence du sage est une modestie vénérable, celui du sot est une faveur qu'il accorde à la compagnie ; mais il est rarement dans ses jours de largesse.

Beauchêne, *Maximes, Réflexions et Pensées.*

Voyez Taire (se).

SOBRIÉTÉ.

La sobriété est regardée par tous les moralistes comme la mère de la santé et de la sagesse : c'est le meilleur préservatif contre les maladies et les vices, dont elle étouffe le germe, tandis que l'intempérance en favorise toujours le funeste développement.

Descuret, *La Médecine des Passions.*

Rien n'est favorable au développement et au libre exercice de l'esprit, à l'empire de l'âme sur le corps, comme la sobriété.

Belouino, *Des Passions.*

La sobriété entretient le silence des passions ; elle laisse à la raison plus de netteté, au jugement plus de justesse, au bonheur plus de profondeur : la gêne de la douleur n'obscurcit point l'intelligence, dès lors l'esprit voit mieux, plus vite et plus loin.

Réveillé-Parise, *Études de l'Homme.*

La table est un autel élevé à la sobriété ; quiconque ne

comprend pas cela est voué d'avance à la maladie et n'a que de très courts plaisirs.

Le même, *ibid.*

Voyez Manger et Tempérance.

SOCIÉTÉ, CORPS SOCIAL.

Oui, l'homme est né pour la société ; son organisation tout entière en rend témoignage : la société est un besoin pour son corps, un besoin pour son cœur, un besoin pour son intelligence.

Dufieux, *Nature et Virginité*.

Si l'homme est né le plus faible, en revanche il est né le plus sociable de tous les animaux. C'est dans la société que Dieu a mis la force qui doit le protéger. C'est la société qui lui donne le jour, qui le défend, le nourrit, l'élève : c'est par elle qu'il vit, c'est par elle qu'il doit vivre.

Pariset, *Éloge d'Esquirol*.

L'éducation, la morale et la religion sont des conditions tellement essentielles au bonheur et à la conservation des sociétés humaines, qu'il est impossible de les concevoir autrement qu'appuyées sur ces bases.

Martin jeune (de Montpellier), *De l'Habitude*.

L'âme du corps social, c'est la religion ; il languit quand elle s'affaiblit, il meurt quand elle disparaît.

Beauchêne, *Maximes, Réflexions et Pensées*.

La société humaine ne subsiste que par la vertu, laquelle consiste dans le rapport de nos actions avec le bien public.

Pariset, *Notes sur Cabanis*.

C'est parce qu'il y a *diversité* et *inégalité* d'un homme à l'autre qu'il y a *société*, c'est-à-dire *échange de services* parmi les hommes.

Le même, ibid.

Une société n'est durable que lorsqu'elle repose sur le triangle de la foi, de la patrie et de la famille : l'absence d'un seul de ces pivots la fait chanceler et hâte sa chute.

LAUVERGNE, De l'Agonie et de la Mort.

La perfection des sociétés est en raison de ce qu'elles font pour le développement humain dans toutes ses directions et surtout sous le rapport intellectuel et moral.

L'abbé BAUTAIN, docteur en médecine, Philosophie morale.

La régénération et l'avenir de la société sont dans le corps enseignant.

BRIERRE DE BOISMONT, Du Suicide.

Détruire la société par le fer, ou, ce qui est pire encore, par le poison des sophismes, est le plus grand de tous les crimes ; la servir, au contraire, est le premier de tous les devoirs.

PARISET, Éloge d'Esquirol.

Quand la société est profondément corrompue, les succès qu'on y obtient sont plus souvent la récompense du vice que de la vertu.

BEAUCHÊNE, Maximes, Réflexions et Pensées.

Il en est du corps social comme il en est de notre organisme : quand l'âme se sépare du corps de l'homme, c'est la décomposition, la putréfaction qui survient ; de même, quand l'esprit divin se retire d'une société, c'est la dissolution, et aucune force humaine ne peut arrêter cette dissolution.

VITTEAUT, *La Médecine dans ses rapports avec la Religion.*

SOLITUDE.

Le caractère et les sentiments gagnent dans la solitude non-seulement plus de propriété et de force, mais encore ils acquièrent une véritable élévation. Nulle part aussi nous n'apprenons davantage à nous connaître nous-mêmes. Dans la retraite, nous sommes beaucoup plus près de nous, et nous vivons plus intimement avec nous-mêmes. On peut, à la vérité, être sage et réfléchi dans le monde, surtout si l'on n'y entre pas sans principes; mais il est beaucoup plus difficile d'y rester bon et vertueux.

ZIMMERMANN, *De la Solitude.*

Dans la solitude, on se laisse moins abattre par les revers et moins enivrer par les succès, parce qu'on n'est pas autant exposé aux coups de la fortune dans les lieux où la vie coule comme une ombre légère. On n'a pas besoin d'y être instruit par le malheur, pour concevoir que nous ne sommes rien devant Dieu, rien que par Dieu.

Le même, *ibid.*

Dans la solitude, nous voyons de plus près et plus intimement l'œil qui nous voit tous. Le silence nous rappelle toujours à cette idée consolante, à ce sentiment doux et satisfaisant, que Dieu nous voit, nous environne, domine sur nous et gouverne tout autour de nous par sa puissance et sa bonté. Partout nous apercevons Dieu dans la solitude. Délivrés de la fermentation dangereuse des sens, maîtrisés par des inclinations plus nobles, pleins d'une joie pure et inaltérable, nous y pensons plus sérieusement et plus vivement, avec plus de confiance et de liberté, à notre félicité suprême, et nous en jouissons en y pensant. Dans ce saint recueillement, toutes pensées ignobles, tous soucis, tous soins bas et terrestres disparaissent.

Le même, ibid.

La solitude peut vaincre les plus grands obstacles à la piété, si l'on veut employer tous les jours au recueillement et à la réflexion autant de temps que l'on en consacre au jeu et à la toilette.

Le même, ibid.

Un penchant vif et décidé pour la solitude est quelquefois une heureuse vocation qui nous rappelle à Dieu.

Le même, ibid.

La solitude donne à l'esprit un goût plus exquis, des pensées plus étendues, une activité plus grande, et lui procure des plaisirs qui le mettent au-dessus de tout, et que personne ne lui enlève.

Le même, ibid.

Tout le plaisir du monde perd ses charmes à chaque sacrifice qu'on fait à la vertu dans la solitude.

Le même, ibid.

En général, être seul n'est pas bon pour les affligés; néanmoins, la solitude change quelquefois une profonde tristesse en une douce mélancolie.

Le même, ibid.

La solitude détruit toute vaine ambition, en dépouillant tous les biens de la terre du faux éclat que leur prête l'imagination.

Le même, ibid.

Jamais grondeur n'est moins à sa place que dans la société ; la solitude doit être son unique asile.

Le même, ibid.

Dans la solitude, les vraies jouissances du cœur font naître souvent des idées religieuses, et celles-ci augmentent réciproquement les plaisirs de la solitude. Une vie simple, innocente et tranquille, rend le cœur beaucoup plus propre à s'élever vers Dieu : la vue de toute la nature appelle à la religion, et l'effet le plus sublime de la religion, c'est la paix de l'âme.

Le même, ibid.

On n'est libre que dans la solitude.

LAUVERGNE, De l'Agonie et de la Mort.

Une solitude de choix, nullement attristante, jointe à la permanence du repos et du bien-être, donne à l'intelligence une singulière énergie. Moins exposé aux chances aléatoires de la vie, on pense plus, on pense mieux, on laisse errer à loisir ses idées dans l'espace et le temps, ou bien on les concentre sur un objet particulier. N'est-ce pas dans le silence et la retraite que se fait la véritable apparition des muses?

Reveillé-Parise, *Physiologie et Hygiène des Hommes livrés aux travaux de l'esprit.*

Il est certain que l'habitude de se réfugier en soi développe une sensibilité dont la délicatesse révèle les moindres nuances de nos affections; aussi, en s'isolant du monde, les sentiments semblent s'épurer, les affections bienveillantes acquérir plus d'expansion et de vivacité; la paix avec soi-même est souvent la paix avec le monde entier.

Le même, *ibid.*

De toutes les intelligences, les moins propres à la solitude sont les imaginations fortes, vivement préoccupées, qui s'exaltent avec facilité, se créent un monde de chimères, tantôt brillantes, tantôt horribles; et, chose remarquable, ce sont de pareils penseurs qui la désirent avec le plus d'ardeur : espèces d'ascètes qui se plongent dans l'isolement pour méditer, pour rêver, pour approfondir; rien ne peut les en arracher. C'est une vie de somnambulisme intellectuel qui absorbe bientôt la vie d'action.

Le même, *ibid.*

La douleur morale triple d'énergie dans la solitude; elle rend fous les caractères faibles.

Le même, *Études de l'Homme.*

Voulez-vous avoir une idée juste du mérite de la solitude? Sachez qu'elle fait le désespoir des sots, le supplice des méchants et le bonheur des sages.

Beauchêne, *Maximes, Réflexions et Pensées.*

Avec un cœur pur, une imagination vive, on n'est jamais moins seul que dans la solitude.

Le même, *ibid.*

Le solitaire a besoin de l'infini pour nourrir sa pensée.

Le même, *ibid.*

SOMMEIL.

Le sommeil est le règne de l'imagination privée de mentor.
Descuret, *Les Merveilles du Corps humain.*

Veillez autour du malade qui repose; éloignez-en le bruit, le tumulte et les insectes ennemis; que tout ce qui l'entoure soit soumis au besoin qu'il a du repos; chassez le zèle indiscret, la tendresse déplacée; reculez un remède que l'heure semble appeler : le sommeil est celui qui lui convient le mieux; l'abréger, c'est ajouter à ses maux, c'est changer une guérison contre son espérance.

M.-A. Petit, *Discours sur la Douleur.*

Le sommeil du médecin est le seul qu'on ne respecte jamais.

Cruveilhier, *Des Devoirs et de la Moralité du Médecin.*

Pour les Sybarites, le sommeil était le bien suprême,

une pensée, un souvenir même étaient un poids ; ils dormaient pour tout oublier.

Alibert, *Physiologie des Passions.*

Pour le chrétien, le sommeil n'est qu'un temps d'arrêt dans le travail ; il ne dort que pour mieux reprendre sa tâche.

Souvenirs d'un ancien médecin.

Chose effrayante ! nous ne pouvons pas plus nous voir endormir que nous voir mourir : nous perdons par degrés insensibles et le sentiment de notre être, et l'attention qui observe, et la conscience qui apprécie. Nous ne pouvons que prévoir l'instant du sommeil comme l'heure de la mort; car l'attention et la pensée sont déjà loin quand vient la convulsion finale.

Isidore Bourdon, *Lettres sur la Physiologie.*

SOMNAMBULISME ET SOMNAMBULES NATURELS.

Le somnambulisme est comme une gangue de laquelle, à travers mille impuretés, nous devons chercher à dégager la pierre précieuse pour servir à l'édifice religieux.

Vitteaut, *La Médecine dans ses rapports avec la Religion.*

Le somnambule ne sait rien que ce qui existe dans son esprit, ou ce qui procède du vôtre.

Gromier, *Qu'est-ce que le Magnétisme ?*

Le somnambule n'est presque rien par lui, il est tout par vous : c'est votre chose, le miroir où votre pensée se réfléchit, et qu'il traduit dans la forme qui convient à son organisation et à l'état de ses connaissances.

Le même, *ibid.*

Toutes les actions d'un somnambule sont ou automatiques ou instinctives ; la raison ni la volonté ne sont plus là pour les contenir, pour les diriger. Par conséquent, un somnambule ne saurait être responsable de ses méfaits.

BARBASTE, *De l'Homicide et de l'Anthropophagie.*

Que faut-il faire des somnambules tourmentés de la fureur homicide ? Faut-il les considérer comme fous, ou les traiter comme des criminels ? Cette situation, très embarrassante pour la loi, ne le serait plus, dès le moment qu'il existerait une *maison spéciale* pour recevoir ces malheureux à côté des morosophes de toute espèce.

Le même, *ibid.*

Voyez MAGNÉTISME et MOROSOPHIE.

SOUFFRANCE, SOUFFRIR.

La souffrance rend les hommes meilleurs ou pires, selon leur caractère ; elle attire au moins sur eux les regards de la bienveillance, et souvent on apprend à les aimer en apprenant à les plaindre.

M.-A. PETIT, *Essai sur la Médecine du Cœur.*

Les hommes se contentent d'admirer le juste qui sait souffrir ; mais Dieu, qui est son soutien, sera aussi sa couronne.

Souvenirs d'un ancien médecin.

Ayons toujours en réserve de douces paroles pour alléger les souffrances d'un mal sans guérison.

Ibid.

Deux moyens infaillibles pour alléger nos souffrances : l'étude et la pensée de Dieu.

Ibid.

De longues et cruelles souffrances supportées chrétiennement changent le moment de la mort en un jour de fête.

Ibid.

La loi universelle de la souffrance, certes, ce n'est pas l'homme qui l'a promulguée : elle est donc d'institution divine. Et ce qui montre cette loi d'expiation aussi juste que nécessaire, c'est que Dieu lui-même ait voulu s'y soumettre pour nous sauver.

Ibid.

Quand la flèche de la souffrance vient atteindre le cœur du chrétien, son premier mouvement peut bien être de l'en arracher et de gémir; mais bientôt, rendant sa blessure méritoire, il bénit la main divine qui le frappe et, dans sa reconnaissance, il s'incline humblement pour la baiser.

Ibid.

En réduisant leur doctrine à ces deux termes : *Souffrir et s'abstenir*, les stoïciens élevèrent, autant qu'il était en eux, l'homme au-dessus des événements.

Foissac, *Hygiène philosophique de l'Ame.*

SOUVERAIN, SOUVERAINETÉ.

Toute puissance venant de Dieu et ne pouvant venir d'ailleurs, Dieu est le seul souverain absolu.

De La Roière, *Philosophie physiologique de l'Homme.*

La souveraineté absolue est l'attribut de Dieu seul ; aucun homme ne peut y prétendre, et jamais peuple ne peut être souverain.

Le même, *ibid.*

L'obéissance à la souveraineté absolue doit être absolue, c'est-à-dire en tout et pour tout ; celle à la souveraineté relative ne doit être que relative, c'est-à-dire dans tout ce qu'elle a droit de commander et dans la mesure où elle peut commander.

Le même, *ibid.*

Résister à son souverain, c'est outrager la nation qu'il représente ; quand les rois vivent pour le bonheur des peuples, les peuples doivent mourir pour la gloire des rois.

Alibert, *Physiologie des Passions.*

SUICIDE.

C'est un déni de Dieu et, par conséquent, de soi.

Orfila.

On dirait que la déplorable résolution du suicide est en raison directe du vague et de l'inanité des croyances religieuses.

Devay, *Hygiène des Familles.*

Le suicide est contre soi une infamie, pour laquelle, à

défaut des lois, l'opinion devrait inventer une nouvelle flétrissure. S'il y a quelque honneur sur la terre, réservons-le aux âmes fortes qui luttent contre les grandes infortunes, et finissent par les soumettre. L'histoire a beau vouloir absoudre Caton, il ne fut qu'un illustre insensé : s'il eût eu au cœur ce brûlant amour de la patrie dont on prétend honorer sa fin, il eût mieux fait sans doute que de donner à l'univers le triste spectacle de son stérile désespoir : croyons plutôt qu'il s'est tué par démence, au moins on pourra le plaindre, mais l'imiter, jamais.

Scipion Pinel, *Physiologie de l'Homme aliéné*.

Se suicider, c'est en effet braver la mort, mais c'est aussi avoir peur de la vie. Il est beau sans doute de mépriser la mort, mais, lorsque la vie est plus difficile à supporter, le vrai courage, c'est d'oser vivre. La religion nous en a donné un bel exemple dans Job ; l'intrépidité de Curtius, de Scévola, de Codrus, ne peut entrer en parallèle avec la patience de ce héros dont parle l'Écriture.

Thomas Browne, *La Religion du Médecin*.

Nous sommes convaincu que l'ennui de la vie et le suicide qui en résulte, dans un moment d'aliénation peuvent être attribués au *vide de l'âme*, maladie morale qui tend à devenir de plus en plus fréquente, par la négation et l'oubli complet des principes religieux, par l'inobservance du culte, et par les doctrines d'un matérialisme philosophique, où, si l'on admet une cause première, un être suprême, on s'enquiert fort peu de

ses desseins sur l'homme pendant la vie et après la mort.
Lauvergne, *De l'Agonie et de la Mort.*

Le meurtre volontaire de soi-même est un crime envers Dieu, qui n'a donné à personne le droit de disposer de ses jours. On n'est pas seulement sur la terre pour y vivre, souffrir et mourir : il y a bien peut-être à la vie humaine un but, une fin, un objet moral!
Brierre de Boismont, *Du Suicide.*

L'homme fait certainement partie du plan général de la création. En se tuant, il substitue sa volonté à celle du souverain Maître, et il assume une responsabilité terrible; car si, d'un côté, il y a l'impossibilité de supporter la douleur, de l'autre, il y a le juge suprême, l'immortalité de l'âme et l'éternité.
Le même, *ibid.*

Dans les formes variées qu'il présente, le suicide est loin d'être toujours une monomanie.
Andral, *Cours de Pathologie interne.*

Souvent la folie est venue mettre un terme au penchant destructeur de soi-même.
Barbaste, *De l'Homicide et de l'Anthropophagie.*

Que faut-il répondre à cette question : « Le suicide est-il un acte de courage ou de lâcheté? » Je répondrai que l'homme qui se débarrasse *volontairement* du fardeau de la vie montre quelquefois une certaine énergie physique, mais qu'il fait toujours preuve d'une lâcheté morale : il manque en effet de patience, et la patience, c'est le courage qui sait souffrir et attendre.

Descuret, La Médecine des Passions.

Le suicide est une injustice, car celui qui s'ôte la vie dispose de ce qui ne lui appartient pas. Il est, de plus, une absurdité, parce que, en aucun cas, il n'améliore la position qu'il change.

L'abbé Bautain, docteur en médecine, Philosophie morale.

Oui, le suicide est une grande injustice, mais ce n'est point envers nous-mêmes : c'est envers Celui qui nous a donné la vie et les moyens de vivre, qui nous a assigné une destination, en nous fournissant les instruments nécessaires pour l'accomplir, et qui nous demandera compte un jour de ce qu'il nous a donné.

Le même, ibid.

Il est contraire à l'observation de prétendre que le suicide soit toujours un acte de folie ; cette opinion peut, à bon droit, être rangée parmi les idées fausses si communes de nos jours.

Brierre de Boismont, Du Suicide.

Nous ne sommes pas exclusif : si nous reconnaissons souvent les caractères distinctifs du libre arbitre dans la mort volontaire, nous ne faisons aucune difficulté d'avouer l'influence de la folie sur ce genre de mort ; c'est un motif déterminant pour l'Église d'user d'indulgence à l'égard de ces victimes involontaires.

Le même, ibid.

SUPERSTITION.

Toute superstition procède de faiblesse et de crainte : c'est un vice qui n'est propre qu'aux personnes faibles et timides.

De La Chambre, *Les Caractères des Passions.*

La superstition est ce qu'il y a de plus contraire à l'accomplissement des devoirs religieux ; car elle porte à honorer Dieu des lèvres, par le dehors, par des simulacres de piété ou même par des choses indignes de lui; elle ruine le véritable culte, le culte de l'âme et de l'amour.

L'abbé Bautain, docteur en médecine, *Philosophie morale.*

SYMPATHIE.

Dans les grandes douleurs physiques ainsi que dans les grandes douleurs morales, la sympathie est douce aux malades et aux affligés. Celle du médecin surtout leur est précieuse ; il faut qu'il s'associe à leurs souffrances, qu'il en comprenne toute l'étendue, qu'il souffre avec eux, ce qui n'est pas un effort pour l'homme de cœur.

Chomel, *Éléments de Pathologie générale.*

La sympathie produit l'harmonie morale, mais elle n'en dépend pas; elle est, au contraire, le résultat de qualités ou de défauts qui se trouvent en opposition : on ne s'adhère que par des inégalités.

Beauchêne, *Maximes, Réflexions et Pensées.*

TAIRE (SE).

Il est plus facile de bien parler que de savoir se taire à propos.
Beauchêne, *Maximes, Réflexions et Pensées*.

L'homme prudent se tait quand il a trop à dire.
Le même, *ibid*.

As-tu du bien à dire de ton prochain? parle ; n'est-ce que du mal? tais-toi.
Souvenirs d'un ancien médecin.

Voyez Discrétion et Silence.

TÉMÉRITÉ.

La bravoure, la valeur, la fermeté, l'intrépidité, sont des qualités louables ; l'audace est bonne ou mauvaise, selon le motif; la témérité, même heureuse, est toujours blâmable.
L'abbé Bautain, docteur en médecine, *Philosophie morale*.

Les succès de la témérité obtiennent parfois la gloire, jamais l'approbation.
Souvenirs d'un ancien médecin.

La témérité, c'est l'audace entachée d'imprudence.
Ipid.

TEMPÉRAMENT.

Tout bien considéré, il n'existe que *deux* tempéraments, dont tous les autres ne sont que des modifications à l'infini; c'est le tempérament *actif* et le tempérament *passif*. Un tempérament actif exige une activité intellectuelle, un tempérament passif, une activité pratique.

Feuchtersleben, *Hygiène de l'Ame.*

Les tempéraments, ou mieux, les constitutions sont déjà une prédisposition à des maladies et à des passions en quelque sorte déterminées.

Descuret, *La Médecine des Passions.*

Il est des tempéraments qui, à de certaines époques de la vie, éprouvent dans leurs prédominances des changements bien marqués, qui se font également sentir dans les caractères.

Beauchêne, *Maximes, Réflexions et Pensées.*

Avec la volonté, le temps, la gradation, on peut opérer les transformations organiques les plus remarquables. Armé de ce triple levier, il est possible d'amollir, de détruire, de fortifier, d'endurcir, de changer un tempérament quelconque.

Reveillé-Parise, *Physiologie et Hygiène des Hommes livrés aux travaux de l'esprit.*

TEMPÉRANCE.

Chez le savant, chez l'artiste qui a réfléchi sur lui-même, la tempérance est une vertu qui coûte peu et qui rapporte beaucoup.

Reveillé-Parise, *ibid.*

La tempérance est un arbre qui a pour racine le

contentement de peu, et pour fruit le calme et la santé.

Le même, *ibid.*

Le corps de l'homme tempérant reçoit peu et dépense moins ; celui de l'intempérant reçoit beaucoup et dépense davantage : il en résulte que, tout compte fait, il y a un *déficit* de vitalité pour ce dernier, sans compter l'excédant de l'*usure* de sa machine.

Le P. DEBREYNE, trappiste, D^r en médecine, *Théologie morale.*

Dieu a donné à l'homme la faculté de retarder, de combattre la mort au moyen du régime et de la tempérance.

ÉMILE BÉGIN, *Le Courrier des Familles.*

TEMPS.

Le temps est cette durée passagère que le Créateur a détachée de son éternité.

Souvenirs d'un ancien médecin.

On dirait que le temps prend un plaisir féroce à mutiler les plus beaux ouvrages de la nature. Tout porte la trace de son passage, il flétrit tout ce qui brille à nos regards : fleurs des champs, fleurs humaines, les seules, hélas ! qui gémissent et qui pleurent sous ses coups.

BELOUINO, *La Femme.*

Le temps n'est jamais trop long ; il paraît, au contraire, trop court à celui qui l'emploie utilement, selon sa vocation, ses devoirs et sa capacité : il ne traîne pas, il se hâte.

ZIMMERMANN, *De la Solitude.*

Nous userions plus économiquement du temps, si nous

pensions toujours combien il est d'heures qui nous échappent contre notre gré.

Le même, *ibid.*

Un but fixe est toujours le contre-poison de la perte du temps et de la vie.

Le même, *ibid.*

Quand on emploie bien son temps et son argent, on n'en a jamais trop ni trop peu.

Beauchène, *Maximes, Réflexions et Pensées.*

Le temps ne manque jamais à qui n'en veut pas perdre.

Reveillé-Parise, *Études de l'Homme.*

Doit-on s'étonner que les savants et les philosophes se montrent avares du temps et en regrettent la perte ? Dieu ne nous a rien accordé de plus précieux que la vertu.

Foissac, *Hygiène philosophique de l'Ame.*

Voyez ÉTERNITÉ.

TERRE.

La terre est une colonie des cieux.

Reveillé-Parise, *Physiologie et Hygiène des Hommes livrés aux travaux de l'esprit.*

La terre est un lieu de passage où Dieu nous a départi plus de devoirs que de jouissances.

Belouino, *Des Passions.*

La terre est un autel expiatoire sur lequel l'homme doit faire à Dieu le sacrifice de ses passions.

Souvenirs d'un ancien médecin.

Le travail de la terre, qui favorise le jeu des fonctions,

fait sentir à l'homme qu'il se rend utile, et le ramène au sentiment de sa propre dignité.

Pariset, *Éloge d'Esquirol.*

TIMIDITÉ.

Timidité, ou manque de confiance en soi-même, défaut excessivement rare dans notre siècle.

Souvenirs d'un ancien médecin.

Si la timidité est si difficile à vaincre, c'est qu'elle tient à la fois au caractère et à l'amour-propre.

Beauchêne, *Maximes, Réflexions et Pensées.*

Avec la paresse et le repos, la timidité ne fait que croître; ce sont les exercices et les fatigues qui développent la fermeté.

Paul Zacchias, *Questions médico-légales.*

TRAVAIL.

Le temps est une grâce, l'homme doit payer sa vie par le travail.

Foissac, *Hygiène philosophique de l'Ame.*

Le travail est le lot providentiel de l'espèce humaine; c'est la condition de son existence et celle de sa perpétuité.

Rougier, *Hygiène de Lyon.*

L'homme se sanctifie par le travail, qui est un mérite en même temps qu'un devoir. Il met une armure autour de son cœur pour le fermer à tous les vices, tandis que la paresse et l'oisiveté le leur ouvrent de toutes parts.

Belouino, *Le Livre des Pauvres.*

Il faut à l'homme, quel qu'il soit, riche ou pauvre, un but d'activité honorable, sérieux, et qu'il soit obligé d'atteindre, par un travail quotidien, régulier et successif.

Devay, *Hygiène des Familles.*

Le travail soustrait au poids de l'ennui, empêche les forces de s'engourdir, règle et entretient leur activité. En outre, il captive les sens, les soumet à un régime salutaire; il les rappelle à leurs seules fonctions, en leur apprenant qu'ils ne sont pas seulement des instruments de jouissance, mais qu'ils sont aussi et surtout des organes d'action, des instruments de production utile; il est une école de sobriété, de tempérance.

Le même, *ibid.*

Le temps et les distractions du travail sont les deux grands consolateurs auxquels bien peu de chagrins résistent.

Corvisart, *Lettre à M. Heim, préfet du Jura.*

Les exercices du travail préviennent, apaisent les orages de l'imagination, dissipent les vains prestiges, détournent les vagues rêveries; ils entourent de digues protectrices les désirs sans frein et exorbitants qui naissent de la partie concupiscible; ils empêchent cette concentration vicieuse de la sensibilité sur les viscères digestifs, source de tant de maux physiques et de tant de désordres moraux.

Le même, *ibid.*

Les travaux corporels sont encore plus indispensables aux fous qu'aux autres hommes.

Ferrus, *Des Aliénés.*

Plus efficacement que tout autre moyen, le travail peut calmer l'esprit agité des maniaques, rompre leur préoccupation constante, détruire de mauvaises habitudes et procurer quelques heures d'un repos bienfaisant à des malheureux trop souvent privés de l'influence salutaire du sommeil.

Le même, *ibid.*

La seule voie honorable et en même temps la plus sûre pour parvenir, c'est le travail, qui nous place constamment face à face avec le devoir.

Valette, *Du Diagnostic chirurgical.*

Le travail et la religion sont les bases de la condition humaine la plus favorable à la durée et à la moralité des peuples. Celui qui n'achète pas par un labeur quelconque le droit de jouir ; qui, oisif et matériellement heureux, perd l'habitude du travail, perd aussi ce qui faisait de lui quelque chose aux yeux de la nature et devant Dieu.

Lauvergne, *De l'Agonie et de la Mort.*

En condamnant l'homme au travail, comme expiation d'une première faute, Dieu, dans sa miséricorde et sa prévoyance infinies, lui a préparé des éléments de bonheur.

P. Bellemont, *Le Courrier des Familles.*

L'homme qui travaille ne connaît ni le vide de l'âme,

ni la maladie trop commune de l'ennui ; les passions, les pensées mauvaises ont moins d'accès dans son cœur : le calme qu'il éprouve maintient l'équilibre entre les facultés du corps et celles de l'esprit.

Le même, *ibid*.

La première destinée de l'homme et la plus invariable est de manger son pain à la sueur de son front. L'expérience confirme aussi parfaitement ce principe : le manger ne fait pas de bien à celui qui mange sans avoir travaillé.

HUFELAND, *L'Art de prolonger la Vie humaine*.

Avant de le nourrir, le travail apaise l'homme et l'élève en lui révélant sa propre dignité.

PARISET, *Éloge de Tessier*.

La première récompense du travail, ce n'est pas la nourriture, c'est la paix, le contentement, la vertu.

Le même, *ibid*.

Travaillons dans la mesure de nos forces ; le travail donne aux heures de délassement un charme inconnu à ceux qui ne font rien.

Souvenirs d'un ancien médecin.

Jeunes gens favorisés de la fortune, vous pensez conserver sans travail le patrimoine que vous avez reçu ! erreur aussi profonde que déplorable : le travail conserve seul ce que le travail a édifié.

AM. BONNET, *De l'Oisiveté de la Jeunesse dans les classes riches*.

TRISTESSE.

Quoique les yeux soient presque toujours baissés dans

la tristesse, ils se tournent pourtant quelquefois vers les cieux, quand l'âme vient à faire réflexion sur sa faiblesse et sur l'abandonnement où elle est. Car la nature a donné cet instinct à l'homme de recourir au Ciel quand la terre lui dénie le secours dont il a besoin ; de sorte que, sans penser même à ce qu'il fait, il élève les yeux et les mains vers lui, comme si ses yeux le devaient pénétrer, y porter ses pensées, et que ses mains dussent recevoir l'assistance qu'il en attend.

De La Chambre, *Les Caractères des Passions.*

Le spectacle d'une belle nature ne fait qu'augmenter l'amertume de notre tristesse : nous sommes blessés de le voir si peu en harmonie avec notre cœur.

Souvenirs d'un ancien médecin.

Ce doit être une horrible souffrance que la tristesse de celui qui contemple à la fois le néant du passé et des cieux vides d'espérances.

Belouino, *Des Passions.*

Voyez Chagrin.

UNIVERS.

Magnifique témoignage de la toute-puissance de Dieu, l'univers est un *livre parlant :* il raconte la pensée créatrice.

Souvenirs d'un ancien médecin.

Les étymologistes font dériver *univers* des deux mots latins : una, *ensemble,* et vertere, *tourner.* L'univers présente en effet le vaste système des mondes tournant dans l'espace : UNIVERSUS (UNUM VERSUS) donnerait une étymologie plus belle encore, en nous montrant tous les *êtres* de la création *tournés*, en quelque sorte, vers *un seul* ÊTRE, vers le Dieu qui les a tirés du néant, et dont ils proclament la gloire.

Ibid.

VANITÉ.

La vanité, ou besoin excessif de louanges, n'est autre chose que l'*approbativité* des phrénologistes. Dans sa conversation, dans son habillement, le vaniteux n'a qu'un but, c'est de se faire admirer, de s'attirer des éloges. Le *glorieux*, le *prétentieux*, le *magnifique*, le *fanfaron*, le *petit-maître* et la *coquette* sont tous gens de la même famille.

DESCURET, *La Médecine des Passions*.

L'orgueil se contente de son propre suffrage; la vanité a besoin du suffrage des autres.

BEAUCHÊNE, *Maximes, Réflexions et Pensées*.

Les gens vaniteux, aliénés ou raisonnables, quand on les loue, ne disent jamais : C'est trop ! Rarement trouvent-ils que ce soit assez.

LEURET, *Indications à suivre dans le traitement de la Folie*.

La vanité est l'orgueil des faibles; elle les met en quelque sorte sur des échasses, pour leur faire atteindre le niveau des forts.

ALIBERT, *Physiologie des Passions*.

Cette passion est, pour me servir de l'expression ordinaire des physiologistes, l'*ultimum moriens* de notre organisation morale.

Le même, ibid.

L'épitaphe est la dernière des vanités de l'homme.

Beauchêne, Maximes, Réflexions et Pensées.

Dans ce pays de vanité, tout le monde veut poser. Cette prétention ne cède pas même devant la mort.

Brierre de Boismont, Du Suicide.

Il y a eu des siècles pour la gloire, il y en a eu d'autres pour le fanatisme ; mais le siècle où nous vivons est manifestement celui de la vanité.

Le même, ibid.

Aye suspect les abus du monde, ne mets ton cœur à vanité ; car cette vie est transitoire, mais la parole de Dieu demeure éternellement.

Rabelais.

Quand le monde donne à la vanité ses regards, et Dieu l'empire des choses périssables, elle a selon ses mérites et ses désirs.

Belouino, Des Passions.

De tous les sentiments de la femme, celui de la vanité est le plus chatouilleux et le plus vivace. S'il n'est rien au monde d'aussi implacable que son orgueil offensé, les plus légères égratignures que reçoit sa vanité deviennent souvent des plaies envenimées et incurables.

Serrurier, Mesdames les Femmes.

Voyez Orgueil.

VENGEANCE, VENDETTA.

C'est à tort que l'on vante les *douceurs de la vengeance :* si cette crise de la haine soulage d'abord le trop-plein du cœur, elle ne tarde guère à le ronger d'inquiétudes ou de remords.

Souvenirs d'un ancien médecin.

Répéter que la vengeance est *le plaisir des dieux*, c'est faire usage d'une locution toute païenne : si Dieu doit punir les coupables parce qu'il est souverainement juste, il ne les punit qu'à regret, parce qu'il est souverainement bon.

Ibid.

Défendons-nous de tout sentiment de haine et de vengeance, en considérant que l'offenseur est presque toujours plus véritablement à plaindre que l'offensé, et que d'ailleurs, haïr et méditer vengeance, c'est s'avouer blessé, c'est vouloir perdre sa supériorité morale.

Descuret, *La Médecine des Passions.*

Il y a des préjugés qui s'incrustent en traits ineffaçables dans l'esprit de l'homme ; ils semblent cimentés par le sol, par la race et par le sang. La *vendetta* corse est le plus terrible exemple que nous puissions invoquer... Une morale douce et conciliante, prêchée par les Frères de la Doctrine chrétienne, et en langue française, pourrait seule éteindre cet instinct de vengeance, et amener à la longue le triomphe de la raison sur le préjugé.

Lauvergne, *Les Forçats.*

VÉRITÉ.

Que la vérité, patrimoine sacré du genre humain, ait le monde entier pour patrie : lors surtout qu'elle vient à projeter sa lumière sur quelques questions de science médicale, qu'elle soit accueillie du médecin sans prévention, et reçoive de lui une affectueuse hospitalité.

Max Simon, *Déontologie médicale.*

Plus l'intelligence s'élève dans la sphère de la science, plus la vérité doit lui être sacrée ; le génie est comme le patrimoine de l'humanité ; l'homme sous le front duquel la main de Dieu l'alluma, ne doit s'en servir que comme d'un phare pour éclairer le monde ; il ne peut, sans crime, en faire un instrument de mensonge.

Le même, *ibid.*

La vérité est éternelle ; elle a brillé dès l'apparition de l'homme sur la terre, et, dès ce moment, elle n'a cessé de l'éclairer.

Brierre de Boismont, *Des Hallucinations.*

L'homme sera toujours plus ou moins dans les ténèbres de l'erreur et du doute tant qu'il craindra la lumière de la vérité. Il la craindra tellement qu'il ne sera pas disposé à sacrifier pour elle tout ce qui n'est pas elle.

De La Roière, *Philosophie physiologique de l'Homme.*

La vérité étant ce qui est et étant dans ce qui est, la vérité est Dieu et en Dieu.

Le même, *ibid.*

Toujours la vérité religieuse a précédé la vérité scientifique.

Théodore Perrin, *Rapport sur l'Etablissement des Jeunes Filles incurables.*

Il faut dire la vérité toujours et à tous : aux vivants, pour les corriger; aux morts, pour servir d'exemple et d'avertissement aux vivants.

Maxime du professeur Gerdy.

Le culte de la vérité, pendant une longue vie, est un hommage qui plaît à Dieu au-dessus de tous les autres.

Lauvergne, *De l'Agonie et de la Mort.*

Il ne convient pas à tout homme de se faire le champion de la vérité et de relever le gant que lui jette l'erreur : plusieurs, par ignorance ou par un zèle inconsidéré, ont attaqué témérairement sans s'être bien armés, et ils sont demeurés comme des trophées entre les mains des ennemis de la vérité.

Thomas Browne, *La Religion du Médecin.*

La recherche de la vérité peut être laborieuse, difficile; mais sa contemplation amène toujours d'ineffables plaisirs.

Reveillé-Parise, *Physiologie et Hygiène des Hommes livrés aux travaux de l'esprit.*

La fortune des vérités est plus durable, mais beaucoup plus lente que celle des erreurs.

Le même, *Études de l'Homme.*

Toutes les vérités s'enchaînent : les vérités de la physique et celles de la chimie, qui n'en diffèrent pas ; les vérités de la médecine et celles de la morale, les unes et les autres si voisines, si amies, pour ainsi dire, et si nécessaires aux hommes. Elles dérivent les unes et les autres de la même source ; je veux dire de la constitution qui nous est propre, de nos besoins, de nos facultés et des fins auxquelles nous a destinés le souverain Être.

Pariset, Discours.

Le soleil de la vérité est comme celui de l'univers, sa lumière pure projette ses rayons sur tous.

Théodore Perrin, *Influence des Doctrines sur la Musique*.

L'esprit humain cherche instinctivement la vérité, comme l'âme cherche le bien, comme le corps cherche sa nourriture.

L'abbé Bautain, docteur en médecine, *Philosophie morale*.

La vérité, pour n'être point altérée, a besoin qu'un vase pur la reçoive.

Beauchêne, Maximes, Réflexions et Pensées.

La vérité est comme un diamant : s'il n'est pas placé dans le jour qui lui est favorable, les pierres fausses jetteront plus d'éclat que lui.

Le même, ibid.

La raison humaine n'a point créé la vérité dans son principe, elle n'a pas même pu la découvrir par elle-même, et, loin de l'avoir donnée, elle l'a reçue de la raison divine, du Verbe.

Vitteaut, *La Médecine dans ses rapports avec la Religion*.

Rien ne me paraît plus solidement établi que la vérité religieuse enseignée dans l'Ancien comme dans le Nouveau Testament. Elle est comme une forteresse immense, bâtie sur le granit, entourée de fossés larges et profonds, avec des redoutes et des bastions dans tous les sens, et au haut de laquelle brille une lumière qui se projette sur tous, sur ses amis et ses ennemis.
Le même, ibid.

Les vérités scientifiques, comme les vérités religieuses, enseignent la volonté souveraine, l'ordre de Dieu.
Jaumes, De l'Autorité en Médecine.

VERTU.

Aux yeux de la Religion, la vertu est le triomphe habituel de la volonté, aidée du secours divin, sur les mauvaises inclinations de notre nature ; c'est aussi la santé de l'âme, conservée par l'innocence ou recouvrée par le repentir.
Descuret, La Médecine des Passions.

Il n'y a point de vertu qui ne soit bienfaisante, soit par l'exemple qu'elle nous donne et qui nous oblige à l'imiter, soit par les liens que ses effets apportent à chacun de nous en particulier, et à toute la société pour laquelle l'homme est né, et à qui toutes les vertus, tant intellectuelles que morales, servent de fondement.
De La Chambre, Les Caractères des Passions.

Le règne de toutes les vertus serait bien plus général,

plus épuré parmi les hommes, s'il s'y trouvait plus de chrétiens (1).

Haller, *Danger de l'Esprit d'Incrédulité.*

Il n'est point de scélérat qui ne convienne en secret que la vertu est la pierre fondamentale de toute félicité dans le monde comme dans la solitude.

Zimmermann, *De la Solitude.*

Les vertus attirent le respect, principalement celles qui ont *ce je ne sais quoi d'achevé* que le malheur leur donne.

Virey, *Dictionnaire des Sciences médicales*, art. Passions.

La vertu, comme le vice, a sa contagion, et il semble que c'est surtout alors qu'il souffre, que le cœur de l'homme est le plus apte à être touché de cette heureuse influence.

Max Simon, *Déontologie médicale.*

La vertu ne peut avoir pour fin que Dieu seul, elle ne peut avoir pour but que de nous unir à lui dans un éternel embrassement.

Dufieux, *Nature et Virginité.*

Les lois de la Providence sont remplies d'équité : une récompense est attachée à chaque vertu.

Théodore Perrin, *De la Périodicité.*

Honorer la vertu, c'est honorer Dieu lui-même, qui en a mis le sentiment dans nos cœurs.

Pariset, *Éloge de Desgenettes.*

---

(1) « La vertu sans religion, combien rarement est-elle pure et constante dans les épreuves? » écrivait Lavater. (*Dernier Don à mes amis.*)

Si le génie a le privilége de se survivre par ses œuvres, la vertu a celui de se perpétuer par ses actes; et cette perpétuité est le plus bel héritage qu'une génération puisse léguer à la postérité.

Le même, *Discours.*

La simplicité de la vertu n'a presque pas d'historiens; l'iniquité, si multiple, en a beaucoup.

Le même, *Éloge de J.-B. Huzard.*

On abuse de tout, excepté de la vertu, disait Aristote; c'est que dans la vertu tout est convenance et proportion.

Le même, *Éloge de Cadet de Gassicourt.*

Dans ce peu de jours qui leur sont départis et que traversent tant de maux, les hommes ont encore plus besoin de vertus que de lumières.

Le même, *ibid.*

VERTUS THÉOLOGALES.

Que sont les *vertus* dites *théologales*, sinon trois grandes *forces* que Dieu envoie au secours de notre faiblesse : la *foi*, croyance sans réserve aux divines promesses; l'*espérance*, attente et désir de posséder Dieu éternellement; la *charité*, ardent amour de Dieu et de l'humanité en Dieu ?

Souvenirs d'un ancien médecin.

La terre a besoin des trois vertus théologales; au delà du temps, le ciel n'en comptera qu'une, la CHARITÉ.

Ibid.

VÊTEMENTS.

La santé, ainsi que la morale, veut des vêtements aisés, propres, décents; mais voilà tout : le fat se pare, le sage s'habille.

Descuret, *La Médecine des Passions* et *Théorie morale du Goût.*

Que dire de la forme des vêtements? Soyez de votre pays, de votre temps, de votre âge. Le seul précepte d'hygiène à observer est que ces vêtements ne soient ni étroits ni gênants. La liberté de la circulation et le complet exercice de la pensée en dépendent : un vêtement incommode distrait l'attention, un habit qui gêne le corps gêne aussi l'esprit.

Reveillé-Parise, *Physiologie et Hygiène des Hommes livrés aux travaux de l'esprit.*

Accoutumez de bonne heure la jeune fille aux vêtements de son sexe, aux vêtements que la pudeur et la décence peuvent avouer. On ne saurait trop tôt inculquer cette double vertu qui centuple les charmes de la beauté.

Brachet, *Traité de l'Hystérie.*

VICE.

A parler en général, l'habitude de certains actes qui dégradent l'être humain se nomme *vice*, comme l'habitude de certains actes qui nous perfectionnent se nomme *vertu*.

Descuret, *La Médecine des Passions.*

Il y a des vices du corps, des vices de l'âme et des vices

qui participent de l'un et de l'autre ; ils forment une famille innombrable et s'engendrent les uns les autres.

Foissac, *Hygiène de l'Ame.*

Autant la vertu rend la vie aisée et douce, autant, après un court enivrement, le vice la rend fâcheuse et insupportable.

Le même, *ibid.*

Nous en sommes arrivés malheureusement à ne trouver le vice que dans la grossièreté du langage. Nous avons horreur des mots déshonnêtes, comme nous avons horreur de l'homme qui s'enivre et de la femme qui jure ; mais nous souffrons le vice poli, élégant, qui s'insinue dans l'âme avec un certain vernis de belles manières.

Belouino, *Des Passions.*

Le vice jette ses filets de soie, et prend des troupes entières d'hommes de tout rang et de tout état. Veiller sur tous les désirs séducteurs, non pas lorsqu'ils sont présents, mais quand ils sont encore loin de nous ; vaincre la cupidité en occupant son cœur de plaisirs plus nobles, telle a été de tout temps la plus grande victoire de l'âme sur le monde et sur elle-même, et la paix intérieure en a toujours été le prix.

Zimmermann, *De la Solitude.*

L'habitude du mal, qui constitue le vice, se contracte insensiblement par des actes échappés à une conscience légère, entraînée par les sens, par la concupiscence, par l'occasion. En se répétant, ces actes sillonnent la vie, comme la goutte d'eau tombant incessamment creuse la pierre; et souvent on se trouve engagé et lié avant même de soupçonner le vice, dont on est l'esclave.

L'abbé Bautain, docteur en médecine, *Philosophie morale*.

Le vice que l'on poursuit se tient caché dans l'ombre.

Barbaste, *De l'Homicide et de l'Anthropophagie*.

Le vice altère le visage des hommes et finit par le décomposer; il détruit plus vite la beauté des femmes : la coquetterie pourrait donc leur donner des leçons de vertu.

Beauchêne, *Maximes, Réflexions et Pensées*.

Pour être vicieux, il suffit d'avoir un esprit étroit, un cœur pusillanime; pour être vertueux, il faut être véritablement fort; il faut avoir une âme généreuse et toujours prête au combat. Aussi, à l'homme vicieux sont réservés la honte et l'esclavage; à l'homme vertueux, la vraie gloire et la vraie liberté.

Descuret, *La Médecine des Passions*.

VIE.

La vie est la portion de temps que Dieu a mesurée à chaque homme; elle doit être remplie et honorée par des actions vertueuses et des œuvres utiles marquant le passage de chacun sur la terre.

Foissac, *Hygiène philosophique de l'Ame*.

Que serait la vie si elle n'était un temps d'épreuves?

Le même, *ibid*.

La vie est un flambeau qui doit se consumer lentement : plus il jette d'éclat, moins il a de durée ; et tel est sans doute le prix que la nature attache à la sensibilité, qu'il faut lui en payer le don par la brièveté de l'existence.

M.-A. Petit, *Essai sur la Médecine du Cœur.*

La vie est un chemin escarpé, que borde de chaque côté un précipice souvent caché par des fleurs : le médecin, le prêtre et le magistrat devraient toujours s'y rencontrer pour tendre une main secourable aux imprudents qui s'approchent trop près des bords.

Descuret, *La Médecine des Passions.*

La vie est un désert à traverser, l'homme n'y trouve que douleurs et dangers de toute sorte. Ah ! donnez-lui la foi, cette source vive où se rafraîchissent toutes les lèvres altérées, ce baume salutaire qui guérit toutes les blessures ; donnez-lui le bâton de voyage et l'arme de combat.

Belquino, *La Femme.*

Chacun de nous emploie la première moitié de sa vie à désirer la seconde ; la seconde à regretter la première.

Le même, *Des Passions.*

Tout ce qui corrompt l'âme abrége la vie, comme tout ce qui vicie l'air en altère l'essence.

Théodore Perrin, *De la Périodicité.*

La vie n'est pas un bien, elle n'est qu'une condition pour le bien.

Rast, *Pensées.*

L'espérance d'une autre vie est un besoin vivement

senti, quand on voit la vertu accablée d'infortune, et le vice triomphant sous les yeux d'un Dieu juste et bon, qui n'a livré aucune partie de l'administration de cet univers à un désordre analogue.

Bérard, *Rapports du physique et du moral.*

La vie humaine se compose en quelque sorte de deux parties; quand la portion qui frappe nos regards finit, c'est comme lorsque le soleil disparaît de notre horizon pour éclairer un autre hémisphère : elle n'éprouve aucune interruption dans sa course immortelle.

Le même, *ibid.*

A force de réfléchir sur ce qui pourrait être meilleur, on oublie tout ce qui est bon. Celui qui prend toujours les choses par le mauvais côté, qui veut que tout ce qui est de travers et qui doit rester de travers, soit droit, perd volontairement beaucoup de plaisirs ; car, sans le grand nombre de têtes de travers, la vie ne serait pas moitié si divertissante.

Zimmermann, *De la Solitude.*

Un impie peut avoir des motifs pour s'attacher à la vie; mais, pour un chrétien qui s'épouvante à l'idée de la mort, je ne vois point de milieu : il est ou trop sensible aux biens du monde, ou sans espérance d'une vie future.

Thomas Browne, *La Religion du Médecin.*

Il faut diminuer l'intensité de la vie, lorsqu'on veut en prolonger la durée.

Reveillé-Parise, *Physiologie et Hygiène des Hommes livrés aux travaux de l'esprit.*

Le grand secret de la vie est de tirer tout le parti possible des âges par lesquels nous passons, d'avoir les fleurs et les fruits.

Le même, Études de l'Homme.

Nourrir son corps, son esprit et son âme, c'est puiser aux trois sources de la vie, c'est acquérir toutes les garanties possibles contre une mort avant terme.

Théodore Perrin, Rapport sur l'Établissement des Jeunes Filles incurables.

L'être qui ne vit point de la vie qui lui est propre est dans la mort ; car il n'est pas dans son rapport naturel avec son principe, et, par conséquent, il n'en reçoit ni la vie ni la nourriture dont il a besoin.

L'abbé Bautain, docteur en médecine, Philosophie morale.

La vie se compose en général de petites choses. Cependant les petites choses finissent par en faire de grandes, comme les gouttes de pluie forment les ruisseaux, et les ruisseaux, des fleuves. Fidèle dans les petites choses, on apprend à le devenir dans les grandes, et c'est vraiment par elles que nous nous élevons ou nous dégradons peu à peu ; car elles forment les habitudes, bonnes ou mauvaises, d'où viennent les vertus et les vices.

Le même, ibid.

Le berceau et la tombe se correspondent, comme les deux pôles de la vie terrestre. Ils ont l'un et l'autre un caractère sacré ; car ils renferment un mystère. Ils sont au fond la même chose à deux époques diverses, sous deux formes différentes ; car l'homme naît pour mourir et meurt pour renaître.

Le même, ibid.

La vie n'est pas un don gratuit de la Providence, c'est avant tout une tâche, une mission à remplir ; si elle confère des droits, elle impose des devoirs.

FEUCHTERSLEBEN, Hygiène de l'Ame.

Y a-t-il un art de prolonger la vie ? A ceux qui le connaissent, enseignez plutôt l'art de la supporter.

Le même, Maximes et Pensées.

Tout le secret de l'art de prolonger la vie, c'est de ne pas l'abréger.

Le même, ibid.

VIE FUTURE.

La preuve de la vie future avec ses peines et ses récompenses, qui est basée sur la justice et la sagesse du Créateur, se formule ainsi : Il existe un Dieu qui gouverne l'univers et qui préside aux destinées de l'homme ; or, il n'y a pas de Dieu sans justice et sans sagesse, ni de justice et de sagesse sans récompense pour la vertu, sans châtiment pour le vice et sans ordre moral ; et comme cet état de chose ne se rencontre pas ici-bas, il y a donc une autre vie où la loi morale a sa sanction dans les peines et les récompenses.

VITTEAUT, La Médecine dans ses rapports avec la Religion.

VIEILLARDS, VIEILLESSE.

Dans le dernier âge de la vie, il faut éviter de se plaindre souvent, lorsqu'on n'a à lutter que contre les infirmités que le temps amène; car on accorde difficilement sa pitié à des maux que l'on envierait au même prix, et les plaintes répétées des vieillards sont alors comme les larmes des enfants, qui cessent d'inspirer de l'effroi, par la facilité qu'ils ont à les répandre.

M.-A. Petit, Essai sur la Médecine du Cœur.

Les vieillards, et ceux que de grands maux condamnent à implorer le service de tout ce qui les entoure, doivent ne rien garder sur eux qui puisse inspirer le dégoût. Il faut se souvenir que la propreté est au corps ce que la pudeur est à l'âme, et que l'on doit parer jusqu'à sa douleur, si l'on veut conserver des serviteurs qui vous écoutent et des amis qui vous consolent.

Le même, ibid.

Dans la vieillesse, on paraît plus propre à la méditation. Le feu ardent de la jeunesse est étouffé, la chaleur du midi de la vie est passée, et l'on ne sent plus que la douce tranquillité et le calme rafraîchissant du soir. C'est pourquoi il peut être utile de consacrer encore quelque temps à la méditation avant de quitter ce monde, si l'on peut se procurer un peu de repos. La seule pensée de ce doux loisir nous récrée; c'est le premier beau jour du printemps après un long hiver.

Zimmermann, De la Solitude.

L'âge le plus avancé a ses plaisirs; les jours du vieillard vertueux s'écoulent gaiement, il reçoit déjà la récompense du bien qu'il a fait, et emporte avec lui les béné dictions de ceux qui l'environnent. Il n'est personne qui craigne de jeter un regard sur une vie vertueuse et honorable : des âmes énergiques ne pâlissent point à la vue de leur tombeau.

Le même, *ibid.*

Les hommes ont inventé le secret de s'inoculer la vieillesse avant le temps.

Hufeland, *L'Art de prolonger la Vie humaine.*

La vieillesse, triste contrefaçon de l'enfance, présente des phénomènes tout opposés à cette dernière : l'une marche à la vie, à la force ; l'autre s'avance, dans la faiblesse, vers le dernier terme de l'existence. On peut vieillir enfant ; mais il manque toujours au physique l'énergie, au moral l'innocence.

Reveillé-Parise, *Études de l'Homme.*

Le retour de la vieillesse à l'enfance annonce le retour de l'homme à Dieu.

Souvenirs d'un ancien médecin.

Ne forment-ils pas une belle couronne les cheveux blancs du vieillard dont la carrière a été noblement remplie par la pratique de toutes les vertus ?

Ibid.

Dans la jeunesse, nous changeons, parce que nous quittons les choses ; dans la vieillesse, parce que les choses nous quittent.

Beauchêne, *Maximes, Réflexions et Pensées.*

On vit peu dans le présent. La jeunesse se lance

dans l'avenir; la vieillesse se réfugie dans le passé.
>Le même, *ibid.*

VIRGINITÉ.

Plaignons les passions humaines qui agitent, qui tourmentent, qui tuent et qui perdent; mais ne plaignons pas la virginité qui leur échappe. Dans le cloître comme chez le prêtre, la virginité est digne de toute notre admiration et de tous nos respects. La vie des vierges est belle comme la vie des anges, c'est l'innocence primitive et l'ignorance du péché; la vie des vierges est sublime comme la vie de Dieu, c'est l'abaissement de la chair et la glorification de l'esprit; la vie des vierges est désirable comme ou peut désirer Dieu lui-même, c'est l'abandon de la terre et le commencement du ciel.
> Dufieux, *Nature et Virginité.*

L'histoire prouve que, dans l'ordre social, l'état de virginité n'est pas contre la nature humaine : toutes les nations civilisées ont attaché une idée de perfection et de sainteté à l'état de continence gardé par un motif ou un principe de religion.
> Le P. Debreyne, docteur en médecine, *Théologie morale.*

Je soutiens que l'état de mariage, loin de devoir être préférable à la virginité, ne saurait entrer en comparaison avec elle.
> Paul Zacchias, *Questions médico-légales.*

VOIX.

Le son voyelle, la *voix*, est simplement un cri animé,

tandis que la parole forme la *voix articulée et intelligente* dont le Verbe éternel n'a illuminé que l'espèce humaine.
Souvenirs d'un ancien médecin.

Chaque homme a un timbre de voix qui lui est propre, comme il a une physionomie particulière ; aussi Socrate, qui, dans l'accent d'un homme, devinait la trempe de son âme, s'écriait-il quelquefois : *Parle, afin que je te voie !*
Descuret, *La Médecine des Passions.*

La voix d'un individu peut nous apprendre beaucoup de choses sur ses qualités morales, sur son tempérament, sur son caractère, sur les dispositions de son esprit.
Sainte-Marie, *Des Effets de la Musique.*

Si l'état de la voix, dans une situation d'esprit calme, peut nous faire connaître les penchants, les goûts et les habitudes naturelles de l'homme, elle nous découvrira plus sûrement encore, pendant les troubles de son âme, les différentes passions dont il est agité.
Le même, *ibid.*

Les affections vives de l'âme ne changent pas moins le timbre de la voix que les traits du visage.
Le même, *ibid.*

Le grand art de ceux qui parlent en public est de donner à leur voix une certaine mesure.
Le même, *ibid.*

Évitez de trop élever la voix dans l'appartement d'un malade, ses oreilles en seraient blessées : l'homme qui souffre a une sensibilité viciée, et ses organes ne transmettent à son âme que des impressions accrues par la douleur.

M.-A. Petit, *Essai sur la Médecine du Cœur.*

VOLONTÉ.

La volonté, c'est l'âme voulant, l'âme en acte ou à sa première puissance.

L'abbé Bautain, docteur en médecine, *Philosophie morale.*

La volonté est le phénomène par lequel l'âme se détermine à agir; elle met en jeu la force motrice, elle suit avec plus ou moins de célérité les ordres de l'entendement, elle hâte ou diffère ses manifestations d'après les conseils de la prudence et de la réflexion.

Alibert, *Physiologie des Passions.*

Il y a une portion de l'homme dont l'empire est confié à lui-même ; l'homme ne peut changer le jeu et le mécanisme de ses fonctions matérielles ; mais il peut modifier et changer comme il le veut ses déterminations : c'est ce qui constitue sa moralité. Dieu nous a donc donné une volonté indépendante de lui : de là découle le mérite ou le démérite des actions humaines.

Le même, *ibid.*

Le but suprême de nos institutions sociales est de faire en quelque sorte l'éducation de la volonté et d'ennoblir toutes ses tendances; les législateurs ont recours à la crainte pour corriger ses écarts et ses déviations.

Le même, *ibid.*

C'est par la volonté que les hommes se montrent, se dessinent dans l'ordre social ; c'est par la volonté qu'on les voit triompher de tous les obstacles et diriger en quelque sorte les événements ; mais peu d'entre eux ont à leur disposition cet immense levier de la grandeur humaine; peu savent vouloir avec force et persévérance; Dieu seul a une volonté permanente, parce qu'il n'est pas susceptible de vieillir.

Le même, *ibid.*

Le vouloir, dans l'homme, est la puissance morale par excellence.

Reveillé-Parise, *Physiologie et Hygiène des Hommes livrés aux travaux de l'esprit.*

Il faut que l'homme apprenne que c'est sa volonté qui fait ses vices comme ses vertus; qu'il dépend de lui d'être noble et généreux, ou vil et lâche; qu'il est le maître de vouloir; que c'est là son plus beau droit, et que toutes les obligations divines et humaines lui font une nécessité de ne jamais manquer aux inspirations de sa conscience, de ce sentiment profond et sans cesse avertissant.

Scipion Pinel, *Physiologie de l'Homme aliéné.*

Pour que la volonté soit toute-puissante, il faut croire à son pouvoir, il faut avoir foi en elle et en Dieu.

V. Jacotot, Lettre à un confrère.

La volonté a un pouvoir remarquable sur la souffrance du corps ou de l'âme : avec une volonté ferme et courageuse, on peut prendre beaucoup sur soi.

Le même, *ibid.*

Chez l'homme, la volonté commande en maître toutes les fois que l'habitude et l'éducation ont affermi son empire.

Lepelletier (de la Sarthe), *Physiol. médicale et philosophique.*

Développée dans l'homme fort, la puissance de volonté devient le *caractère*. Cette puissance est, pour ainsi dire, le tout de l'homme, c'est au fond la personne même ; c'est elle qui met en mouvement l'imagination, l'intelligence ; c'est sur elle que doivent agir la morale, la loi, l'instruction, la médecine et surtout l'hygiène de l'âme, pour réaliser la domination de l'esprit sur la matière.

Feuchtersleben, *Hygiène de l'Ame.*

Mais comment vouloir, puisque c'est précisément la force de volonté qui nous manque? — Si ce qui vous manque c'est vous-même, que puis-je vous ordonner, sinon vous-même? L'intelligence conduit l'homme dans les bras de la religion.

Le même, *ibid.*

La volonté doit être fortifiée, purifiée, améliorée; elle a son objet dans l'homme même ; elle le gouverne et le maîtrise. Le devoir et l'hygiène morale s'accordent pour dire à l'homme : *Sois maître de toi!* Le plus sûr moyen de réaliser ce précepte, c'est de se jurer à soi-même de persévérer dans ce que l'on a reconnu clairement comme juste. Il faut donc se prêter à soi-même, du fond de sa conscience, le serment sans restriction, sans appel, de conformer sa vie aux lois de la morale. Devenu petit à ses propres yeux, il faut que chacun répète cette belle prière de Jeanne d'Arc, qui demande à Dieu *un grand cœur et de nobles pensées.*

Le même, *ibid.*

Quelle puissance n'a pas la volonté sur la guérison des passions, surtout quand l'homme sait implorer Dieu pour auxiliaire ! Comment alors la volonté rencontre-t-elle tant de résistance? C'est que souvent, partagée et flottant encore entre le mal et le bien, elle ne commande qu'à demi et n'est réellement pas *volonté* : vouloir, c'est triompher.

Descuret, *La Médecine des Passions.*

Oui, la volonté peut tout, mais la bonne volonté, la volonté de l'amour.

V. Jacotot, *ibid.*

Voy. Charité.

VOLUPTÉ, VOLUPTUEUX.

Plus la sensualité domine, plus les penchants de l'homme deviennent exécrables : la volupté est le sépulcre de la morale.

Devay, *Hygiène des Familles.*

Ne sacrifiez pas de longs jours à de courtes jouissances; les voluptueux sont les seuls qui meurent en calomniant la nature.

Reveillé-Parise, *Études de l'Homme.*

Époux voluptueux, n'abusez ni de la sainteté du lien matrimonial ni de la dignité de vos épouses : le code de la lubricité doit être scrupuleusement banni de l'alcôve conjugale.

Serrurier, *Mesdames les Femmes.*

L'homme blasé par les voluptés ne peut que souffrir, et c'est une perspective affreuse. Aussi les sages de tous les temps ont-ils répété : *Sperate miseri! cavete felices!*

Isidore Bourdon, *Physiologie médicale.*

La véritable volupté étant un bien qui ne peut se posséder que dans le ciel, la Providence n'a pas voulu qu'elle fût pure et parfaite ici-bas : elle l'a mêlée avec les soucis et les peines, elle l'a détrempée avec les larmes, et a voulu qu'elle commençât et qu'elle finît toujours par la douleur.

De La Chambre, *Les Caractères des Passions.*

FIN.

TABLE DES MATIÈRES.

Avertissement des éditeurs.................................... v
Notice sur la vie et les écrits de madame Woillez............. vii
Introduction.. xvii

Abstinence et jeûne.......	1	Bienveillance................	44
Acte, action	3	Bizarrerie...................	45
Activité	4	Bonheur......................	45
Adversité	5	Bon sens	47
Affections	5	Bon, bonté...................	48
Agonie, agonisants........	6	Calme	49
Aliénation mentale, aliénés...	7	Campagne	50
Aliments, nourriture......	9	Caractère	51
Allaitement	10	Carême	52
Ambition	11	Catholicisme, église et religion catholique	53
Ame.......................	12		
Amitié	18	Célébrité	54
Amour	20	Célibat	54
Amour filial..............	21	Cerveau	56
Amour maternel............	22	Chagrin	57
Amour paternel............	23	Charité	58
Amour-propre	23	Charlatanisme	60
Amour de soi..............	24	Chasteté.....................	61
Amphithéâtres	24	Chirurgie, chirurgiens, officiers de santé	62
Anatomie	25		
Animaux...................	26	Choléra	63
Anthropophagie	28	Christianisme................	63
Apparitions...............	29	Civilisation.................	65
Argent	29	Cloches......................	66
Athée, athéisme...........	30	Cœur	67
Attention	32	Colère.......................	69
Aumône	33	Commerce	70
Avare, avarice............	33	Commotions politiques	71
Avenir....................	35	Communion....................	70
Baptême	35	Confession	71
Beau......................	36	Connaissances médicales......	73
Beauté....................	37	Conquêtes	73
Besoins	38	Conscience...................	73
Bêtise....................	39	Conseils	75
Bible.....................	39	Conservation.................	75
Bien	40	Considération................	77
Biens	42	Continence	76
Bienfaisance, bienfaits, bienfaiteurs.................	43	Contradiction	78
		Convalescence	78
Bienséances...............	44	Conversion	78

Conviction	79	Esprit fort	131
Corps humain	80	Estime	132
Correction	81	Éternité	132
Corset	82	Eucharistie	133
Courage	82	Évangile	133
Couvents, cloîtres, monastères	83	Excès	133
Crainte	84	Exemple	134
Crime, criminel	85	Exil	135
Croire, croyance	86	Expérience	135
Croix, crucifix	87	Faiblesse	136
Cruauté	88	Famille	136
Culpabilité, imputabilité	89	Fanatisme	137
Curiosité	90	Fat, fatuité	137
Débauche, v. libertinage	91	Faute	138
Décence publique	91	Femme	138
Défauts	91	Finesse	141
Défiance	92	Flatterie, flatteurs	141
Démon, diable	93	Foi	142
Désespoir	93	Folie	143
Désir	94	Frères de la Doctrine chrétienne	145
Devoirs et droits	95		
Dévotion	97	Fustigation	145
Dieu, Providence	98	Gaieté	146
Dimanches et fêtes	103	Génie	147
Discrétion	104	Gloire	148
Donner	104	Gourmand, gourmandise	149
Douleur	105	Goût	150
Droit	108	Guerre	151
Duel	109	Guerre civile	152
Économie	109	Habitude	152
Écouter	110	Haine	155
Écrire, écrivains	110	Hallucinations	156
Écriture sainte	110	Hardiesse	157
Éducation	111	Hérédité	157
Éducation maternelle	112	Homicide	158
Égalité	115	Homme	159
Église	116	Honnêteté	165
Égoïsme, égoïste	116	Honneur	165
Éloges	118	Honoraires	166
Émotion	119	Hôpitaux, hospices	168
Émulation	120	Humanité	169
Enfance, enfants	121	Humeur (mauvaise)	169
Ennui	122	Humidité	170
Enthousiasme	123	Hygiène	171
Envie	124	Hypochondrie, hypochondriaque	173
Épidémie	125		
Erreur	126	Hypocrisie	175
Esclavage	127	Idée	175
Espérance	128	Idiot	176
Esprit	130	Illusions	177

TABLE DES MATIÈRES.

Imagination	178	Matérialisme, matérialistes	224
Imbéciles	180	Matière	226
Imitation, imiter	181	Médecine	227
Immortalité	182	Médecins	229
Imprévoyance	183	Médiocrité	243
Indiscrétion	183	Méditation	244
Indulgence	184	Mélancolie	245
Industrie	185	Mémoire	245
Ingrats, ingratitude	185	Mensonge, menteur	246
Innocence	187	Mépris	247
Instinct	188	Mère	248
Instruction	189	Mérite	248
Intelligence	190	Miracles	249
Intempérance, intempérants	191	Misanthropie	251
Intérêts matériels	191	Misère	252
Intimidation	192	Mode	252
Ironie	193	Modération	253
Irréligion	193	Modestie	254
Irrésolution	194	Mœurs	255
Ivrognerie	194	Monde	257
Jaloux, jalousie	195	Moquerie	258
Jésus-Christ	196	Morale	258
Jeu	197	Morosophie, morosophes	260
Jeûne	198	Mort	261
Jeunesse, jeunes gens	198	Musique	264
Joie	199	Nature, naturalistes	267
Jouets	200	Noblesse	268
Jouissance	201	Obéir, obéissance	269
Justice	201	Oisiveté	269
Lait	202	Opiniâtreté	270
Langage, langue	203	Opinion	271
Larmes	204	Ordre	272
Lettres, littérature	205	Organe	273
Liberté	206	Orgueil	273
Libertinage	207	Ouvrages	275
Livres, lectures	208	Pardonner	276
Longévité	210	Paresse, oisiveté	277
Louange	211	Parler, parleurs	278
Lutte	212	Parole	279
Luxe	213	Passions	284
Magnétisme	213	Patience	287
Maintien	214	Patrie, patriotisme	288
Maîtres et serviteurs	214	Pauvres, pauvreté	288
Mal	215	Péché	290
Malades	216	Penchants	291
Maladies	218	Pénitence	292
Malheur	219	Pensée, penser	293
Manger	220	Persévérance	294
Mariage	224	Persuasion	295
Martyrs	225	Peuple	295

Peur	296	Sacrements	338
Philosophes, philosophie	297	Sacrilége (loi du)	339
Phrénologie	299	Santé	340
Physiologie	300	Scandale	342
Piété	301	Science, savoir	342
Pitié	301	Secret	344
Plaisanterie	302	Sens	345
Plaisirs	302	Sens intime	346
Politesse	303	Sens moral	348
Politique	304	Sensations, sentir	347
Polygamie	305	Sensibilité	347
Préjugés	305	Sensualisme, sensualité	348
Prêtres	306	Silence	349
Prière	307	Sobriété	350
Principe vital, force vitale	308	Société, corps social	351
Probité	309	Solitude	353
Profession, carrière	309	Sommeil	357
Progrès	310	Somnambulisme et somnambules naturels	358
Promesse	311		
Propreté	312	Souffrance, souffrir	359
Prosélytisme	312	Souverain, souveraineté	361
Prospérité	313	Suicide	361
Prudence	314	Superstition	365
Pudeur	315	Sympathie	365
Pureté	316	Taire (se)	366
Purgatoire	316	Témérité	366
Railleurs, railler	317	Tempérament	366
Raison	318	Tempérance	367
Rationalisme, rationalistes	319	Temps	368
Reconnaissance	319	Terre	369
Réflexion	320	Timidité	370
Regard	321	Travail	370
Régime	321	Tristesse	373
Religion	322	Univers	374
Remords	325	Vanité	375
Repentir	326	Vengeance, vendetta	377
Repos	327	Vérité	378
Reproches	327	Vertu	381
Réputation, renommée	328	Vertus théologales	383
Respect, respect humain	328	Vêtements	384
Résurrection	330	Vice	384
Révélation	331	Vie	386
Révolution	332	Vie future	390
Riches, richesses	333	Vieillards, vieillesse	390
Ridicule	334	Virginité	393
Rire et sourire	334	Voix	393
Romans	335	Volonté	395
Ruse	338	Volupté, voluptueux	398

FIN DE LA TABLE DES MATIÈRES.

En vente chez GERMER BAILLIÈRE, Libraire

RUE DE L'ÉCOLE-DE-MÉDECINE, 17

AUBER (Édouard). **Traité de la science médicale** (histoire et dogmes), comprenant : 1° un précis de méthodologie et de médecine préparatoire ; 2° un résumé de l'histoire de la médecine, suivi de notices historiques et critiques sur les écoles de Cos, d'Alexandrie, de Salerne, de Paris, de Montpellier et de Strasbourg ; 3° un exposé des principes généraux de la science médicale, renfermant les éléments de la pathologie générale. 1853, 1 fort volume in-8. 8 fr.

BARTHEZ. **Nouveaux éléments de la science de l'homme**, par P.-J. Barthez, médecin de S. M. Napoléon Ier. *Troisième édition* augmentée du discours sur le *génie* d'Hippocrate, de Mémoires sur les fluxions et les coliques iliaques, sur la thérapeutique des maladies, sur l'évanouissement, l'extispice, la fascination, le faune, la femme, la force des animaux ; collationnée et revue par M. E. Barthez, médecin de S. A. le Prince impérial et de l'hôpital Sainte-Eugénie, etc. 2 vol. in-8 de 1010 pages. 12 fr.

BRIERRE DE BOISMONT. **Des hallucinations, ou Histoire raisonnée des apparitions**, des visions, des songes, de l'extase, du magnétisme et du somnambulisme. 1862, 3e édition très augmentée. 7 fr.

BOUCHARDAT. **Nouveau formulaire magistral**, précédé d'une notice sur les hôpitaux de Paris, de généralités sur l'art de formuler, suivi d'un Précis sur les eaux minérales naturelles et artificielles, d'un Mémorial thérapeutique, des notions sur l'emploi des contre-poisons, et sur les secours à donner aux empoisonnés et aux asphyxiés. 1861, 10e édition, 1 vol. in-18. 3 fr. 50

BOUCHARDAT. **Formulaire vétérinaire**, contenant le mode d'action, l'emploi et les doses de médicaments simples et composés, prescrits aux animaux domestiques par les médecins vétérinaires français et étrangers, et suivi d'un Mémorial thérapeutique. 1862, 2e édition, 1 vol. in-18. 4 fr. 50

BOURDET (Eug.). **Des maladies du caractère** (hygiène morale et philosophie). 1858, 1 vol. in-12. 3 fr. 50

DUPOTET. **Traité complet du magnétisme.** Cours en douze leçons. 1856, 3e édition. 1 volume de 634 pages. 7 fr.

DUPOTET. **Manuel de l'étudiant magnétiseur**, ou Nouvelle instruction pratique sur le magnétisme, fondée sur trente années d'expérience et d'observations. 1854, 3e édition. 1 vol. grand in-18 avec 2 figures. 3 fr. 50

ÉLIPHAS LÉVI. **Dogme et rituel de la haute magie.** 1861, 2 vol. 2ᵉ édit., in-8 avec 24 figures. 18 fr.

ÉLIPHAS LÉVI. **Histoire de la magie** avec une exposition claire et précise de ses procédés, de ses rites et de ses mystères. 1860, 1 vol. in-8 avec 90 figures. 12 fr.

ÉLIPHAS LÉVI. **La clef des grands mystères** suivant Hénoch, Abraham, Hermès Trismégiste et Salomon. 1861, 1 vol. in-8 avec 22 pl. 12 fr.

FOY. **Mémorial de thérapeutique à l'usage des médecins praticiens,** contenant la médecine, la chirurgie, les accouchements. 1862, 1 volume in-8. 14 fr.

FABRE. **Dictionnaire des dictionnaires de médecine français et étrangers,** avec un volume supplémentaire rédigé sous la direction du docteur Ambroise Tardieu. 1851, 9 vol. in-8. 45 fr.
Le Supplément se vend séparément. 9 fr.

JAMAIN. **Manuel de petite chirurgie contenant les pansements,** les médicaments topiques, les bandages, les appareils de fractures et des affections articulaires, l'application des bandages herniaires et des pessaires, les pansements des plaies, des hémorrhagies, de la gangrène, des brûlures, des ulcères, la rubéfaction, la vésication, la cautérisation, les ponctions, la vaccination, les incisions, la saignée, les ventouses, le cathétérisme, l'extraction des dents, les agents anesthésiques, etc. 1860, 3ᵉ édit. refondue. 1 vol. gr. in-18 de 716 p., avec 307 figures. 7 fr.

LAFONTAINE. **L'art de magnétiser,** ou le magnétisme animal considéré sous les points de vue théorique, pratique et thérapeutique. 1860, 3ᵉ édit. augmentée, 1 vol. in-8. 5 fr.

MORIN. **Du magnétisme et des sciences occultes.** 1860, 1 v. in-8. 6 fr.

LORDAT. **Rappel des principes doctrinaux de la constitution de l'homme,** énoncés par Hippocrate, démontrés par Barthez et développés par son école, et application de ces vérités à la théorie des maladies. 1857, 1 vol. in-8. 12 fr.

MÉNIÈRE. **Études médicales sur les poëtes latins.** 1858, 1 vol. in-8. 6 fr.

MUNARET. **Du médecin des villes et du médecin de campagne,** mœurs et sciences. 3ᵉ édition augmentée. 1862, 1 vol. gr. in-18. 4 fr. 50

ZIMMERMANN. **De la solitude,** des causes qui en font naître le goût, de ses inconvénients, de ses avantages et de son influence sur les passions, l'imagination, l'esprit et le cœur; traduit de l'allemand par M. Jourdan. Nouvelle édition, 1840, in-8. 3 fr. 50

En vente chez RÉGIS-RUFFET et Cie, Successeurs de PÉRISSE Frères

RUE SAINT-SULPICE, 38.

DERNIÈRES PUBLICATIONS RELIGIEUSES ET LITTÉRAIRES

ŒUVRES CHOISIES DE Mgr DUPANLOUP

ÉVÊQUE D'ORLÉANS

MEMBRE DE L'ACADÉMIE FRANÇAISE

4 beaux vol. in-8. Prix net... 22 fr. 50

DÉFENSE DE LA LIBERTÉ DE L'ÉGLISE

Par Mgr DUPANLOUP

2 magnifiques vol. in-8. Prix net... 11 fr. 25.

ŒUVRES ORATOIRES

DE S. E. LE CARDINAL DE VILLECOURT

5 vol. in-8. Prix : 30 fr.

ŒUVRES PASTORALES DE Mgr LANDRIOT

ÉVÊQUE DE LA ROCHELLE

3 vol. in-8. Prix........ 15 fr. 50

ŒUVRES DIVERSES DE Mgr CRUICE

ÉVÊQUE DE MARSEILLE

(Pour le détail des ouvrages voir notre Catalogue.)

HISTOIRE DE L'ÉGLISE DE ROME

SOUS LES PONTIFICATS

DE SAINT VICTOR, DE SAINT ZÉPHIRIN ET DE SAINT CALLISTE

De l'an 192 à 224, un siècle avant le concile de Nicée, par Mgr Cruice, évêque de Marseille.

1 beau vol. in-8, imprimé par Firmin Didot. 7 fr.

ŒUVRES DE M. L'ABBÉ HERBET

Chanoine d'Amiens.

IMITATION DE JÉSUS-CHRIST

EXPLIQUÉE VERSET PAR VERSET

Traduction nouvelle, latin en regard.

2 vol. in-12, édit. très soignée. 6 fr.

LE MÊME OUVRAGE, édition de luxe ornée de gravures.
2 vol. in-8....... 12 fr.

LA SAINTE TABLE
(Sous presse.) 1 vol. in-12.

DIRECTION
POUR LA CONSCIENCE D'UN JEUNE HOMME
Pendant son éducation et à son entrée dans le monde.
2 vol. in-12. Prix de chaque vol. 2 fr.

DIRECTION
POUR LA CONSCIENCE D'UNE JEUNE PERSONNE
Pendant son éducation et à son entrée dans le monde. (Nouv. édit.)
2 vol. in-12. Prix de chaque vol. 3 fr.

LE GÉNIE
DES J. DE MAISTRE, DE BONALD ET CHATEAUBRIAND
1 vol. in-12. Prix net. 1 fr. 50.

ŒUVRES DE M. NOEL
Vicaire général de Rodez.

EXPLICATION (NOUVELLE)
DU CATÉCHISME DE RODEZ

Divisée en instructions pouvant servir de prônes, avec de nombreux traits historiques, puisés aux meilleures sources, à la suite de chaque instruction.
Quatrième édition, revue et touchée par l'auteur, approuvée par Mgr l'évêque de Rodez et par Mgr l'évêque de Mende.
6 vol. in-12 compactes, renfermant la matière de 12 vol. in-8 ordinaires.
24 fr.

INSTRUCTIONS SUR LA LITURGIE

Ou Explication des prières et des cérémonies de la Messe et des principales pratiques du culte divin, avec de nombreux traits historiques à la suite de chaque instruction, avec approbation de Mgr l'évêque de Rodez.
5 vol. in-12 d'environ 500 p. chacun.
Prix : 20 fr.

EXPLICATION
LITTÉRALE, DOGMATIQUE, MORALE ET MYSTIQUE
des Prières et des Cérémonies de la Messe.

2 vol. in-12. Prix : 8 fr.

ŒUVRES DU R. P. H. RAMIÈRE
de la Compagnie de Jésus.

L'ÉGLISE ET LA CIVILISATION MODERNE
1 magnifique vol. in-8... 4 fr.

L'APOSTOLAT DE LA PRIÈRE
1 vol. in-12... 2 fr.

LE MÊME OUVRAGE.
1 vol. in-18.... 1 fr. 20

ABANDON A LA DIVINE PROVIDENCE
Ouvrage inédit du R. P. Caussade, de la Compagnie de Jésus.
1 vol. in-18.... 80 c.

MESSAGER DU SAINT COEUR DE JÉSUS
BULLETIN MENSUEL
DE L'APOSTOLAT DE LA PRIÈRE

Association enrichie d'indulgences, par S. S. Pie IX, paraissant du 20 au 30 de chaque mois.

Prix, franco pour toute la France : 3 fr.

MODÈLES DE VERTU ET DE PIÉTÉ
OFFERTS AUX JEUNES PERSONNES

Ou Vies des saintes les plus remarquables, pour tous les jours de l'année. Ouvrage approuvé par Mgr l'évêque d'Arras.

2 gros vol. in-12. Prix : 6 fr.

www.ingramcontent.com/pod-product-compliance
Lightning Source LLC
Chambersburg PA
CBHW070610230426
43670CB00010B/1481